内 容 简 介

科技大数据的建模理论与分析方法是科技大数据相关技术研究与服务平台建设的重要理论基础和应用方法论。科技大数据主要由非结构化和复杂结构数据组成，涉及广泛而丰富的建模理论和方法。本书内容侧重面向科技大数据应用的基于张量的非结构数据建模、知识图谱及迁移学习等的基本概念及理论，同时介绍相关理论在认知图谱、跨域图像分类以及学者研究兴趣及机构合作关系挖掘等方面的应用。

本书适合作为科技大数据及非结构化数据分析与挖掘相关研究领域的研究生或科研人员的参考资料。

图书在版编目(CIP)数据

科技大数据的建模与分析技术 / 周向东等著. —北京：科学出版社，2022.6

（科技大数据理论与技术丛书）

ISBN 978-7-03-071386-5

Ⅰ. ①科… Ⅱ. ①周… Ⅲ. ①科学技术－数据处理－研究 Ⅳ. ①G203

中国版本图书馆 CIP 数据核字（2022）第 014120 号

责任编辑：马　跃　李　嘉 / 责任校对：姜丽策
责任印制：张　伟 / 封面设计：无极书装

科学出版社 出版
北京东黄城根北街 16 号
邮政编码：100717
http://www.sciencep.com

北京中科印刷有限公司 印刷
科学出版社发行　各地新华书店经销

*

2022 年 6 月第 一 版　开本：720 × 1000　1/16
2022 年 6 月第一次印刷　印张：11 1/2
字数：238 000

定价：128.00 元

（如有印装质量问题，我社负责调换）

编写组成员

周向东　复旦大学
刘德兵　清华大学
王元卓　中国科学院计算技术研究所
王　尧　西安交通大学
曹满亮　复旦大学

前　言

科技大数据是指科学技术研究活动中创作、加工和积累的各类数字化信息，主要由非结构和复杂结构数据构成。涵盖了关于科技研发及创新活动过程与成果的各类科技信息。科学、高效的科技大数据的组织与管理是为科学研究与创新提供服务与支撑的重要基础，有利于加快科研成果的形成与转化。随着互联网的发展，科技大数据爆炸式增长，给科技大数据的检索、挖掘、共享、评价等带来全新的挑战。如何有效融合网络中存在的多源异构数据，并进行深层分析和挖掘来提高科技大数据服务质量、降低科技信息分析的成本具有重要意义。因此，亟待研究如何利用已有的科技资源对技术创新发展的规律进行分析，对前瞻性、先导性和探索性的创新技术开展研究与探索。建设基于科技大数据的开放创新服务，对于促进我国科技数据挖掘、信息检索、情报分析以及网络科学等交叉学科发展，推动国家科技创新和占领新的科技制高点具有重要的战略价值。

科技大数据的建模理论与分析方法是科技大数据相关技术研究与服务平台建设的重要理论基础和应用方法论，科技大数据的非结构和复杂结构数据涉及的相关建模理论和方法非常丰富和广泛。本系列丛书主要依托国家重点研发项目的研究成果和研究进展撰写而成，重点介绍了本课题组在相关建模理论与数据分析技术方面的研究进展和成果。本书主要分为建模理论与数据分析技术两大部分。

本书第一部分：科技大数据的建模理论共包含3章，分别介绍科技大数据的张量表示模型、科技大数据知识图谱和科技大数据迁移学习的相关理论。

（1）科技大数据涵盖了十分丰富的数据类型，从非结构化的文本、图像、视频数据到半结构数据，以及复杂结构数据等。本书重点介绍科技大数据知识图谱等复杂结构数据的建模问题，即基于张量的科技大数据建模方法的基本理论和相关的张量分解算法。提出了一种新的在流式数据设定中寻求低秩逼近的简单确定的张量sketch算法（t-FD），并对算法的性能进行理论证明和实验分析。

（2）科技大数据知识图谱的相关理论和方法。知识图谱或语义网络是一种对语义概念及其关联进行结构化组织的知识管理技术，在人工智能和大数据应用中具有重要意义。本书在建模理论部分对知识图谱的基础理论、发展历程和关键技术等进行较为系统的分析和介绍。

（3）科技大数据智能分析实际应用往往面临训练样本获取成本高、目标与问题存在多样性与漂移性等问题，急需增强跨领域应用已有知识进行数据分析与预测的能力。因此迁移学习在科技大数据中具有非常重要的应用价值。本书在建模理论部分对迁移学习的基础理论和相关研究进行介绍和分析综述。

本书第二部分：科技大数据的数据分析技术包括第4~9章。基于相关的基础模型和理论，着重介绍科技大数据科技情报认知图谱、基于迁移学习的图像分类技术、科技大数据学术文献作者及机构分析与预测技术等。

（1）认知图谱是知识图谱、认知推理和逻辑表达的组合，即利用知识表示、推理和决策，包括人的认知来解决复杂的科技大数据的知识管理问题。具备理解和解释能力是机器认知智能的核心，因此认知图谱是实现机器认知智能的使能器。认知图谱可以帮助建立数据与实体、概念、关系的映射，利用认知图谱中实体、概念和关系来解释现实世界中的事物和现象。本书重点介绍基于深度学习的认知图谱的认知推理和逻辑表达技术在科技大数据情报认知图谱领域的应用。

（2）科技大数据包含丰富的图像等非结构数据，对其进行结构化处理往往需要语义分类等技术。图像语义分类是多媒体、计算机视觉等领域的经典问题，得到了长期研究和关注。本书从科技大数据迁移学习的角度出发，介绍两种新的基于迁移学习的跨域图像分类模型。针对通用深度迁移学习方法存在的跨域语义一致性问题，提出基于伪标签学习的语义一致性对抗迁移网络，最小化跨域样本之间的分布差异性并提高目标域样本伪标签学习的可靠性；提出一种柔性伪标签域适应迁移学习方法。通过弱化源域样本中与目标域关联度小的样本权重，迭代式地优化目标域样本的柔性标签信息，同时利用跨域样本特征之间的判别性属性和先验几何结构信息提升对域不变特征的学习，进而获得更好的跨域图像分类性能。

（3）科学技术研究与创新主体之间往往存在着广泛与复杂的关系，体现为学者与学者、学者与机构、机构与机构、学者与研究领域等实体之间的多重联系并随着时间而不断演化。因此，如何根据科技主体关系的演进把握科技知识的发展规律，预测科技资源的发展方向，是科技大数据如何更好地服务社会的重要问题。同时科技主体研究兴趣及合作关系预测也是分析处理科技大数据的重要技术工具之一，相关的理论与技术研究具有重要意义。本书的第7~9章分别介绍关于科技大数据学者研究兴趣、学者及机构关系的预测与分析技术，包括学者研究兴趣预测、学者合著关系预测和机构合作关系预测技术。

本书由多位作者共同撰写：第1章由王尧负责；第2章和第4章由刘德兵负责；第3章、第5章和第6章由周向东和曹满亮负责，第7章、第8章以及第9章由王元卓负责。

作　者

2022年4月

目　录

第一部分　科技大数据的建模理论

第1章　科技大数据的张量表示模型 ··············· 3
- 1.1　引言 ··············· 3
- 1.2　基于张量分解的表示模型 ··············· 7
- 1.3　t-FD 算法 ··············· 15
- 1.4　理论误差界的证明 ··············· 19
- 1.5　实验分析 ··············· 26
- 1.6　小结 ··············· 32
- 参考文献 ··············· 32

第2章　科技大数据知识图谱 ··············· 35
- 2.1　知识图谱概念及发展 ··············· 35
- 2.2　面向科技大数据的知识图谱 ··············· 38
- 2.3　知识图谱关键技术 ··············· 40
- 2.4　知识图谱技术分析 ··············· 52
- 参考文献 ··············· 55

第3章　科技大数据迁移学习 ··············· 57
- 3.1　迁移学习的概念及发展 ··············· 57
- 3.2　科技大数据迁移学习的驱动因素 ··············· 59
- 3.3　迁移学习相关研究 ··············· 61
- 参考文献 ··············· 77

第二部分　科技大数据的数据分析技术

第4章　科技情报认知图谱 ··············· 87
- 4.1　科技情报认知图谱的概念 ··············· 87
- 4.2　认知推理 ··············· 92
- 4.3　逻辑表达 ··············· 97
- 参考文献 ··············· 99

第 5 章　基于深度迁移学习的图像语义分类 …… 100
- 5.1　引言 …… 100
- 5.2　算法介绍 …… 104
- 5.3　实验 …… 113
- 5.4　小结 …… 118
- 参考文献 …… 118

第 6 章　基于柔性标签迁移学习的图像分类 …… 121
- 6.1　引言 …… 121
- 6.2　预备知识 …… 123
- 6.3　MSLT 算法介绍 …… 126
- 6.4　实验 …… 135
- 6.5　小结 …… 139
- 参考文献 …… 140

第 7 章　科技大数据中的学者研究兴趣预测 …… 143
- 7.1　引言 …… 143
- 7.2　研究兴趣预测 …… 146
- 7.3　自适应属性选择的学者研究兴趣预测方法 …… 147
- 7.4　实验 …… 153
- 7.5　小结 …… 155
- 参考文献 …… 155

第 8 章　科技大数据中的学者间合著关系预测方法 …… 157
- 8.1　引言 …… 157
- 8.2　融合语义与结构信息的学者间合著关系预测方法 …… 158
- 8.3　实验 …… 162
- 8.4　小结 …… 164
- 参考文献 …… 164

第 9 章　科技大数据中的机构间合作关系预测方法 …… 166
- 9.1　问题介绍 …… 166
- 9.2　个体性实体与群体性实体 …… 167
- 9.3　基于表示学习的机构间合作关系预测算法 …… 169
- 9.4　实验 …… 173
- 9.5　小结 …… 175
- 参考文献 …… 175

第一部分 科技大数据的建模理论

第1章 科技大数据的张量表示模型

科技大数据依托知识发明与发现过程中的推导过程、实验验证、研究结论、网络交流等科技情报知识线索，通过表示模型应用和自然语言处理技术，将科技大数据语义化、数据化以及标准化，使之转化为"自然人—机器—物"三元计算的数据结构基础，是一种核心知识资源。在人工智能蓬勃发展的今天，丰富的、高质量的、可操作的数据资源，有助于机器更好地理解知识结构和知识生成过程。同时，语义化、数据化和标准化的科技大数据也有助于人工智能算法更好地优化和泛化。

1.1 引　　言

从宏观角度来说，科技大数据是一种非数值型数据，包含科学发明和发现过程中长期累积形成的与研发全过程相关的各种非数值型科技信息，涵盖了基础研究阶段的科技创新决策过程和科技创新发现过程的各类科技信息。最常见的科技大数据是科技文献数据，它是一种较为规范化的科研产出和技术产出，主要包括期刊论文、学位论文、专利发明、实验数据以及科技报告等，这类科技大数据的基本特征为数据结构化程度高、数据集中度高以及数据规范性优良。另一种科技大数据是较为离散的事实性科技数据，主要包括政府、科研机构和企业发布的行业标准、政策法规、时事新闻、各类科研主体的个人网页，以及社交平台发布的交互式的、动态的、实时的科技信息等，这类科技大数据的基本特征为数据集中度低、数据非结构化以及数据规范程度不高等。从微观角度来说，科技大数据既不等同于论文数据，也不是传统意义上的网络及行业大数据。科技大数据是一种集成科技活动发生数据、科技成果实现数据以及自媒体生成数据的数据集合。科技活动发生数据是由科技行为主体产生的科技实体数据，包括科研概念、科研主题、科研项目、科研人才、科研团队、科研设备、科研组织、科研机构、学术会议、研究模型、研究方法、科研奖项等；科技成果实现数据包括各科技领域内累积形成的科研数据、科研资料、科研文献、科研报告、科技报道等承载着科技信息的数据以及知识生成过程中的语义关系、计量关系等；自媒体生成数据是互联网自媒体每天发布的权威的、互动性较好的科技信息，包括文本类型的科技信息以及新媒体类型的科技信息。

在科技大数据的关系建模中，知识图谱框架已经成为一种经典的组织结构化知识，并在自然语言处理和计算机视觉信息提取方面发挥着核心作用。以知识图谱为代表的领域知识在机器学习等技术中可以得到更好的预测结果。在向量表示模型中，数据之间的关系采用有向标记图来刻画，其中我们将特定领域的含义与节点和边相关联。任何事物都可以充当节点，如作者、研究机构、论文等；边标签捕获节点之间的潜在关系，例如，作者之间的合作关系、作者与科研机构的隶属关系，以及论文之间的关联性等。知识图谱用作应用程序存储信息的数据结构，可以通过人工输入、自动化和半自动化方法的组合将信息添加到知识图谱中，无论采用何种知识录入方式，都希望记录的信息能够被人类轻松理解和验证。虽然知识图谱可以很好地表征结构化数据，但数据本身的符号化表示使其很难进一步分析。为了解决这个问题，知识图谱嵌入的方法被提出并得到了学术界的广泛关注。具体来说，将知识图谱中的节点和关系嵌入一个连续的向量空间，可以简化操作并且保留相应的结构信息。该方法已经在知识图谱填充、关系抽取、节点检测等问题中得到了广泛的应用。

对于一个包含 n 个实体和 m 个关系的知识图谱，知识以 $\mathbb{D}^+ = \{(h,r,t)\}$ 三元组的形式表示与存储。我们用 (h,r,t) 来表示一个事实单元，其中 $h,t \in E$ 分别表示头部实体和尾部实体，$r \in R$ 代表两个实体之间的关系，实体间通过关系相互联结，构成网状知识结构。这里 E 代表全体实体集合，R 代表全体关系集合。这种三元组知识表示形式得到了广泛的应用，然而，它在处理大数据问题时面临计算效率低等问题。随着机器学习、深度学习等表示学习技术的蓬勃发展，实体中所蕴含的信息可以表示为稠密低维的实数值向量，从而将实体和关系中的复杂语义关联置于低维空间进行计算，这种知识库的构建方式将对实际应用产生重大影响。经典的知识图谱嵌入包含三个步骤：①表示实体和关系；②定义评分函数；③学习实体和关系。下面介绍两大类常见的向量嵌入技术：距离平移模型（translational distance model）和语义匹配模型（semantic matching model）。

1.1.1 距离平移模型

距离平移模型利用基于距离的评分函数衡量一个事实作为两个实体之间距离的合理性。下面主要介绍嵌入空间的转移（translation on embeddings，TransE）[1]模型及与之相关的拓展模型。

1）TransE

TransE 是最具代表性的距离平移模型，它将实体和关系表示为同一空间中的向量。对于一个给定的事实 (h,r,t)，关系向量 r 可以看作头部实体向量 h 到尾部

实体向量 t 的翻译，并满足关系：$h+r \approx t$。评分函数被定义为 $h+r$ 和 t 之间的关系，即

$$f_r(h,t) = -\|h+r-t\|_{1/2}$$

当 (h,r,t) 是事实时，我们希望评分函数尽可能大。尽管该模型十分简洁和高效，但在建模一对多、多对一和多对多等关系时性能较差。例如，在考虑多对一的事实时，如果不同教授隶属于同一科研机构，那么不同教授实体在连续向量空间中的嵌入必须相距很近，但考虑到不同教授之间的差异性，这种处理方式存在显而易见的缺点。为了克服这样的缺点，一个有效的策略是让一个实体在参与时有不同的表示关系。这样一来，即使嵌入的实体或许非常相似，我们也可以在不同的表示关系下将其区分开来。

2）TransH

超平面的转移（translation on hyperplanes，TransH）[2]通过引入特定关系的超平面，从而以投影的方式区分不同的实体。对于一个给定的事实 (h,r,t)，首先将 h 和 t 投影到超平面上：

$$h_\perp = h - w_r^\mathrm{T} h w_r, \quad t_\perp = t - w_r^\mathrm{T} t w_r$$

式中，$h_\perp$、$t_\perp$ 分别表示 h、t 的投影；w_r 为投影矩阵。

如果事实 (h,r,t) 成立，我们假设在超平面上由 r 连接的投影具有较低的误差，即 $h_\perp + r \approx t_\perp$，评分函数可被定义为

$$f_r(h,t) = -\|h_\perp + r - t_\perp\|_2^2$$

由上所述，TransH 通过引入映射到特定关系超平面的机制，允许实体在不同关系中扮演不同的角色。

3）TransR

关系空间的转移（translation on relation space，TransR）[3]则认为不同的关系应该具有不同的语义空间。因此，TransR 将实体和关系投影到不同的向量空间中，然后建模头部实体到尾部实体的翻译关系。注意到 TransR 与 TransH 有非常类似的想法，但 TransR 引入的是特定关系的空间，而不是超平面。在 TransR 中，实体被表示为实体空间 $\mathbb{R}^d$ 中的向量；每个关系都与一个特定的空间 $\mathbb{R}^k$ 相关联，并被建模为该空间中的平移向量。给定一个事实 (h,r,t)，TransR 首先将实体表示形式 h 和 t 投影到特定于关系 r 的空间中，即

$$h_\perp = M_r h, \quad t_\perp = M_r t$$

式中，M_r 为投影矩阵。因此评分函数可以被定义为

$$f_r(h,t) = -\|h_\perp + r - t_\perp\|_2^2$$

1.1.2 语义匹配模型

1) RESCAL

RESCAL[4]将每个实体与一个向量联系起来,以捕获其潜在的语义。每个关系都表示为一个矩阵,该矩阵模拟了潜在因素之间的成对相互作用。事实(h,r,t)的评分由双线性函数定义:

$$f_r(h,t) = h^T M_r t = \sum_{i=0}^{d-1}\sum_{j=0}^{d-1}[M_r]_{ij} \cdot [h]_i \cdot [t]_j$$

式中,$h,t \in \mathbb{R}^d$为这些实体的向量表示;$M_r \in \mathbb{R}^{d \times d}$为关系相关的矩阵。该评分捕获了所有$h$和$t$之间成对的交互关系,每一对关系需要$O(d^2)$个参数。进一步假设所有$M_r$被分解到一个秩1矩阵的公共集合上,即$M_r = \sum_i \pi_r^i u_i v_i^T$,其中$\pi_r^i$代表第$i$个奇异值,$u_i$和$v_i$分别代表对应的左奇异向量和右奇异向量。TATEC(two and three-way embeddings combination)不仅建模了三元交互$h^T M_r t$,而且建模了双向交互,例如,实体和关系之间的交互。评分函数为$f_r(h,t) = h^T M_r t + h^T r + h^T D$,其中$D$是所有不同关系共享的对角矩阵。

2) DistMult

DistMult[5]通过限制M_r为对角矩阵来简化RESCAL。对于每个关系r,它引入了一个向量嵌入$r \in \mathbb{R}^d$,并要求$M_r = \text{diag}(r)$。因此评分函数被定义为

$$f_r(h,t) = h^T \text{diag}(r) t = \sum_{i=0}^{d-1}[r]_i \cdot [h]_i \cdot [t]_i$$

该评分只捕获了h和t在同一维度上的组件之间的成对交互,并将每个关系的参数数量减少到$O(d)$。然而,由于$h^T \text{diag}(r) t = t^T \text{diag}(r) h$对于任意的$h$和$t$都成立,该过度简化的模型只能处理对称关系,这对于一般的应用来说显然是不够强大的。

3) HolE

全息嵌入(holographic embeddings,HolE)[6]将RESCAL的表现性能与DistMult的效率和简单性相结合,它将实体和关系表示为$\mathbb{R}^d$中的向量。给定一个事实(h,r,t),通过使用循环关联操作,首先将实体表示组合为$h * t \in \mathbb{R}^d$,即

$$[h * t]_i = \sum_{k=0}^{d-1}[h]_k \cdot [t]_{(k+1)\bmod d}$$

式中,"*"表示循环相关性。

然后将复合向量与关系表示进行匹配,以对该事实进行评分,即

$$f_r(\boldsymbol{h},\boldsymbol{t}) = \boldsymbol{r}^{\mathrm{T}}(\boldsymbol{h}*\boldsymbol{t}) = \sum_{i=0}^{d-1}[\boldsymbol{r}]_i \sum_{k=0}^{d-1}[\boldsymbol{h}]_k \cdot [\boldsymbol{t}]_{(k+1)\bmod d}$$

循环相关性可以压缩成对地相互作用。因此，HolE 的每个关系只需要 $O(d)$ 个参数，这比 RESCAL 更为有效。同时，由于循环相关不满足交换律，即 $\boldsymbol{h}*\boldsymbol{t} \neq \boldsymbol{t}*\boldsymbol{h}$，因此 HolE 能够像 RESCAL 一样对非对称关系进行建模。

4) ComplEx

复数嵌入（complex embeddings，ComplEx）[7]通过引入复数嵌入来扩展 DistMult，从而更好地模拟不对称关系。在 ComplEx 中，实体和关系嵌入 $\boldsymbol{h}$、$\boldsymbol{r}$、$\boldsymbol{t}$ 不再位于实空间，而是位于复空间，表示为 $\mathbb{C}^d$。一个事实 (h,r,t) 的评分定义为

$$f_r(\boldsymbol{h},\boldsymbol{t}) = \operatorname{Re}(\boldsymbol{h}^{\mathrm{T}}\operatorname{diag}(\boldsymbol{r})\overline{\boldsymbol{t}}) = \operatorname{Re}\left(\sum_{i=0}^{d-1}[\boldsymbol{r}]_i \cdot [\boldsymbol{h}]_i \cdot [\overline{\boldsymbol{t}}]_i\right)$$

式中，$\overline{\boldsymbol{t}}$ 为 $\boldsymbol{t}$ 的共轭；$\operatorname{Re}(\cdot)$ 表示取复数的实部。这个评分函数不再是对称的，来自非对称关系的事实可以根据所涉及实体的顺序获得不同的评分。最近的研究表明，每一个 ComplEx 都有一个等价的 HolE，反过来，HolE 也被作为一种特殊情况包含在 ComplEx 中。

5) ANALOGY

ANALOGY[8]扩展了 RESCAL，进一步模拟实体和关系的类比属性，它遵循 RESCAL 并使用双线性评分函数：

$$f_r(\boldsymbol{h},\boldsymbol{t}) = \boldsymbol{h}^{\mathrm{T}}\boldsymbol{M}_r\boldsymbol{t}$$

式中，$\boldsymbol{h}$、$\boldsymbol{t} \in \mathbb{R}^d$，是实体的向量嵌入；$\boldsymbol{M}_r \in \mathbb{R}^{d\times d}$，是与关系相关的线性映射。为了模拟类似结构，它进一步要求关系的线性映射是正规的和相互交换的，即

正规性：$\boldsymbol{M}_r\boldsymbol{M}_r^{\mathrm{T}} = \boldsymbol{M}_r^{\mathrm{T}}\boldsymbol{M}_r, \quad \forall r \in \mathbb{R}$

可交换性：$\boldsymbol{M}_r\boldsymbol{M}_{r'} = \boldsymbol{M}_{r'}\boldsymbol{M}_r, \quad \forall r,r' \in \mathbb{R}$

虽然 ANALOGY 用矩阵来表示关系，但是这些矩阵可以同时被分块对角化为一组稀疏且近乎对角的矩阵，每个矩阵只包含 $O(d)$ 个自由参数。已经证明，前面介绍的 DistMult、HolE 和 ComplEx 方法都可以原则性地归为 ANALOGY 的一个特例。

1.2　基于张量分解的表示模型

传统的向量表征的知识图谱模型，在刻画多元实体关系和时序知识图谱时存在表征能力弱、预测精度低等问题。基于张量分解的表示模型已经被证实可以刻画复杂的实体关系，并且理论上的表征性要优于向量模型。考虑知识图谱填充这一具体问题，在运用三元组来具体刻画实体关系时，一个自然的想法是将其转化为一

个三阶向量填充问题,随后使用前述的向量表示模型如 DistMult 模型,它事实上可以看作张量分解(canonical polyadic,CP)[9]的一个特例。然而,基于张量表示的 TuckER 模型[10]可将表征性更优的 Tucker 分解[11]引入知识图谱填充问题中,通过核张量来刻画不同实体和关系间的交互性,从而取得最优的预测分数。具体来说,对于一组实体关系表示 e_s, w_r, e_o,通过引入核张量 $\mathcal{W}$ 来刻画评分函数:$\phi(e_s, r, e_o) = \mathcal{W} \times_1 e_s \times_2 w_r \times_3 e_o$。当存在多元实体关系时,可将上述三阶张量扩展到更高阶张量表征形式,进而直接刻画多元实体关系。随之带来的负面影响就是模型的参数量会以指数级别增长,同时数据样本本身带有的噪声也会进一步影响模型的效果。为了克服这一难题,广义的张量分解(generalized tensor decomposition,GETD)[12]模型进一步将张量环(tensor ring,TR)[13]分解耦合到 Tucker 分解框架中,通过对核张量进行进一步分解,从而在一定程度上缓解了模型的复杂程度,提高了模型的计算效率。GETD 的主要框架如图 1-1 所示(在 $n=2$ 的情况下)。具体来说,图 1-1(a)描述了用 Tucker 分解构建外层的过程,图 1-1(b)展示了内层 TR 分解的构建过程。

近些年来,基于 t-product[14, 15]的张量分解方式[又称为张量奇异值分解(tensor singular value decomposition,t-SVD)]受到越来越多的关注,相比于 CP 和 Tucker 分解,t-SVD 可以利用傅里叶变换快速计算,并且在张量填充、张量鲁棒主成分分析(principal component analysis,PCA)等问题上建立严格的理论保证。类似于经典的奇异值分解(singular value decomposition,SVD),对于一个高阶张量 $\mathcal{A}$,可以将其表征为两个正交张量与一个类对角张量的 t-product,即 $\mathcal{A} = \mathcal{U} * \mathcal{S} * \mathcal{V}^H$,$*$ 为 t-product 张量的一种乘积形式,该分解方式考虑了不同维度信息之间的交互,相比于矩阵分解方式,可以更好地恢复结构信息。图 1-2 给出了 t-SVD 的具体表征形式。特别地,很多形如科技大数据的场景如知识图谱中的信息,通常以数据流的方式源源不断地收集得到,这需要我们实时地得到原始数据的一个估计。若在每个时刻分别计算出相应的张量分解,计算复杂度将会随着时间的增加而呈指数级增长。为了处理该难题,本章将一种处理矩阵数据流的估计方式:频繁方向(frequent directions,FD)[16],扩展到处理高维张量上,从而可以极大地减轻计算负担,并且在理论上保证预测精度。

1.2.1 研究背景与现状

张量或多维数组是向量和矩阵的推广,通常用于表示实际应用中的数据集,如视频[17]、高光谱图像[18]、信号处理[19]和通信网络[20]等。对于实际应用中的张量数据集,通常可以使用低秩结构进行识别,因此张量低秩逼近正在成为当今数据分析的一种基本工具。然而,由于张量数据的维度之高以及体量之大,通常无法

第1章 科技大数据的张量表示模型

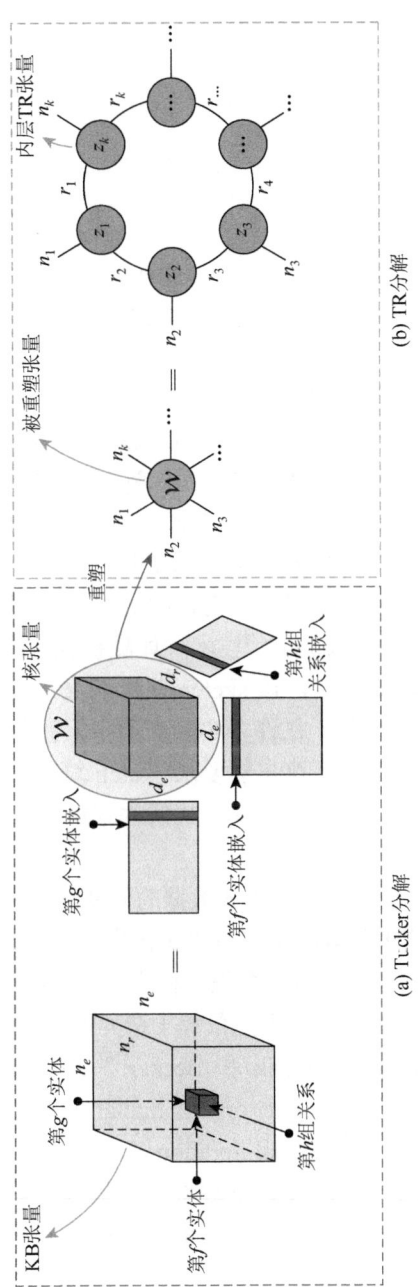

图 1-1 GETD 模型
KB 表示知识库(knowledge base)

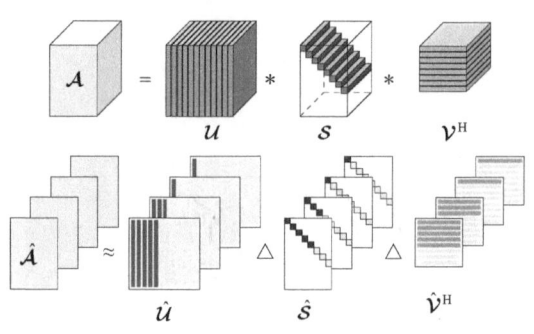

图 1-2　t-SVD

△：对应切片做矩阵乘法

找到精确的近似值。例如，如文献[21]所述，拥有数百个光谱波段和百万像素空间分辨率的高光谱视频需要以每秒 10 000MB 的数量级存储。如此大体量的张量可能与计算机的主存储器并不匹配，从而导致后续利用 sketch 张量进行求解；另外，在计算低秩逼近的过程中需要求解奇异值分解或者张量奇异值分解，该运算非常耗时。

为了解决上述问题，一些研究人员提出了几种快速计算特定分解低秩逼近的张量 sketching 方法，这些方法在损失一定精度的情况下，显著地减少了内存需求。更准确地说，类似于矩阵 sketching[22]技术（如随机抽样[23]和随机投影[24]），张量 sketch 旨在计算一个 sketch 张量，该 sketch 张量明显小于原始张量，但仍保留其重要特性以供后续计算。然而，在许多实际应用中，张量数据如前面提到的高光谱视频，往往以流的方式到达，这自然要求 sketch 算法是一次遍历的。因此我们亟须解决的问题是：设计一种有效处理流式低秩张量逼近的 sketch 算法。

1）流式低秩张量逼近

近年来，许多研究人员针对张量流式数据的低秩结构求解问题提出了自己的见解，其中大部分研究聚焦于张量的 Tucker 和 CP 分解。Tucker 分解将张量分解为核心张量与正交因子矩阵沿每个模态的乘积，相应的 Tucker 秩定义为所有展开矩阵的秩元组。对于 Tucker 分解，因其严重依赖于奇异值分解的计算，Hu 等[25]引入增量奇异值分解来实现实时更新。Malik 和 Becker[26]以及 Sun 等[27]分别将随机化的 sketch 技术与高阶奇异值分解（higher order singular value decomposition，HOSVD）和张量的正交迭代（higher orthogonal iteration of tensors，HOOI）算法相结合，实现了一次遍历式的 Tucker 分解。CP 分解将一个张量分解为几个秩一张量的和，相应的 CP 秩定义为这些秩一张量的最小个数，这是直观的，与矩阵秩相似。也有大量的文献针对在线 CP 进行了研究[28, 29]，然而，追踪在线的 CP 通常需要在非凸优化框架中利用交替最小二乘方法更新系数矩阵，因此算法性能的好坏程度依赖于一个好的初始点，这在现实生活中是不可能实现的。

近些年，学者提出了一种替代的张量分解（称为 t-SVD）[30]，该分解方式是矩阵 SVD 的一种优雅且自然的扩展。更具体地说，t-SVD 基于新定义的张量积（t-product）运算，将张量分解为三因子张量，并且可以捕获空间切片间的相关性，而不会损坏张量数据的固有结构。t-SVD 具有高效的计算能力和坚实的数学基础，因此已广泛应用于大量低阶张量相关问题。然而，t-SVD 在处理流式低秩张量数据时的性能如何，我们知之甚少。

2）FD 算法

矩阵 sketching 的主要思想是：先构造一个维数远小于原始矩阵，但可以保留原始矩阵绝大部分信息的 sketch 矩阵，然后针对该 sketch 矩阵而不是原始矩阵进行后续操作，如矩阵乘法和奇异值分解等。为了得到 sketch 矩阵，随机抽样和随机投影等随机算法受到了广泛的关注。随机抽样技术通过对少量的行或列抽样并对其进行加权来获得原始矩阵的精确表示。最著名的随机抽样技术是杠杆得分抽样，其抽样概率与每一列的杠杆得分成正比。这显然给杠杆评分带来了困难，因为杠杆评分涉及原始矩阵的奇异向量的计算，因此难以处理流式数据。对于随机投影技术，其关键是找到一个随机矩阵，用于将原始矩阵投影到一个更小的矩阵。这需要将原始矩阵完全加载到内存中，这显然不适合流式设置。如前所述的随机化 sketching 技术已经被扩展到基于特定分解的快速低秩张量近似，即 CP[31]、Tucker[26] 和 t-SVD[32]。类似于矩阵情形，这类随机张量 sketching 算法不能直接处理流式数据。

与上述的随机化 sketching 技术不同，Liberty[33] 提出的 FD 算法是一种确定性的矩阵 sketching 技术。FD 算法不是直接对整个矩阵进行投影或抽样，而是通过行更新方法处理原始矩阵。给定一个输入矩阵 $A \in \mathbb{R}^{n \times d}$，该方法的目标是构造一个比 A 小得多但仍然是一个优良的估计的 sketch 矩阵 $B \in \mathbb{R}^{(l-1) \times d}$。首先，$B$ 被初始化为一个全零值的矩阵。其次，我们将 A 的行插入 B 中，直至 B 被填满。最后，通过计算奇异值分解，将所有奇异值的平方减去第 l 个奇异值的平方，进行一个削减过程。注意到每次削减之后，sketch 矩阵 B 的最后一行总是全零值，因此我们可以持续插入数据行，直到原始矩阵中的所有行都被处理完。由于 FD 算法精度高，并且非常适合流式数据的设置，很多工作将其嵌入在线学习中。Boutsidis 等[34]结合 FD 算法提出了主成分分析的在线版本（online PCA，OPCA）。Leng 等[35]利用 FD 算法在线学习哈希函数，实现了计算复杂度低和存储空间小的优良性能。近年来，研究人员聚焦于改进 FD 算法以实现精度和速度的权衡。在精度方面：Luo 等[36]通过引入自适应正则化器，提出了鲁棒 FD（robust frequent directions，RFD）算法，将近似误差界缩小至原来的 50%；Huang[37]在更新 sketch 矩阵的同时，使用随机抽样技术求解奇异值削减过程中去掉的部分，并从理论上证明了该算法是一种运行时间更短的空间优化算法。此外，一些论文利用随机投影技术来加速原始 FD 算法[38, 39]。

1.2.2 符号及相关定义

对于 p 阶张量 $\mathcal{A} \in \mathbb{R}^{n_1 \times n_2 \times \cdots \times n_p}$ ($p \geqslant 3$),元素 $i_1, i_2, \cdots, i_p$ 由 $\mathcal{A}_{i_1, i_2, \cdots, i_p}$ 表示,第 i 正面切片由 $A^{(i)}$ 表示,其中 $i = 1, 2, \cdots, \rho, \rho = n_3 n_4 \cdots n_p$,F 范数由 $\|\mathcal{A}\|_F = \sqrt{\sum_{i_1, i_2, \cdots, i_p} |\mathcal{A}_{i_1, i_2, \cdots, i_p}|^2}$ 表示,我们将 $\mathcal{A}$ 表示为 $[\mathcal{A}_1, \cdots, \mathcal{A}_{n_1}]$,其中 $\mathcal{A}_i \in \mathbb{R}^{1 \times n_2 \times \cdots \times n_p}$。$\mathcal{A}$ 的模态-1 展开(矩阵化)矩阵 $A_{(1)}$ 表示为

$$A_{(1)} = [A^{(1)} \ A^{(2)} \cdots A^{(\rho)}]$$

此外,$\bar{\mathcal{A}} \in \mathbb{C}^{n_1 \times n_2 \times \cdots \times n_p}$ 由沿着 $\mathcal{A}$ 的每个模式下重复快速傅里叶变换(fast Fourier transform, FFT)得到,$\bar{A}$ 是由 $\bar{\mathcal{A}}$ 的每个正面切片组成的块对角矩阵,即

$$\bar{A} = \mathrm{bdiag}(\bar{\mathcal{A}}) = \begin{bmatrix} \bar{A}^{(1)} & & & \\ & \bar{A}^{(2)} & & \\ & & \ddots & \\ & & & \bar{A}^{(\rho)} \end{bmatrix}$$

注意

$$\bar{A} = (\tilde{F} \otimes I_{n_1}) \cdot \tilde{A} \cdot (\tilde{F}^{-1} \otimes I_{n_2}) \quad (1\text{-}1)$$

式中,$\tilde{F} = F_{n_p} \otimes F_{n_{p-1}} \otimes \cdots \otimes F_{n_3}$,$F_{n_i}$ 为离散傅里叶变换矩阵;$\otimes$ 表示克罗内克(Kronecker)积;$\tilde{A}$ 是由 $\mathcal{A}$ 递归的基级形成的 $n_1 n_3 n_4 \cdots n_p \times n_2 n_3 \cdots n_p$ 块矩阵。具体来说,对于三阶张量,$\tilde{F} = F_{n_3}$,$\tilde{A} = \mathrm{bcirc}(\mathcal{A})$,块循环矩阵 $\mathrm{bcirc}(\mathcal{A})$ 表示为

$$\mathrm{bcirc}(\mathcal{A}) = \begin{bmatrix} A^{(1)} & A^{(n_3)} & \cdots & A^{(2)} \\ A^{(2)} & A^{(1)} & \cdots & A^{(3)} \\ \vdots & \vdots & & \vdots \\ A^{(n_3)} & A^{(n_3-1)} & \cdots & A^{(1)} \end{bmatrix}$$

我们首先简要回顾高阶张量的一些相关定义。为了能够更好地理解这些概念,我们分别列出三阶张量的定义。对于 p 阶张量($p > 3$),张量转置、单位张量、正交张量、张量积和张量奇异值分解沿用文献[30]中的相关定义,这里主要列出张量积和张量奇异值分解的定义。

定义 1.1(张量积) 给定张量 $\mathcal{A} \in \mathbb{R}^{n_1 \times n_2 \times n_3}$ 和 $\mathcal{B} \in \mathbb{R}^{n_2 \times e \times n_3}$,则张量积 $\mathcal{A} * \mathcal{B} \in \mathbb{R}^{n_1 \times e \times n_3}$ 被定义为

$$\mathcal{A} * \mathcal{B} = \mathrm{fold}(\mathrm{bcirc}(\mathcal{A}) \cdot \mathrm{unfold}(\mathcal{B}))$$

式中,$\mathrm{unfold}(\mathcal{A}) = [A^{(1)}; A^{(2)}; \cdots; A^{(n_3)}]$,并且 $\mathrm{fold}(\mathrm{unfold}(\mathcal{A})) = \mathcal{A}$。

定义 1.2（p 阶情形的张量积，$p>3$） 给定张量 $\mathcal{A} \in \mathbb{R}^{n_1 \times n_2 \times \cdots \times n_p}$ 和 $\mathcal{B} \in \mathbb{R}^{n_2 \times l \times \cdots \times n_p}$，则 p 阶情形的张量积 $\mathcal{A} * \mathcal{B}$ 可以被循环定义为

$$\mathcal{A} * \mathcal{B} = \text{fold}(\text{bcirc}(\mathcal{A}) * \text{unfold}(\mathcal{B}))$$

$p-1$ 阶张量的 $\text{bcirc}(\mathcal{A})$ 被定义为

$$\text{bcirc}(\mathcal{A}) = \begin{bmatrix} \mathcal{A}^1 & \mathcal{A}^{n_p} & \mathcal{A}^{n_{p-1}} & \cdots & \mathcal{A}^2 \\ \mathcal{A}^2 & \mathcal{A}^1 & \mathcal{A}^{n_p} & \cdots & \mathcal{A}^3 \\ \vdots & \vdots & \vdots & & \vdots \\ \mathcal{A}^{n_p} & \mathcal{A}^{n_{p-1}} & \mathcal{A}^{n_{p-2}} & \cdots & \mathcal{A}^1 \end{bmatrix}$$

式中，$\mathcal{A}^i \in \mathbb{R}^{n_1 \times \cdots \times n_{p-1}}$（$i=1,2,\cdots,n_p$）表示：将 $\mathcal{A}$ 的第 p 个指标固定在 i 处得到的 $p-1$ 阶张量。$\text{unfold}(\cdot)$ 的定义为：以下列方式输入 $n_1 \times \cdots \times n_p$ 维的张量，得到 $n_1 n_p \times n_2 \times \cdots \times n_{p-1}$ 维的张量，即

$$\text{unfold}(\mathcal{A}) = \begin{bmatrix} \mathcal{A}^1 \\ \mathcal{A}^2 \\ \vdots \\ \mathcal{A}^{n_p} \end{bmatrix}$$

以及 $\text{fold}(\cdot, n_p)$ 将 $n_1 n_p \times n_2 \times \cdots \times n_{p-1}$ 维的张量变成 $n_1 \times \cdots \times n_p$ 维的张量，也就是说，$\text{fold}(\text{unfold}(\mathcal{A}), n_p) = \mathcal{A}$。

定义 1.3（张量转置） 张量 $\mathcal{A} \in \mathbb{R}^{n_1 \times n_2 \times n_3}$ 的转置是一个 $n_2 \times n_1 \times n_3$ 维的张量 $\mathcal{A}^T$，该转置张量是通过对每个正面切片进行转置，然后将转置后的正面切片按照从 2 到 n_3 的顺序颠倒得到的。对于复张量，共轭转置张量表示为 $\mathcal{A}^*$。

定义 1.4（单位张量） 单位张量 $\mathcal{I} \in \mathbb{R}^{n \times n \times n_3}$ 被定义为：第一个正面切片是 $n \times n$ 的单位矩阵，其他的正面切片都是全零矩阵。

定义 1.5（正交张量） 实值张量 $\mathcal{Q} \in \mathbb{R}^{n \times n \times n_3}$ 是正交的，如果它满足以下性质：$\mathcal{Q}^T * \mathcal{Q} = \mathcal{Q} * \mathcal{Q}^T = \mathcal{I}_{nnn_3}$。实值张量 $\mathcal{Q} \in \mathbb{R}^{p \times q \times n_3}$ 是部分正交的，如果它满足以下性质：$\mathcal{Q}^T * \mathcal{Q} = \mathcal{I}_{qqn_3}$。

定义 1.6（f-对角张量） 如果张量的每一个正面切片是对角矩阵，则被定义为 f-对角张量。

定义 1.7（张量列的 l_{2^*} 范数） $\vec{x}$ 是一个 $n_1 \times 1 \times n_3$ 维的张量列，它的 l_{2^*} 范数记为 $\|\vec{x}\|_{2^*} = \sqrt{\sum_{i=1}^{n_1} \sum_{k=1}^{n_3} \vec{x}_{i1k}^2}$。

定义 1.8（张量谱范数） 给定张量 $\mathcal{A} \in \mathbb{R}^{n_1 \times n_2 \times n_3}$ 和 $\mathcal{V} \in \mathbb{R}^{n_2 \times 1 \times n_3}$，$\mathcal{A}$ 的谱范数 $\|\mathcal{A}\|$ 的定义如下：

$$\|\mathcal{A}\|: = \sup_{\|\mathcal{V}\|_F \leq 1} \|\mathcal{A} * \mathcal{V}\|_F$$

$$= \sup_{\|\mathcal{V}\|_F \leq 1} \|\text{bcirc}(\mathcal{A}) \cdot \text{unfold}(\mathcal{V})\|_F$$

$$= \|\text{bcirc}(\mathcal{A})\| \quad (1\text{-}2)$$

$$= \|\overline{\mathcal{A}}\| \quad (1\text{-}3)$$

式（1-2）是依据矩阵谱范数的定义，式（1-3）的成立依据是式（1-1）。

定义 1.9（p 阶情形的张量谱范数，$p \geq 3$） 给定张量 $\mathcal{A} \in \mathbb{R}^{n_1 \times n_2 \times \cdots \times n_p}$ 和 $\mathcal{V} \in \mathbb{R}^{n_2 \times 1 \times \cdots \times n_p}$，$\mathcal{A}$ 的谱范数 $\|\mathcal{A}\|$ 的定义如下：

$$\|\mathcal{A}\|: = \sup_{\|\mathcal{V}\|_F \leq 1} \|\mathcal{A} * \mathcal{V}\|_F$$

$$= \sup_{\|\mathcal{V}\|_F \leq 1} \|\text{bcirc}(\mathcal{A}) * \text{unfold}(\mathcal{V})\|_F$$

$$= \sup_{\|\mathcal{V}\|_F \leq 1} \|\tilde{A} \cdot \hat{V}\|_F$$

$$= \|\tilde{A}\|$$

$$= \|\overline{\mathcal{A}}\|$$

式中，$\hat{V}$ 为 $n_2 n_3 \cdots n_p \times 1$ 的展开矩阵。

定义 1.10（张量奇异值分解） $\mathcal{A}$ 是一个 $n_1 \times n_2 \times n_3$ 维的实值张量，则 $\mathcal{A}$ 可以被分解为 $\mathcal{A} = \mathcal{U} * \mathcal{S} * \mathcal{V}^T$，其中 $\mathcal{U}$ 和 $\mathcal{V}$ 分别是 $n_1 \times n_1 \times n_3$ 维和 $n_2 \times n_2 \times n_3$ 维的正交张量，$\mathcal{S}$ 是一个 $n_1 \times n_2 \times n_3$ 维的 f-对角张量。

事实上，张量奇异值分解可以通过以下步骤进行高效率的计算。

（1）计算 $\overline{\mathcal{A}} = \text{fft}(\mathcal{A}, [], 3)$。

（2）对每个正面切片做矩阵奇异值分解 $\overline{\mathcal{A}}^{(i)} = \overline{U}^{(i)} \overline{S}^{(i)} \overline{V}^{(i)*}$，$i = 1, 2, \cdots, n_3$。

（3）计算 $\mathcal{U} = \text{ifft}(\overline{U}, [], 3)$，$\mathcal{S} = \text{ifft}(\overline{S}, [], 3)$ 和 $\mathcal{V} = \text{ifft}(\overline{V}, [], 3)$。

定义 1.11（p 阶情形的张量奇异值分解，$p \geq 3$） 张量 $\mathcal{A}$ 可以分解为

$$\mathcal{A} = \mathcal{U} * \mathcal{S} * \mathcal{V}^T$$

式中，$\mathcal{U}$、$\mathcal{V}$ 分别是 $n_1 \times n_1 \times n_3 \times n_4 \times \cdots \times n_p$ 维和 $n_2 \times n_2 \times n_3 \times n_4 \times \cdots \times n_p$ 维的张量；$\mathcal{S}$ 是 $n_1 \times n_2 \times \cdots \times n_p$ 维的张量。张量 $\mathcal{S}$ 满足 $\mathcal{S}_{i_1, i_2, \cdots, i_p} = 0$，除非 $i_1 = i_2$。这个分解方式称为张量奇异值分解。

定义 1.12（张量管秩） 张量 $\mathcal{A} \in \mathbb{R}^{n_1 \times n_2 \times n_3}$ 的管秩 $\text{rank}_t(\mathcal{A})$ 被定义为 $\mathcal{S}$ 的非零奇异值的个数，其中 $\mathcal{S}$ 来自张量奇异值分解 $\mathcal{A} = \mathcal{U} * \mathcal{S} * \mathcal{V}^T$。张量管秩可被记为 $\text{rank}_t(\mathcal{A}) = \#\{i, \mathcal{S}(i, i, 1) \neq 0\} = \#\{i, \mathcal{S}(i, i, :) \neq 0\}$。

引理 1.1（最佳管秩 k 逼近） $\mathcal{A} \in \mathbb{R}^{n_1 \times n_2 \times n_3}$ 的张量奇异值分解为 $\mathcal{A} = \mathcal{U} * \mathcal{S} * \mathcal{V}^T$。对于给定的正整数 k，定义 $\mathcal{A}_k = \sum_{s=1}^{k} \mathcal{U}(:, s, :) * \mathcal{S}(s, s, :) * \mathcal{V}^T(:, s, :)$，则有 $\mathcal{A}_k = \underset{\tilde{\mathcal{A}} \in \Omega}{\arg\min}$

$\|\mathcal{A}-\hat{\mathcal{A}}\|_F$,其中 $\mathbb{A} = \{\mathcal{X}*\mathcal{Y}^T | \mathcal{X} \in \mathbb{R}^{n_1 \times k \times n_3}, \mathcal{Y} \in \mathbb{R}^{n_2 \times k \times n_3}\}$。这意味着 $\mathcal{A}_k$ 是张量 $\mathcal{A}$ 的管秩最多为 k 的逼近。

引理 1.2(p 阶情形的最佳管秩 k 逼近,$p \geq 3$) 令 $\mathcal{A} \in \mathbb{R}^{n_1 \times \cdots \times n_p}$ 的张量奇异值分解表示为 $\mathcal{A} = \mathcal{U}*\mathcal{S}*\mathcal{V}^T$,给定一个正整数 k,定义 $\mathcal{A}_k = \sum_{s=1}^{k} \mathcal{U}(:,s,:) * \mathcal{S}(s,s,:) * \mathcal{V}^T(:,s,:)$,则 $\mathcal{A}_k = \underset{\hat{\mathcal{A}} \in \mathbb{A}}{\arg\min} \|\mathcal{A} - \hat{\mathcal{A}}\|_F$,其中 $\mathbb{A} = \{\mathcal{X}*\mathcal{Y}^T | \mathcal{X} \in \mathbb{R}^{n_1 \times k \times n_3 \times \cdots \times n_p}, \mathcal{Y} \in \mathbb{R}^{n_2 \times k \times n_3 \times \cdots \times n_p}\}$,这意味着 $\mathcal{A}_k$ 是张量 $\mathcal{A}$ 的管秩最多为 k 的逼近。

1.3 t-FD 算法

1.3.1 算法介绍

对于张量流式数据情形,已经有大量相关的研究工作(大多基于 Tucker 或者 CP),但是这些方法需要随机技巧或者复杂的优化算法来支撑,以寻求良好的低秩近似。前面已经对矩阵 FD 算法进行了介绍,由矩阵 FD 算法得到的 sketch 矩阵是 $1+\varepsilon$ 倍的最佳低秩逼近,该理论保障促使我们研究该算法是否能很好地应用到高阶张量中。本节以三阶张量为例进行分析。受矩阵 FD 算法的启发,本节提出了一种简单确定的张量 sketch 算法(t-FD)以在流式数据设定中寻求低秩逼近,具体流程见算法 1-1。对于不断输入的 $n_2 \times n_3$ 维的样本数据流 $\mathcal{A}_1, \cdots, \mathcal{A}_{n_1}$,我们先按照接收的顺序将其安排为一个三阶张量 $\mathcal{A} \in \mathbb{R}^{n_1 \times n_2 \times n_3}$,该算法的目标是寻求原始张量的一个 sketch 近似 $\mathcal{B}$,并且能具备理论保障。利用张量积的代数结构,我们可以对矩阵 FD 算法进行扩展,用于更新 sketch 张量 $\mathcal{B}$。

算法 1-1 t-FD 算法

输入:$\mathcal{A} \in \mathbb{R}^{n_1 \times n_2 \times n_3}$,sketch 尺寸 l
输出:$\mathcal{B} \in \mathbb{R}^{l \times n_2 \times n_3}$
1. 初始化 $\mathcal{B} \in \mathbb{R}^{2l \times n_2 \times n_3}$ 为一个全零值张量
2. **for** $j = 1, 2, \cdots, n_1$ **do**
3.   把 $\mathcal{A}_j$ 插入 $\mathcal{B}$ 的全零值水平切片中
4.   **if** $\mathcal{B}$ 没有全零值水平切片 **then**
5.   计算 $\bar{\mathcal{B}} = \text{fft}(\mathcal{B}, [], 3)$
6.   **for** $i = 1, 2, \cdots, n_3$ **do**
7. $[\bar{U}^{(i)}, \bar{S}^{(i)}, \bar{V}^{(i)}] \leftarrow \text{svd}(\bar{B}^{(i)})$
8. $\bar{C}^{(i)} \leftarrow \bar{S}^{(i)} \bar{V}^{(i)*}$
9. $\delta_j^{(i)} \leftarrow s_l^{(i)2}$

10	$\bar{\mathcal{B}}^{(i)} \leftarrow \sqrt{\max(\bar{S}^{(i)2} - \delta_i^{(i)} I_{2l}, 0)} \cdot \bar{V}^{(i)*}$
11	$\bar{\mathcal{B}}^{(i)} \leftarrow \bar{B}^{(i)}$
12	end
13	计算 $\mathcal{B} = \text{ifft}(\bar{\mathcal{B}}, [\,], 3)$
14	end
15	end
16	令 $\mathcal{B} \leftarrow \mathcal{B}(1:l,:,:)$

接下来介绍 t-FD 算法的主要步骤：首先把 sketch 张量 $\mathcal{B}$ 初始化为一个全零值张量，然后把 $\mathcal{B}$ 中的所有零值水平切片替换为持续到达的数据流（即原始张量 $\mathcal{A}$ 的水平切片）。直观地说，把 $\mathcal{A}$ 的每个正面切片 $A^{(i)} | (i=1,2,\cdots,n_3)$ 中的行输入 $\mathcal{B}$ 的正面切片的非零行中，直至没有非零行为止，如步骤 3 所示。然后，通过一个四阶段过程将 $\mathcal{B}$ 的最后 $l+1$ 个水平切片空化（步骤 11）：首先，通过使用快速傅里叶变换得到 $\bar{\mathcal{B}}$；其次，每个正面切片 $\bar{B}^{(i)}$ 通过奇异值分解（从左）进行旋转，使其行正交，并按奇异值的大小顺序降序排列；再次，对刚刚得到的矩阵执行奇异值削减过程，使最后的 $l+1$ 行变为零；最后，通过快速傅里叶逆变换计算 sketch 张量 $\mathcal{B}$。我们在图 1-3 中绘制了更为形象的算法流程。

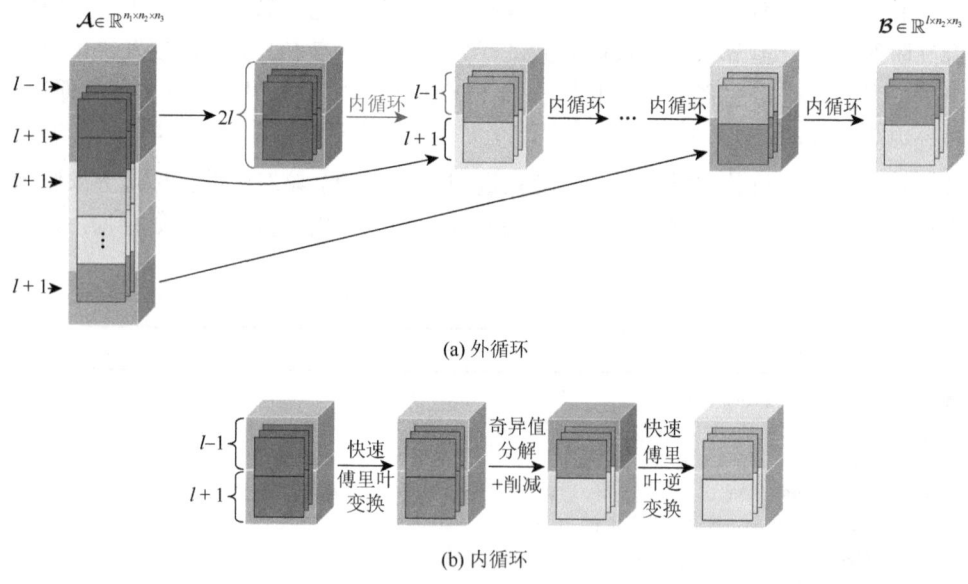

图 1-3　t-FD 算法图示

对于 t-FD 算法的理论分析则更具挑战性。首先，张量范数的定义和性质更为复杂，如张量谱范数。其次，由于奇异值削减过程是在傅里叶域中实现的，因此很难明确地导出原始张量和 sketch 张量之间的关系。所以，我们不能由矩阵 FD 算法的证明平推出 t-FD 算法的证明。

1.3.2 理论误差界

本节提供了算法 1-1 的理论误差界，在后续的分析中，我们主要使用两种误差度量方法衡量原始张量 $\mathcal{A}$ 和 sketch 张量 $\mathcal{B}$ 之间的距离。

第一种误差度量方法是张量协方差误差 $\|\mathcal{A}^\mathrm{T}*\mathcal{A}-\mathcal{B}^\mathrm{T}*\mathcal{B}\|$，用于度量块对角矩阵 $\overline{A}$ 和 $\overline{B}$ 的最大奇异值之间的差异。该性质可以通过张量谱范数的定义（定义 1.8）来验证。张量协方差误差由下面的定理给出。

定理 1.1（张量协方差误差） 对于原始输入张量 $\mathcal{A}\in\mathbb{R}^{n_1\times n_2\times n_3}$ 和 sketch 尺寸 l，利用算法 1-1 得到 sketch 张量 $\mathcal{B}\in\mathbb{R}^{l\times n_2\times n_3}$，对任意的 $k<\dfrac{l}{c}$，有 $\|\mathcal{A}^\mathrm{T}*\mathcal{A}-\mathcal{B}^\mathrm{T}*\mathcal{B}\|$

$$\leqslant \frac{\|\mathcal{A}-\mathcal{A}_k\|_\mathrm{F}^2}{\dfrac{l}{c}-k}, \text{ 其中 } c=\frac{n_3\sum_{j=1}^{N}\max_i \delta_j^{(i)}}{\sum_{j=1}^{N}\sum_{i=1}^{n_3}\delta_j^{(i)}}.$$

第二种度量方法是张量投影误差 $\|\mathcal{A}-\mathcal{A}*\mathcal{V}_k*\mathcal{V}_k^\mathrm{T}\|_\mathrm{F}^2$，其中 $\mathcal{A}*\mathcal{V}_k*\mathcal{V}_k^\mathrm{T}$ 表示 $\mathcal{A}$ 在 $\mathcal{B}$ 的秩 k 右正交张量上的投影。张量投影误差直观地衡量了投影过程中产生的偏差，进一步说明了所选择子空间的准确性，下面的定理给出了详细的分析。

定理 1.2（张量投影误差） 对于原始输入张量 $\mathcal{A}\in\mathbb{R}^{n_1\times n_2\times n_3}$ 和 sketch 尺寸 l，利用算法 1-1 得到 sketch 张量 $\mathcal{B}\in\mathbb{R}^{l\times n_2\times n_3}$。令 $\mathcal{B}=\mathcal{U}*\mathcal{S}*\mathcal{V}^\mathrm{T}$，它的秩 k 逼近为 $\mathcal{B}_k=\mathcal{U}_k*\mathcal{S}_k*\mathcal{V}_k^\mathrm{T}$，则对任意的 $k<\dfrac{l}{c}$，有

$$\|\mathcal{A}-\mathcal{A}*\mathcal{V}_k*\mathcal{V}_k^\mathrm{T}\|_\mathrm{F}^2 \leqslant \frac{l}{l-ck}\|\mathcal{A}-\mathcal{A}_k\|_\mathrm{F}^2 \tag{1-4}$$

式中，$c=\dfrac{n_3\sum_{j=1}^{N}\max_i \delta_j^{(i)}}{\sum_{j=1}^{N}\sum_{i=1}^{n_3}\delta_j^{(i)}}$。

如果我们取 $l=c\lceil k+k/\varepsilon\rceil$，就可以得到 $1+\varepsilon$ 倍的标准误差界形式如下：$\|\mathcal{A}-\mathcal{A}*\mathcal{V}_k*\mathcal{V}_k^\mathrm{T}\|_\mathrm{F}^2 \leqslant (1+\varepsilon)\|\mathcal{A}-\mathcal{A}_k\|_\mathrm{F}^2$。

注意到当秩 k 和参数 c 固定时，随着 sketch 尺寸的增加，ε 会线性减小，因此我们可以达到接近最优的误差界。而且，当第三维度 n_3 为 1 时，我们的算法约简为矩阵 FD 算法，即矩阵 FD 算法是 t-FD 算法的一种特殊情况。当 $n_3=1$ 时，我

们可以把参数 c 的值取为 1, 那么矩阵 FD 算法的理论保障是定理 1.1 和定理 1.2 的一个特例。虽然我们关注的是三阶张量, 但通过结合 $p(p \geq 3)$ 阶张量奇异值分解的代数框架和离散傅里叶变换（discrete Fourier transform, DFT）矩阵的性质, 我们的分析框架在处理高阶张量时可以相当容易地得到推广。

注记 1.1 如前面所详细说明的, 张量情形的证明技巧与矩阵情形有两个方面的不同之处：首先, 基于张量奇异值分解的 t-FD 算法在傅里叶域进行计算, 因此我们引入 bcirc 和 unfold 等张量算子作为桥梁来寻找原始域和傅里叶域之间的关系；其次, 为了界定每次迭代过程中的数据蕴含信息的损失, 我们需要利用正面切片之间的关系。

1.3.3 与矩阵 FD 的对比

对于张量情形的数据, 一种自然的处理技巧是矩阵化技术, 即分别对水平切片进行向量化, 然后将其视为一个矩阵。因此, 我们设置了以下对比算法。对于即将到来的数据样本 $\mathcal{A}_i$, 我们将其沿第一维度展开为矩阵, 然后运用矩阵 FD 算法进行处理, 得到 sketch 矩阵 B。然后, 沿第一维度折叠为 sketch 张量 $\mathcal{B}$。具体的算法流程见算法 1-2。对于该矩阵化算法, 我们也可以推导出一个简单的协方差误差界。

算法 1-2 矩阵化的张量 FD 算法

输入：$\mathcal{A} \in \mathbb{R}^{n_1 \times n_2 \times n_3}$, sketch 尺寸 l
输出：$\mathcal{B} \in \mathbb{R}^{l \times n_2 \times n_3}$
1. 沿第一维度展开为矩阵 $A_{(1)} \in \mathbb{R}^{n_1 \times n_2 n_3}$
2. 计算 $B_{(1)} \in \mathbb{R}^{l \times n_2 n_3} = \text{FD}(A_{(1)})$
3. 沿第一维度折叠为张量 $\mathcal{B} \in \mathbb{R}^{l \times n_2 \times n_3}$

定理 1.3 对于原始输入张量 $\mathcal{A} \in \mathbb{R}^{n_1 \times n_2 \times n_3}$ 和 sketch 尺寸 l, 利用算法 1-2 得到 sketch 张量 $\mathcal{B} \in \mathbb{R}^{l \times n_2 \times n_3}$, 则有 $\| \mathcal{A}^{\mathrm{T}} * \mathcal{A} - \mathcal{B}^{\mathrm{T}} * \mathcal{B} \| \leq \dfrac{n_3}{l-k} \| \mathcal{A} \|_{\mathrm{F}}^2$。

由于矩阵化操作破坏了原始张量数据的正面切片之间的内在联系, 我们无法推导出与 $\| \mathcal{A} - \mathcal{A}_k \|_{\mathrm{F}}^2$ 形式相关的较强的误差界。但是通过 $\| \mathcal{A} - \mathcal{A}_k \|_{\mathrm{F}}^2 \leq \| \mathcal{A} \|_{\mathrm{F}}^2$ 的不等式关系, 我们可以得到定理 1.1 的一个较弱的误差界 $\| \mathcal{A} \|_{\mathrm{F}}^2 \bigg/ \left(\dfrac{l}{c} - k \right)$。在这种情况下, 当满足 $l \geq \left(1 + \dfrac{1-1/c}{1/c - 1/n_3} \right) k$ 时, t-FD 算法实现了一个更小的协方差误差

界。虽然参数 c 不能被明确地计算出来，但后面章节中大量的数值实验表明 c 一般要比 n_3 小得多。我们还注意到，当张量 $\mathcal{A}$ 满足低秩假设时，$\|\mathcal{A}-\mathcal{A}_k\|_F^2$ 将远小于 $\|\mathcal{A}\|_F^2$，这揭示了 t-FD 相对于矩阵化的张量（matricization-tensor-FD，MtFD）的优势。

本章只给出了 MtFD 的张量协方差误差界。在下面的定理中，我们给出了张量协方差误差和投影误差之间的潜在关系，通过该定理即可得到投影误差。

定理 1.4 对于原始输入张量 $\mathcal{A}\in\mathbb{R}^{n_1\times n_2\times n_3}$，它的投影误差界和协方差误差界之间有如下关系：$\|\mathcal{A}-\mathcal{A}*\mathcal{V}_k*\mathcal{V}_k^T\|_F^2 \leqslant \|\mathcal{A}-\mathcal{A}_k\|_F^2 + 2k\|\mathcal{A}^T*\mathcal{A}-\mathcal{B}^T*\mathcal{B}\|$。

注记 1.2 结合上述定理 1.3 和定理 1.4，我们可以推导出 MtFD 算法的投影误差界，即

$$\|\mathcal{A}-\mathcal{A}*\mathcal{V}_k*\mathcal{V}_k^T\|_F^2 \leqslant \|\mathcal{A}-\mathcal{A}_k\|_F^2 + \frac{2kn_3}{l-k}\|\mathcal{A}\|_F^2 \tag{1-5}$$

由于 n_3 远大于 l，并且 c 通常较小，因此，式（1-4）不等号右边部分要比式（1-5）不等号右边部分的第二项小得多。这表明 t-FD 算法始终比 MtFD 算法有更好的理论保障。

1.3.4 算法复杂度分析

我们所提出的 t-FD 算法，运行过程中只需存储 sketch 张量 $\mathcal{B}\in\mathbb{R}^{2l\times n_2\times n_3}$，该操作的内存需求为 $O(ln_2n_3)$，这比把整个原始张量装入内存要小得多。在每次迭代过程中，需要进行一次快速傅里叶变换和一次快速傅里叶逆变换，该操作消耗的运行时间为 $O(ln_2n_3\ln n_3)$。对于每个正面切片计算奇异值分解需要花费时间 $O(l^2n_2n_3)$。由于整个算法最多迭代 $\left\lceil\dfrac{n_1-l+1}{l+1}\right\rceil$ 次，总的计算消耗为 $O(n_1n_2n_3(\ln n_3+l))$。

1.4 理论误差界的证明

本节将证明我们所提出的 t-FD 算法是 $1+\varepsilon$ 倍的最佳管秩 k 逼近。由于在 1.3 节中我们引入了 MtFD 算法作为对比实验，我们还推导了 MtFD 算法的误差界。因此，我们首先需要证明以下辅助性质和引理。

1.4.1 相关引理和性质的证明

张量的块循环运算是寻找原始域和傅里叶域之间张量范数关系的桥梁。因此，

我们在这里简要回顾它的相关特性。

引理 1.3 已知张量 $\mathcal{A} \in \mathbb{C}^{n \times n \times p}$ 和 $\mathcal{B} \in \mathbb{C}^{n \times s \times p}$，块循环运算满足下列性质。

（1） $\text{bcirc}(\mathcal{A} * \mathcal{B}) = \text{bcirc}(\mathcal{A})\text{bcirc}(\mathcal{B})$。

（2） $(\mathcal{A} * \mathcal{B})^T = \mathcal{B}^T * \mathcal{A}^T$。

（3） $\text{bcirc}(\mathcal{A}^T) = (\text{bcirc}(\mathcal{A}))^T$。

为了证明算法误差界，我们首先需要证明算法 1-1 的三个重要性质。在后续分析中，$\mathcal{A}$ 和 $\mathcal{B}$ 的张量奇异值分解分别表示为 $\mathcal{A} = \mathcal{Z} * \mathcal{W} * \mathcal{Y}^T$ 和 $\mathcal{B} = \mathcal{U} * \mathcal{S} * \mathcal{V}^T$，与之对应的秩 k 逼近分别为 $\mathcal{A}_k = \mathcal{Z}_k * \mathcal{W}_k * \mathcal{Y}_k^T$ 和 $\mathcal{B}_k = \mathcal{U}_k * \mathcal{S}_k * \mathcal{V}_k^T$。另外，把 $\vec{y}_i \in \mathbb{R}^{n_2 \times 1 \times n_3}$ 记为 $\mathcal{Y}_k$ 的第 i 个侧面切片，$\vec{v}_i \in \mathbb{R}^{n_2 \times 1 \times n_3}$ 记为 $\mathcal{V}_k$ 的第 i 个侧面切片。$\Delta = \sum_{j=1}^{N} \max_{i} \delta_j^{(i)}$ 表示奇异值削减过程中的最大信息损失之和，其中 $N = \dfrac{n_1 - l + 1}{l + 1}$。我们假设 N 是一个整数，否则可以添加水平切片来确保它是一个整数。

性质 1.1 对于任意的张量列 $\vec{x} \in \mathbb{R}^{n_2 \times 1 \times n_3}$，如果张量 $\mathcal{B}$ 是对输入张量 $\mathcal{A}$ 应用算法 1-1 输出的 sketch 张量，则有不等式 $\|\mathcal{A} * \vec{x}\|_{2,\cdot}^2 - \|\mathcal{B} * \vec{x}\|_{2,\cdot}^2 \geq 0$ 成立。

证明 把 $x \in \mathbb{R}^{n_2 n_3 \times 1}$ 记为 $\vec{x}$ 向量化后的列向量。根据张量积的定义（定义 1.1），我们可以得到

$$\|\mathcal{A} * \vec{x}\|_{2,\cdot}^2 - \|\mathcal{B} * \vec{x}\|_{2,\cdot}^2 = \|\text{bcirc}(\mathcal{A})x\|^2 - \|\text{bcirc}(\mathcal{B})x\|^2$$

另外，从 t-FD 算法的流程中，我们可以清楚地观察到 $\mathcal{C}_j^{(i)}$ 由两部分组成，一部分是上一次迭代过程中产生的 $\mathcal{B}_{j-1}^{(i)}$，另一部分是新插入的行 $\mathcal{A}_j^{(i)}$。然后根据块循环矩阵的定义，我们可以得到 $\|\text{bcirc}(\mathcal{A})x\|^2 + \sum_{j=1}^{N}\|\text{bcirc}(\mathcal{B}_{j-1})x\|^2 = \sum_{j=1}^{N}\|\text{bcirc}(\mathcal{C}_j)x\|^2$，因此：

$$\|\mathcal{A} * \vec{x}\|_{2,\cdot}^2 - \|\mathcal{B} * \vec{x}\|_{2,\cdot}^2$$
$$= \|\text{bcirc}(\mathcal{A})x\|^2 - \|\text{bcirc}(\mathcal{B})x\|^2$$
$$= \|\text{bcirc}(\mathcal{A})x\|^2 + \sum_{j=1}^{N}(\|\text{bcirc}(\mathcal{B}_{j-1})x\|^2 - \|\text{bcirc}(\mathcal{B}_j)x\|^2)$$
$$= \sum_{j=1}^{N}(\|\text{bcirc}(\mathcal{C}_j)x\|^2 - \|\text{bcirc}(\mathcal{B}_j)x\|^2)$$
$$\geq 0$$

至此，我们完成了性质 1.1 的证明。

性质 1.2 对满足 $\|\vec{x}\|_{2,\cdot} = 1$ 的张量列 $\vec{x} \in \mathbb{R}^{n_2 \times 1 \times n_3}$，如果张量 $\mathcal{B}$ 是对输入张量 $\mathcal{A}$ 应用算法 1-1 输出的 sketch 张量，则有不等式 $\|\mathcal{A} * \vec{x}\|_{2,\cdot}^2 - \|\mathcal{B} * \vec{x}\|_{2,\cdot}^2 \leq \Delta$ 成立。

证明 对于给定的张量列 $\vec{x} \in \mathbb{R}^{n_2 \times 1 \times n_3}$，把 $x \in \mathbb{R}^{n_2 n_3 \times 1}$ 记为 $\vec{x}$ 向量化后得到的向

量。如果 x 是一个单位向量，根据性质 1.1 的证明过程，有下列等式成立：

$$\|\mathcal{A} * \vec{x}\|_{2^*}^2 - \|\mathcal{B} * \vec{x}\|_{2^*}^2 = \sum_{j=1}^{N} (\|\text{bcirc}(\mathcal{C}_j)x\|^2 - \|\text{bcirc}(\mathcal{B}_j)x\|^2)$$

又因为 x 是单位向量，我们得到

$$\|\text{bcirc}(\mathcal{C}_j)x\|^2 - \|\text{bcirc}(\mathcal{B}_j)x\|^2$$
$$= x^{\text{T}}(\text{bcirc}(\mathcal{C}_j)^{\text{T}}\text{bcirc}(\mathcal{C}_j) - \text{bcirc}(\mathcal{B}_j)^{\text{T}}\text{bcirc}(\mathcal{B}_j))x$$
$$\leqslant \|\text{bcirc}(\mathcal{C}_j)^{\text{T}}\text{bcirc}(\mathcal{C}_j) - \text{bcirc}(\mathcal{B}_j)^{\text{T}}\text{bcirc}(\mathcal{B}_j)\|$$

根据引理 1.3，我们进一步得到

$$\|\text{bcirc}(\mathcal{C}_j)^{\text{T}}\text{bcirc}(\mathcal{C}_j) - \text{bcirc}(\mathcal{B}_j)^{\text{T}}\text{bcirc}(\mathcal{B}_j)\| = \|\text{bcirc}(\mathcal{C}_j^{\text{T}} * \mathcal{C}_j - \mathcal{B}_j^{\text{T}} * \mathcal{B}_j)\|$$

然后因为 $(F_{n_3} \otimes I_{n_1}) \cdot \text{bcirc}(\mathcal{A}) \cdot (F_{n_3}^{-1} \otimes I_{n_2}) = \overline{A}$，以及 $(F_{n_3} \otimes I_{n_1})/\sqrt{n_3}$ 是正交的，则有下列等式成立：

$$\|\text{bcirc}(\mathcal{C}_j^{\text{T}} * \mathcal{C}_j - \mathcal{B}_j^{\text{T}} * \mathcal{B}_j)\| = \|\text{DFT}(C_j^* C_j - B_j^* B_j)\|$$

此外，因为 DFT 是线性变换，有下述关系成立：

$$\|\text{DFT}(C_j^* C_j - B_j^* B_j)\| = \|\overline{C}_j^* \overline{C}_j - \overline{B}_j^* \overline{B}_j\|$$

因此：

$$\|\mathcal{A} * \vec{x}\|_{2^*}^2 - \|\mathcal{B} * \vec{x}\|_{2^*}^2 \leqslant \sum_{j=1}^{N} \|\overline{C}_j^* \overline{C}_j - \overline{B}_j^* \overline{B}_j\| = \sum_{j=1}^{N} \max_i \delta_j^{(i)} = \Delta$$

至此，该性质得到了证明。

引理 1.4 对于张量列 $\vec{x} \in \mathbb{R}^{n_2 \times 1 \times n_3}$，$x \in \mathbb{R}^{n_2 n_3 \times 1}$ 是 $\vec{x}$ 向量化后的列向量。令 x 为 $\text{bcirc}(\mathcal{A})^{\text{T}}\text{bcirc}(\mathcal{A}) - \text{bcirc}(\mathcal{B})^{\text{T}}\text{bcirc}(\mathcal{B})$ 的最大特征值对应的特征向量，则有 $\|\mathcal{A}^{\text{T}} * \mathcal{A} - \mathcal{B}^{\text{T}} * \mathcal{B}\| = \|\mathcal{A} * \vec{x}\|_{2^*}^2 - \|\mathcal{B} * \vec{x}\|_{2^*}^2$。

证明 根据张量谱范数的定义（定义 1.8），我们可以得到

$$\|\mathcal{A}^{\text{T}} * \mathcal{A} - \mathcal{B}^{\text{T}} * \mathcal{B}\|$$
$$= \|\overline{A}^* \overline{A} - \overline{B}^* \overline{B}\|$$
$$= \|\text{bcirc}(\mathcal{A})^{\text{T}}\text{bcirc}(\mathcal{A}) - \text{bcirc}(\mathcal{B})^{\text{T}}\text{bcirc}(\mathcal{B})\|$$
$$= \|\text{bcirc}(\mathcal{A})x\|^2 - \|\text{bcirc}(\mathcal{B})x\|^2$$
$$= \|\mathcal{A} * \vec{x}\|_{2^*}^2 - \|\mathcal{B} * \vec{x}\|_{2^*}^2$$

至此，完成了引理 1.4 的证明。

性质 1.1 和性质 1.2 控制了张量列 $\vec{x}$ 从 $\mathcal{A}$ 到 $\mathcal{B}$ 的投影距离，这表明 sketch 张量 $\mathcal{B}$ 确实捕捉到了原始张量 $\mathcal{A}$ 的主子空间。此外，引理 1.4 表明了寻求 Δ 的上界的重要性。

性质 1.3 对于原始输入张量 $\mathcal{A}$ 和 sketch 尺寸 l，运用算法 1-1 输出 sketch 张量 $\mathcal{B}$，则对任意的 $l > ck$，有 $\Delta \leq \dfrac{1}{\dfrac{l}{c}-k} \|\mathcal{A}-\mathcal{A}_k\|_F^2$，其中 $c = \dfrac{n_3 \sum_{j=1}^{N} \max_{i} \delta_j^{(i)}}{\sum_{j=1}^{N} \sum_{i=1}^{n_3} \delta_j^{(i)}}$。

证明 注意到 $\mathcal{B}$ 被初始化为一个全零张量，则有

$$\|\mathcal{B}\|_F^2 = \sum_{j=1}^{N}(\|\mathcal{B}_j\|_F^2 - \|\mathcal{B}_{j-1}\|_F^2) = \sum_{j=1}^{N}[(\|\mathcal{C}_j\|_F^2 - \|\mathcal{B}_{j-1}\|_F^2) - (\|\mathcal{C}_j\|_F^2 - \|\mathcal{B}_j\|_F^2)]$$

因为 $\mathcal{C}_j^{(i)}$ 是由 $\mathcal{B}_{j-1}^{(i)}$ 和 $\mathcal{A}_j^{(i)}$ 两部分组成的，有下列关系成立：

$$\sum_{j=1}^{N}(\|\mathcal{C}_j\|_F^2 - \|\mathcal{B}_{j-1}\|_F^2) = \|\mathcal{A}\|_F^2$$

然后根据 DFT 张量 $\overline{\mathcal{C}}_j$ 的定义和性质，我们可以得到 $\|\mathcal{C}_j\|_F^2 = \dfrac{1}{n_3}\|\text{bcirc}(\mathcal{C}_j)\|_F^2 = \dfrac{1}{n_3}\|\overline{\mathcal{C}}_j\|_F^2$，利用矩阵的弗罗贝尼乌斯（Frobenius）范数与迹之间的关系，我们进一步得到

$$\|\overline{\mathcal{C}}_j\|_F^2 = \text{tr}(\overline{\mathcal{C}}_j^* \overline{\mathcal{C}}_j)$$

因此：

$$\|\mathcal{B}\|_F^2 = \sum_{j=1}^{N}[(\|\mathcal{C}_j\|_F^2 - \|\mathcal{B}_{j-1}\|_F^2) - (\|\mathcal{C}_j\|_F^2 - \|\mathcal{B}_j\|_F^2)]$$

$$= \|\mathcal{A}\|_F^2 - \dfrac{1}{n_3}\sum_{j=1}^{N}\text{tr}(\overline{\mathcal{C}}_j^*\overline{\mathcal{C}}_j - \overline{\mathcal{B}}_j^*\overline{\mathcal{B}}_j)$$

$$\leq \|\mathcal{A}\|_F^2 - \dfrac{l}{n_3}\sum_{j=1}^{N}\sum_{i=1}^{n_3}\delta_j^{(i)}$$

$$= \|\mathcal{A}\|_F^2 - \dfrac{l}{c}\Delta$$

式中，$c = \dfrac{n_3 \sum_{j=1}^{N} \max_{i} \delta_j^{(i)}}{\sum_{j=1}^{N} \sum_{i=1}^{n_3} \delta_j^{(i)}}$。此外，基于 $\|\mathcal{A}\|_F^2 = \|\mathcal{A}*\mathcal{Y}\|_F^2 = \sum_{i=1}^{r}\|\mathcal{A}*\vec{y}_i\|_2^2$ 的性质，其中 r 是 $\mathcal{A}$ 的张量管秩，有

$$\frac{l}{c}\Delta \leqslant \|\mathcal{A}\|_F^2 - \|\mathcal{B}\|_F^2$$

$$= \sum_{i=1}^{k}\|\mathcal{A}*\vec{y}_i\|_{2,*}^2 + \sum_{i=k+1}^{r}\|\mathcal{A}*\vec{y}_i\|_{2,*}^2 - \|\mathcal{B}\|_F^2$$

$$= \sum_{i=1}^{k}\|\mathcal{A}*\vec{y}_i\|_{2,*}^2 + \|\mathcal{A}-\mathcal{A}_k\|_F^2 - \|\mathcal{B}\|_F^2$$

$$\leqslant \|\mathcal{A}-\mathcal{A}_k\|_F^2 + \sum_{i=1}^{k}(\|\mathcal{A}*\vec{y}_i\|_{2,*}^2 - \|\mathcal{B}*\vec{y}_i\|_{2,*}^2)$$

$$\leqslant \|\mathcal{A}-\mathcal{A}_k\|_F^2 + k\Delta$$

所以，我们可以得到 $\Delta \leqslant \dfrac{1}{\dfrac{l}{c}-k}\|\mathcal{A}-\mathcal{A}_k\|_F^2$。

1.4.2　t-FD 理论误差界的证明

证明（定理 1.1 的证明）　基于引理 1.4，张量协方差误差与式（1-6）等价，如果 $\vec{x}$ 向量化后的列向量取 $\mathrm{bcirc}(\mathcal{A})^\mathrm{T}\mathrm{bcirc}(\mathcal{A}) - \mathrm{bcirc}(\mathcal{B})^\mathrm{T}\mathrm{bcirc}(\mathcal{B})$ 的最大特征值对应的特征向量：

$$\|\mathcal{A}*\vec{x}\|_{2,*}^2 - \|\mathcal{B}*\vec{x}\|_{2,*}^2 \qquad (1\text{-}6)$$

因此，为了完成该定理的证明，我们只需分析式（1-6）的误差界。注意到上述张量列 $\vec{x}$ 满足单位范数约束，因此结合性质 1.2 和性质 1.3 可以得到所需的界。

证明（定理 1.2 的证明）　利用毕达哥拉斯（Pythagorean）定理，我们可以得到 $\|\mathcal{A}-\mathcal{A}*\mathcal{V}_k*\mathcal{V}_k^\mathrm{T}\|_F^2 = \|\mathcal{A}\|_F^2 - \|\mathcal{A}*\mathcal{V}_k\|_F^2$。又因为 $\vec{v}_i \in \mathbb{R}^{n_2 \times 1 \times n_3}$ 是 $\mathcal{V}_k$ 的第 i 个侧面切片，所以 $\|\mathcal{A}*\mathcal{V}_k\|_F^2$ 可以变形为 $\sum_{i=1}^{k}\|\mathcal{A}*\vec{v}_i\|_{2,*}^2$。因此，我们得到

$$\|\mathcal{A}-\mathcal{A}*\mathcal{V}_k*\mathcal{V}_k^\mathrm{T}\|_F^2 = \|\mathcal{A}\|_F^2 - \sum_{i=1}^{k}\|\mathcal{A}*\vec{v}_i\|_{2,*}^2$$

根据性质 1.1，很容易发现：

$$\|\mathcal{A}*\vec{v}_i\|_{2,*}^2 \geqslant \|\mathcal{B}*\vec{v}_i\|_{2,*}^2$$

因此，我们进一步得到

$$\|\mathcal{A}-\mathcal{A}*\mathcal{V}_k*\mathcal{V}_k^\mathrm{T}\|_F^2 \leqslant \|\mathcal{A}\|_F^2 - \sum_{i=1}^{k}\|\mathcal{B}*\vec{v}_i\|_{2,*}^2$$

因 $\mathcal{B}_k = \mathcal{U}_k*\mathcal{S}_k*\mathcal{V}_k^\mathrm{T}$，且 $\vec{v}_i \in \mathbb{R}^{n_2 \times 1 \times n_3}$ 是 $\mathcal{V}_k$ 的第 i 个侧面切片，所以 $\sum_{i=1}^{k}\|\mathcal{B}*\vec{v}_i\|_{2,*}^2 \geqslant \sum_{i=1}^{k}\|\mathcal{B}*\vec{y}_i\|_{2,*}^2$。因此有

$$\|\mathcal{A} - \mathcal{A} * \mathcal{V}_k * \mathcal{V}_k^{\mathrm{T}}\|_{\mathrm{F}}^2 \leqslant \|\mathcal{A}\|_{\mathrm{F}}^2 - \sum_{i=1}^{k} \|\mathcal{B} * \vec{y}_i\|_{2^*}^2.$$

然后,根据性质 1.2 的结论可以得到

$$\|\mathcal{A} - \mathcal{A} * \mathcal{V}_k * \mathcal{V}_k^{\mathrm{T}}\|_{\mathrm{F}}^2 \leqslant \|\mathcal{A}\|_{\mathrm{F}}^2 - \sum_{i=1}^{k} (\|\mathcal{A} * \vec{y}_i\|_{2^*}^2 - \Delta)$$

$$= \|\mathcal{A}\|_{\mathrm{F}}^2 - \|\mathcal{A}_k\|_{\mathrm{F}}^2 + k\Delta$$

$$\leqslant \frac{l}{l - ck} \|\mathcal{A} - \mathcal{A}_k\|_{\mathrm{F}}^2$$

最后一个不等式可以直接从性质 1.3 中推导出来。至此,我们完成了定理 1.2 的证明。如果我们取 $l = c\lceil k + k/\varepsilon \rceil$,则可以得到标准误差界 $\|\mathcal{A} - \mathcal{A} * \mathcal{V}_k * \mathcal{V}_k^{\mathrm{T}}\|_{\mathrm{F}}^2 \leqslant (1+\varepsilon)\|\mathcal{A} - \mathcal{A}_k\|_{\mathrm{F}}^2$。

1.4.3 MtFD 理论误差界的证明

证明(定理 1.3 的证明) 依据定理 1.1 的证明框架,很容易发现:
$\|\mathcal{A}^{\mathrm{T}} * \mathcal{A} - \mathcal{B}^{\mathrm{T}} * \mathcal{B}\| = \|\mathcal{A} * \vec{x}\|_{2^*}^2 - \|\mathcal{B} * \vec{x}\|_{2^*}^2$。

所以,我们的证明核心是寻求 $\|\mathcal{A} * \vec{x}\|_{2^*}^2 - \|\mathcal{B} * \vec{x}\|_{2^*}^2$ 的误差界。对于张量列 $\vec{x} \in \mathbb{R}^{n_2 \times 1 \times n_3}$,记 $x \in \mathbb{R}^{n_2 n_3 \times 1}$ 为 $\vec{x}$ 向量化后的单位列向量。利用张量积的定义(定义 1.1),有下列等式关系成立:

$$\|\mathcal{A} * \vec{x}\|_{2^*}^2 - \|\mathcal{B} * \vec{x}\|_{2^*}^2 = \|\mathrm{bcirc}(\mathcal{A})x\|^2 - \|\mathrm{bcirc}(\mathcal{B})x\|^2$$

把列向量 x 划分为 n_3 部分,其中每部分 $x^i \in \mathbb{R}^{n_2 \times 1}$。向量的 2 范数定义为向量与自身的内积的平方根。因此,对 x^i 对应位置的块循环矩阵中的块进行重新排列后,向量 2 范数保持不变。所以:

$$\|\mathrm{bcirc}(\mathcal{A})x^2\|$$

$$= \left\| \begin{bmatrix} A^{(1)} & A^{(n_3)} & \cdots & A^{(2)} \\ A^{(2)} & A^{(1)} & \cdots & A^{(3)} \\ \vdots & \vdots & & \vdots \\ A^{(n_3)} & A^{(n_3-1)} & \cdots & A^{(1)} \end{bmatrix} \begin{pmatrix} x^1 \\ x^2 \\ \vdots \\ x^{n_3} \end{pmatrix} \right\|^2$$

$$= \left\| [A^{(1)} \quad A^{(n_3)} \quad \cdots \quad A^{(2)}] \begin{pmatrix} x^1 \\ x^2 \\ \vdots \\ x^{n_3} \end{pmatrix} \right\|^2 + \cdots$$

$$= \left\| \begin{bmatrix} A^{(1)} & A^{(2)} & \cdots & A^{(n_3)} \end{bmatrix} \begin{pmatrix} x^1 \\ x^{n_3} \\ \vdots \\ x^2 \end{pmatrix} \right\|^2 + \cdots$$

$$= \sum_{i=1}^{n_3} \| A_{(1)} x_i \|^2$$

式中,每个 $x_i \in \mathbb{R}^{n_2 n_3 \times 1}$ 是一个单位向量。因此:

$$\| \mathcal{A}^T * \mathcal{A} - \mathcal{B}^T * \mathcal{B} \| = \sum_{i=1}^{n_3} (\| A_{(1)} x_i \|^2 - B_{(1)} x_i \|^2) \tag{1-7}$$

然后根据文献[16]中定理 1.1 所证明的 FD 算法的性质可以得到

$$\sum_{i=1}^{n_3} (\| A_{(1)} x_i \|^2 - \| B_{(1)} x_i \|^2)$$

$$\leqslant \frac{n_3}{l-k} \| A_{(1)} - A_{(1)_k} \|_F^2$$

$$\leqslant \frac{n_3}{l-k} \| A_{(1)} \|_F^2$$

$$= \frac{n_3}{l-k} \| \mathcal{A} \|_F^2$$

再结合式(1-7)即可完成证明。

证明(定理 1.4 的证明) 注意到对任意的张量列 $\vec{x} \in \mathbb{R}^{n_2 \times 1 \times n_3}$,如果它向量化后的列向量 $x \in \mathbb{R}^{n_2 n_3 \times 1}$ 是一个单位向量,则有

$$\left| \| \mathcal{A} * \vec{x} \|_{2*}^2 - \| \mathcal{B} * \vec{x} \|_{2*}^2 \right| = \left| \| \text{bcirc}(\mathcal{A}) x \|^2 - \| \text{bcirc}(\mathcal{B}) x \|^2 \right|$$

$$\leqslant \| \text{bcirc}(\mathcal{A})^T \text{bcirc}(\mathcal{A}) - \text{bcirc}(\mathcal{B})^T \text{bcirc}(\mathcal{B}) \|_2$$

然后,根据张量谱范数的定义(定义 1.8),我们得到

$$\| \text{bcirc}(\mathcal{A})^T \text{bcirc}(\mathcal{A}) - \text{bcirc}(\mathcal{B})^T \text{bcirc}(\mathcal{B}) \|_2$$

$$= \| \overline{A}^* \overline{A} - \overline{B}^* \overline{B} \|_2$$

$$= \| \mathcal{A}^T * \mathcal{A} - \mathcal{B}^T * \mathcal{B} \|$$

也就是说:

$$\left| \| \mathcal{A} * \vec{x} \|_{2*}^2 - \| \mathcal{B} * \vec{x} \|_{2*}^2 \right| \leqslant \| \mathcal{A}^T * \mathcal{A} - \mathcal{B}^T * \mathcal{B} \|$$

正如定理 1.2 中所分析的,$\| \mathcal{A} - \mathcal{A} * \mathcal{V}_k * \mathcal{V}_k^T \|_F^2$ 和 $\| \mathcal{A} \|_F^2 - \sum_{i=1}^k \| \mathcal{A} * \vec{v}_i \|_{2*}^2$ 等价。因此,我们得到

$$\|\mathcal{A} - \mathcal{A} * \mathcal{V}_k * \mathcal{V}_k^{\mathrm{T}}\|_{\mathrm{F}}^{2}$$

$$= \|\mathcal{A}\|_{\mathrm{F}}^{2} - \sum_{i=1}^{k} \|\mathcal{A} * \vec{v}_i\|_{2}^{2}.$$

$$\leqslant \|\mathcal{A}\|_{\mathrm{F}}^{2} - \sum_{i=1}^{k} \|\mathcal{B} * \vec{v}_i\|_{2}^{2}. + k\|\mathcal{A}^{\mathrm{T}} * \mathcal{A} - \mathcal{B}^{\mathrm{T}} * \mathcal{B}\|$$

$$\leqslant \|\mathcal{A}\|_{\mathrm{F}}^{2} - \sum_{i=1}^{k} \|\mathcal{B} * \vec{y}_i\|_{2}^{2}. + k\|\mathcal{A}^{\mathrm{T}} * \mathcal{A} - \mathcal{B}^{\mathrm{T}} * \mathcal{B}\|$$

$$\leqslant \|\mathcal{A}\|_{\mathrm{F}}^{2} - \sum_{i=1}^{k} \|\mathcal{A} * \vec{y}_i\|_{2}^{2}. + 2k\|\mathcal{A}^{\mathrm{T}} * \mathcal{A} - \mathcal{B}^{\mathrm{T}} * \mathcal{B}\|$$

$$= \|\mathcal{A} - \mathcal{A}_k\|_{\mathrm{F}}^{2} + 2k\|\mathcal{A}^{\mathrm{T}} * \mathcal{A} - \mathcal{B}^{\mathrm{T}} * \mathcal{B}\|$$

至此，证明结束。

1.5 实验分析

我们提出的 t-FD 算法与其他两种流算法在合成和真实张量数据上做了对比实验。算法执行环境为 MATLAB R2020a 和 Intel®Xeon®Gold 5120 CPU@2.20GHz，256GB 内存。在不同的实验设置中，我们均对各算法运行 10 次，以 10 次的平均值作为最终结果。各对比实验的详细信息如下。

（1）MtFD：正如算法 1-2 中所呈现的，这是一种极其自然地处理张量数据的方法。先将原始张量数据矩阵化，然后利用矩阵 FD 算法得到 sketch 矩阵 $B \in \mathbb{R}^{l \times n_2 n_3}$，最后将其折叠得到目标 sketch 张量 $\mathcal{B}$。

（2）srt-SVD：本节采用了 Zhang 等[32]的文献中的 srt-SVD 算法作为其中一种单次遍历随机算法，该算法通过计算 $\mathcal{Q} * \mathcal{A}$ 得到 sketch 张量 $\mathcal{B}$，其中 $\mathcal{Q} \in \mathbb{R}^{l \times n_1 \times n_3}$ 是高斯随机张量（即第一个正面切片服从 $Q^{(1)} \sim \dfrac{\mathcal{N}(0,1)}{\sqrt{l}}$，剩下的正面切片都是全零矩阵）。张量 $\mathcal{A}$ 和 $\mathcal{Q}$ 的乘积可以很容易地以流方式推导出来。

为了比较各算法的性能，我们采用以下三种衡量指标。

（1）投影误差：$\dfrac{\|\mathcal{A} - \mathcal{A} * \mathcal{V}_k * \mathcal{V}_k^{\mathrm{T}}\|_{\mathrm{F}}^{2}}{\|\mathcal{A} - \mathcal{A}_k\|_{\mathrm{F}}^{2}}$。

（2）协方差误差：$\dfrac{\|\mathcal{A}^{\mathrm{T}} * \mathcal{A} - \mathcal{B}^{\mathrm{T}} * \mathcal{B}\|}{\|\mathcal{A} - \mathcal{A}_k\|_{\mathrm{F}}^{2}}$。

（3）运行时间。

1.5.1 基于合成数据集的实验分析

受文献[33]中测试 FD 算法所使用的数据生成过程的启发,我们构造合成原始张量数据集形式为 $\mathcal{A} = \mathcal{S} * \hat{\mathcal{D}} * \mathcal{U} + \mathcal{N}/\eta$,其中 $\mathcal{S} \in \mathbb{R}^{n_1 \times k \times n_3}$ 的每个元素独立地满足 $\mathcal{S}_{ijk} \sim \mathcal{N}(0,1)$,$\mathcal{U} \in \mathbb{R}^{n_2 \times k \times n_3}$ 是一个部分正交张量,$\hat{\mathcal{D}}$ 是一个 f-对角张量,其元素代表张量奇异值。这里我们认为在傅里叶域中奇异值具有不同的衰减谱,包括线性衰减谱、多项式衰减谱和指数衰减谱。对于每个切片,我们随机选择三种类型中的一种。$\mathcal{N} \in \mathbb{R}^{n_1 \times n_2 \times n_3}$ 代表高斯噪声,η 代表噪声程度。

本实验主要通过不同的秩设置衡量算法的近似效能。我们取 $\mathcal{A} \in \mathbb{R}^{10\,000 \times 1000 \times 10}$,噪声程度 $\eta = 10$ 以及真实的秩 $k \in \{5, 10, 20\}$。此外,我们衡量了第三维度 n_3 的影响,因为它与前面证明的理论误差界极为相关。对于各实验设定,我们对随机生成的三个张量做测试,取其平均值作为最终结果。

如图 1-4 所示,在误差衡量方面,t-FD 算法的性能始终优于其他两种算法,在协方差误差方面的优势尤为显著。对于 MtFD 算法,尽管 sketch 张量可以捕获一个优良的子空间来实现较低的投影误差,但它不能很好地近似协方差。对于较小的 sketch 尺寸,协方差误差只有较小幅度的减小。我们将其归因于原始张量的内在结构在迭代过程中可能遭到了破坏。幸运的是,我们的算法和 srt-SVD 算法一样,随着 sketch 尺寸的增加,误差表现出明显减小的趋势。此外,我们注意到在更大的秩的实验设定中,我们的算法更具竞争力。

在运行时间方面,各算法在不同的实验设置下呈线性增长。显然,srt-SVD 算法是运行最慢的。对于 MtFD 算法和 t-FD 算法,t-FD 算法略慢于 MtFD 算法,但从性能分析来看,一定程度的运行时间的牺牲所换来的精度的大幅度提高是值得的。

1.5.2 基于真实数据集的实验分析

本节在两个真实流式数据集上测试算法的性能。Chen 和 Sun[40]的文献中的公路交通数据 Highway 记录了 11 160 个传感器在数周内的交通速度时间序列,因此可以视为一个稠密的张量。我们选取四周的数据,并把它表示为张量 $\mathcal{B} \in \mathbb{R}^{11\,160 \times 288 \times 28}$ 的形式。由于我们观察到的传感器数据具有很强的相似性,因此使用较低的秩 10 进行比较。Smith 等[41]的文献中的 Uber 数据可以表示为一个极为稀疏的张量 $\mathcal{A} \in \mathbb{R}^{183 \times 24 \times 1140 \times 1717}$,该张量只有 0.038% 的元素是非零的。其中第 (i, j, k, l) 个元素代表第 i 天、第 j 小时、第 k 纬度、第 l 经度的采样数量。我们将

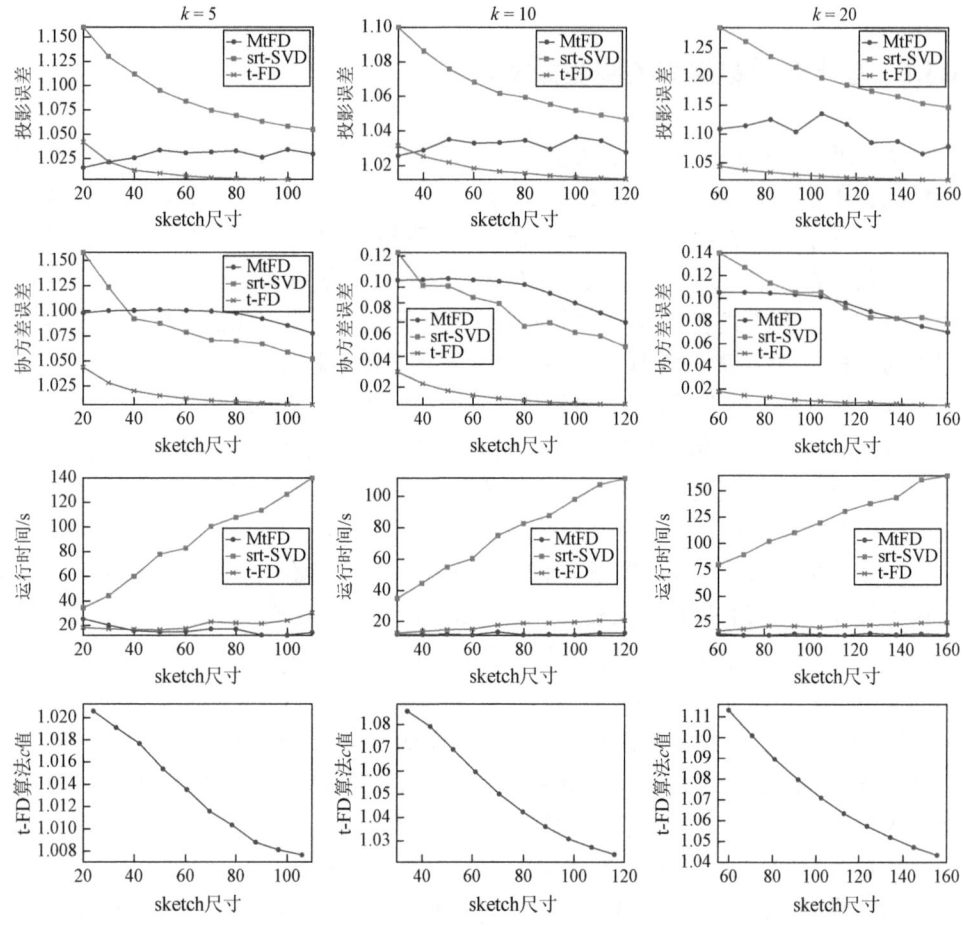

图 1-4　合成数据集的实验结果

时间维和位置维的子样本聚合为一个三阶张量 $\mathcal{A} \in \mathbb{R}^{4392 \times 500 \times 500}$。由于该张量高度稀疏,我们将秩设置为 50,并将 sketch 尺寸从 50 调整到 150 以测试各算法的性能。

从图 1-5 可以很容易地看出,我们的新算法 t-FD 在更大和更稀疏的 Uber 数据集上性能更为准确、稳定。注意到 srt-SVD 算法即使是十次运行的平均结果,也不能得到稳定的协方差误差衡量结果,其性能也不如其他算法。至于 MtFD 算法,它对高速公路数据即 Highway 的近似性很好,但对 Uber 数据的近似性很差。即使我们提出的 t-FD 算法没有达到运行最快的效果,但运行时间也不会像 srt-SVD 算法那样急剧增加。

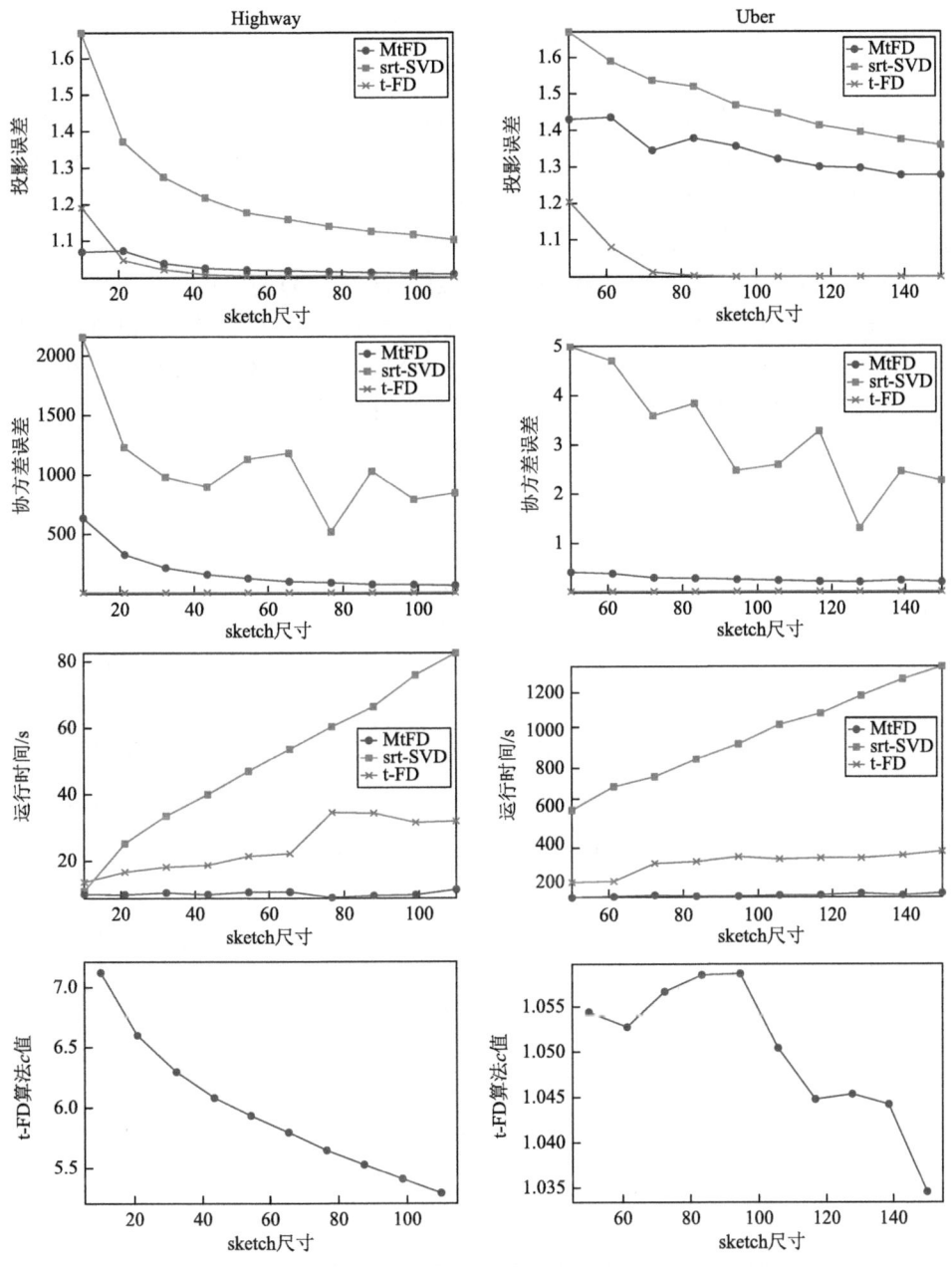

图 1-5 真实数据集的实验结果

1.5.3 参数 c 的影响分析

在 t-FD 算法的理论分析中,定理 1.1 和定理 1.2 中的参数 c 是不确定的,它是由张量的内在结构决定的。在合成数据和真实数据中，参数 c 要比 n_3 小得多，此时 t-FD 算法的性能更为优良。本节构造两种极端情况来验证参数 c 的效果，其中生成的张量的形式为 $\mathcal{A}=\mathcal{B}+\alpha\mathcal{U}$。张量 $\mathcal{B}$ 的每个正面切片相同，是从 $\mathcal{N}(0,1)$ 中采样得到的，$\mathcal{U}$ 是均匀分布在 $[0,1]$ 上的随机张量。设置参数 α 是为了控制所有切片之间的差异。当 α 变小时，参数 c 更接近 n_3。因此，我们认为 α 的大小为 $\{0.01,100\}$，测试张量 $\mathcal{A}$ 的大小为 $\mathbb{R}^{3000\times300\times20}$。

图 1-6 和图 1-7 为两种极端情况下 MtFD 算法和 t-FD 算法的比较结果。可以看出，较大的 c 确实降低了 t-FD 算法的性能，但我们仍然得到了与 MtFD 算法相当的性能；当 c 很小的时候，t-FD 算法的估计更为准确。这进一步证明了在应对流式张量数据时，我们提出的 t-FD 算法优于矩阵化之后再进行处理的 MtFD 算法。

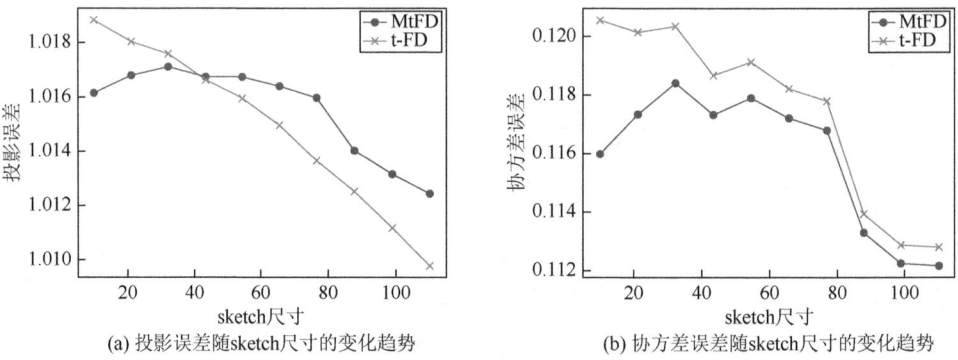

(a) 投影误差随sketch尺寸的变化趋势　　(b) 协方差误差随sketch尺寸的变化趋势

图 1-6　投影误差和协方差误差随 sketch 尺寸的变化趋势（$\alpha=0.01$，$c\approx19.75$）

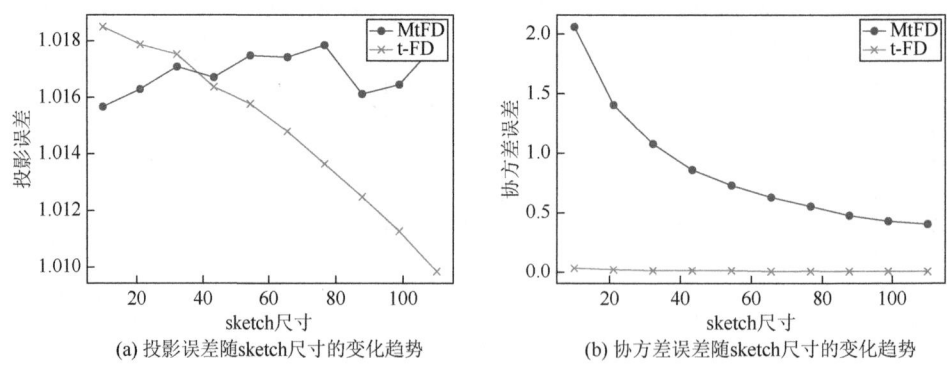

(a) 投影误差随sketch尺寸的变化趋势　　(b) 协方差误差随sketch尺寸的变化趋势

图 1-7　投影误差和协方差误差随 sketch 尺寸的变化趋势（$\alpha=100$，$c\approx1.01$）

在图 1-6 和图 1-7 中，我们在每个实验设置中绘制了参数 c 随 sketch 尺寸的变化趋势。对于合成数据集，参数 c 的值随着 sketch 尺寸的增大而不断减小，且 c 的值更接近于 1。对于 Highway 真实数据集，虽然参数 c 的值变大了，但是 t-FD 算法的性能仍然很好。

1.5.4 扩展到 p 阶情形

我们主要侧重于三阶张量的算法与理论分析，我们需要强调的是：利用 p 阶 t-SVD 的结构和 DFT 矩阵的性质，该证明框架可以非常容易地推广到 p 阶张量（$p \geqslant 3$）。值得一提的是，输入张量 $\mathcal{A} \in \mathbb{R}^{n_1 \times n_2 \times \cdots \times n_p}$ 和 sketch 张量 $\mathcal{B} \in \mathbb{R}^{l \times n_2 \times \cdots \times n_p}$ 之间的协方差及投影误差界和 3 阶情形非常相似。唯一的区别是 c 的值从

$$\frac{n_3 \sum_{j=1}^{N} \max_i \delta_j^{(i)}}{\sum_{j=1}^{N} \sum_{i=1}^{n_3} \delta_j^{(i)}} \text{ 变成 } \frac{\rho \sum_{j=1}^{N} \max_i \delta_j^{(i)}}{\sum_{j=1}^{N} \sum_{i=1}^{\rho} \delta_j^{(i)}}, \text{ 其中 } \rho = n_3 n_4 \cdots n_p \text{。}$$

定理 1.5（p 阶情形的张量协方差误差） 给定张量 $\mathcal{A} \in \mathbb{R}^{n_1 \times n_2 \times \cdots \times n_p}$ 以及 sketch 张量 $\mathcal{B} \in \mathbb{R}^{l \times n_2 \times \cdots \times n_p}$，对于任意的 $k < \dfrac{l}{c}$，有

$$\| \mathcal{A}^T * \mathcal{A} - \mathcal{B}^T * \mathcal{B} \| \leqslant \frac{\| \mathcal{A} - \mathcal{A}_k \|_F^2}{\dfrac{l}{c} - k}$$

式中，$c = \dfrac{\rho \sum_{j=1}^{N} \max_i \delta_j^{(i)}}{\sum_{j=1}^{N} \sum_{i=1}^{\rho} \delta_j^{(i)}}$，$\rho = n_3 n_4 \cdots n_p$。

定理 1.6（p 阶情形的张量投影误差） 给定张量 $\mathcal{A} \in \mathbb{R}^{n_1 \times n_2 \times \cdots \times n_p}$ 和 sketch 张量 $\mathcal{B} \in \mathbb{R}^{l \times n_2 \times \cdots \times n_p}$，令 $\mathcal{B} = \mathcal{U} * \mathcal{S} * \mathcal{V}^T$，以及秩 k 逼近表示为 $\mathcal{B}_k = \mathcal{U}_k * \mathcal{S}_k * \mathcal{V}_k^T$，则对于任意的 $k < \dfrac{l}{c}$，有

$$\| \mathcal{A} - \mathcal{A} * \mathcal{V}_k * \mathcal{V}_k^T \|_F^2 \leqslant \frac{l}{l - ck} \| \mathcal{A} - \mathcal{A}_k \|_F^2$$

式中，$c = \dfrac{\rho \sum_{j=1}^{N} \max_i \delta_j^{(i)}}{\sum_{j=1}^{N} \sum_{i=1}^{\rho} \delta_j^{(i)}}$，$\rho = n_3 n_4 \cdots n_p$。

p 阶情形的张量误差界的分析框架与 3 阶情形的分析框架非常接近，我们主要阐述了几个不同之处。首先，作为媒介的块循环操作 bcirc($\mathcal{A}$) 将被通用格式 $\tilde{\mathcal{A}}$

取代。其次，原始域和傅里叶域的弗罗贝尼乌斯范数之间的关系将由 $\|\mathcal{C}_j\|_F^2 = \frac{1}{n_3}\|\bar{\mathcal{C}}_j\|_F^2$ 转变为 $\|\mathcal{C}_j\|_F^2 = \frac{1}{\rho}\|\bar{\mathcal{C}}_j\|_F^2$。最后，分块对角矩阵 $\bar{C}_j$ 中的分块个数将由 n_3 变为 ρ，这将直接导致参数 c 的变化。

1.6 小　　结

鉴于现实数据大多是张量（多维数组），如视频和高光谱图像，本章提出了一个简单有效的张量 sketching 算法，以获取流式数据设置中的低秩张量逼近。其核心思想是在流数据中保持一个动态更新的小型 sketch 张量。该算法的创新点在于张量奇异值分解框架的利用：与矩阵奇异值分解类似，截断的张量奇异值分解在弗罗贝尼乌斯范数意义上实现了最佳低秩逼近；另外，由此定义衍生出的管阶可以很好地表征张量固有的低阶结构。这是首次基于张量奇异值分解框架的 FD 算法的张量扩展，特别地，我们提出的 t-FD 算法只需要对张量进行一次传递，因此适用于流式数据设置。考虑到基于张量奇异值分解的运算主要是在傅里叶域中进行的，我们分析了原始域和傅里叶域之间张量范数的关系，并进一步推导了张量协方差和投影误差界。理论分析表明，我们所提出的 t-FD 算法在最佳管秩逼近的 $1+\varepsilon$ 范围内；同时在合成和真实张量数据集上的大量实验表明，t-FD 算法在大多数情况下优于矩阵 FD 算法和随机张量 sketching 算法。在未来的工作中，我们将把该算法应用至一些流行的张量恢复模型中，如在流式张量数据设置中处理张量填充和张量鲁棒主成分分析等问题。

参 考 文 献

[1] Bordes A, Usunier N, Garcia-Durán A, et al. Translating embeddings for modeling multi-relational data[J]. Advances in Neural Information Processing Systems，2013，26：2787-2795.

[2] Wang Z, Zhang J W, Feng J L, et al. Knowledge graph embedding by translating on hyperplanes[C]. Proceedings of the 28th AAAI Conference on Artificial Intelligence，Québec City，2014：1112-1119.

[3] Lin Y K, Liu Z Y, Sun M S, et al. Learning entity and relation embeddings for knowledge graph completion[C]. Proceedings of the 29th AAAI Conference on Artificial Intelligence，Austin，2015：2181-2187.

[4] Nickel M, Tresp V, Kriegel H P. A three-way model for collective learning on multi-relational data[C]. Proceedings of the 28th International Conference on Machine Learning，Washington D C，2011：809-816.

[5] Yang B S, Yih W T, He X D, et al. Embedding entities and relations for learning and inference in knowledge bases[J]. arXiv：1412.6575，2014.

[6] Nickel M, Rosasco L, Poggio T. Holographic embeddings of knowledge graphs[C]. Proceedings of the 30th AAAI Conference on Artificial Intelligence，Phoenix，2016：1955-1961.

[7] Trouillon T, Welbl J, Riedel S, et al. Complex embeddings for simple link prediction[C]. Proceedings of the 33rd International Conference on Machine Learning，New York，2016：2071-2080.

[8] Liu H X, Wu Y X, Yang Y M. Analogical inference for multi-relational embeddings[C]. Proceedings of the 34th International Conference on Machine Learning, Sydeny, 2017: 2168-2178.

[9] Hitchcock F L. The expression of a tensor or a polyadic as a sum of products[J]. Journal of Mathematics and Physics, 1927, 6 (1/2/3/4): 164-189.

[10] Balažević I, Allen C, Hospedales T M. TuckER: Tensor factorization for knowledge graph completion[J]. arXiv: 1901.09590, 2019.

[11] Tucker L R. Some mathematical notes on three-mode factor analysis[J]. Psychometrika, 1966, 31 (3): 279-311.

[12] Liu Y, Yao Q M, Li Y. Generalizing tensor decomposition for N-ary relational knowledge bases[C]. Proceedings of The Web Conference, Taipei, 2020: 1104-1114.

[13] Zhao Q B, Zhou G X, Xie S L, et al. Tensor ring decomposition[J]. arXiv: 1606.05535, 2016.

[14] Kilmer M E, Martin C D. Factorization strategies for third-order tensors[J]. Linear Algebra and its Applications, 2011, 435 (3): 641-658.

[15] Kernfeld E, Kilmer M, Aeron S. Tensor-tensor products with invertible linear transforms[J]. Linear Algebra and its Applications, 2015, 485: 545-570.

[16] Ghashami M, Liberty E, Phillips J M, et al. Frequent directions: Simple and deterministic matrix sketching[J]. SIAM Journal on Computing, 2016, 45 (5): 1762-1792.

[17] Jiang T X, Huang T Z, Zhao X L, et al. A novel tensor-based video rain streaks removal approach via utilizing discriminatively intrinsic priors[C]. Proceedings of the 2017 IEEE Conference on Computer Vision and Pattern Recognition, Honolulu, 2017: 2818-2827.

[18] Du B, Zhang M F, Zhang L F, et al. PLTD: Patch-based low-rank tensor decomposition for hyperspectral images[J]. IEEE Transactions on Multimedia, 2017, 19 (1): 67-79.

[19] Lathauwer L D. Signal processing based on multilinear algebra[D]. Leuven: Katholieke Universiteit Leuven, 1997.

[20] Papalexakis E, Pelechrinis K, Faloutsos C. Spotting misbehaviors in location-based social networks using tensors[C]. Proceedings of the 2014 23rd International Conference on World Wide Web, Seoul, 2014: 551-552.

[21] Gilman K, Tarzanagh D A, Balzano L. Grassmannian optimization for online tensor completion and tracking in the t-SVD algebra[J]. arXiv: 2001.11419, 2020.

[22] Woodruff D P. Sketching as a tool for numerical linear algebra[J]. Foundations and Trends in Theoretical Computer Science, 2014, 10 (1/2): 1-157.

[23] Boutsidis C, Drineas P, Magdon-Ismail M. Near-optimal column-based matrix reconstruction[J]. SIAM Journal on Computing, 2014, 43 (2): 687-717.

[24] Bingham E, Mannila H. Random projection in dimensionality reduction: Applications to image and text data[C]. Proceedings of the 2001 7th ACM SIGKDD International Conference on Knowledge Discovery and Data Mining, San Francisco, 2001: 245-250.

[25] Hu W M, Li X, Zhang X Q, et al. Incremental tensor subspace learning and its applications to foreground segmentation and tracking[J]. International Journal of Computer Vision, 2011, 91 (3): 303-327.

[26] Malik O A, Becker S. Low-rank tucker decomposition of large tensors using TensorSketch[C]. Proceedings of the 32nd International Conference on Advances in Neural Information Processing Systems, Montréal, 2018: 10117-10127.

[27] Sun Y M, Guo Y, Luo C, et al. Low-rank tucker approximation of a tensor from streaming data[J]. arXiv: 1904.10951, 2019.

[28] Zhou S, Vinh N X, Bailey J, et al. Accelerating online CP decompositions for higher order tensors[C]. Proceedings

of the 22nd ACM SIGKDD International Conference on Knowledge Discovery and Data Mining, San Francisco, 2016: 1375-1384.

[29] Ma C B, Yang X W, Wang H. Randomized online CP decomposition[C]. Proceedings of the 10th International Conference on Advanced Computational Intelligence (ICACI), Xiamen, 2018: 414-419.

[30] Martin C D, Shafer R, LaRue B. An order-p tensor factorization with applications in imaging[J]. SIAM Journal on Scientific Computing, 2013, 35 (1): A474-A490.

[31] Battaglino C, Ballard G, Kolda T G. A practical randomized CP tensor decomposition[J]. SIAM Journal on Matrix Analysis and Applications, 2018, 39 (2): 876-901.

[32] Zhang J N, Saibaba A K, Kilmer M E, et al. A randomized tensor singular value decomposition based on the t-product[J]. Numerical Linear Algebra with Applications, 2018, 25 (5): e2179.

[33] Liberty E. Simple and deterministic matrix sketching[C]. Proceedings of the 19th ACM SIGKDD International Conference on Knowledge Discovery and Data Mining, Chicago, 2013: 581-588.

[34] Boutsidis C, Garber D, Karnin Z, et al. Online principal components analysis[C]. Proceedings of the 26th Annual ACM-SIAM Symposium on Discrete Algorithms, San Diego, 2014: 887-901.

[35] Leng C, Wu J X, Cheng J, et al. Online sketching hashing[C]. Proceedings of the 2015 IEEE Conference on Computer Vision and Pattern Recognition, Boston, 2015: 2503-2511.

[36] Luo L, Chen C, Zhang Z, et al. Robust frequent directions with application in online learning[J]. Journal of Machine Learning Research, 2019, 20 (45): 1-41.

[37] Huang Z F. Near optimal frequent directions for sketching dense and sparse matrices[J]. Journal of Machine Learning Research, 2019, 20 (56): 1-23.

[38] Chen X, King I, Lyu M R. Frosh: Faster online sketching hashing[C]. Proceedings of the Conference on Uncertainty in Artificial Intelligence (UAI), Sydney, 2017: 1-10.

[39] Teng D, Chu D L. A fast frequent directions algorithm for low rank approximation[J]. IEEE Transactions on Pattern Analysis and Machine Intelligence, 2019, 41 (6): 1279-1293.

[40] Chen X, Sun L. Low-rank autoregressive tensor completion for multivariate time series forecasting[J]. arXiv: 2006.10436, 2020.

[41] Smith S, Choi J W, Li J, et al. FROSTT: The formidable repository of open sparse tensors and tools [EB/OL]. [2017-12-31]. http://frostt.io.

第 2 章　科技大数据知识图谱

2.1　知识图谱概念及发展

2.1.1　概念

知识图谱（knowledge graph，KG）被认为是从感知智能通往认知智能的重要基石。一个很简单的原因就是，没有知识的机器不可能实现认知智能。图灵奖获得者、知识工程创始人爱德华·费根鲍姆（Edward Feigenbaum）曾经提道："知识是人工智能系统的力量。"张钹院士也提道："没有知识的人工智能（artificial intelligence，AI）不是真正的 AI。"从感知到认知的跨越过程中，构建大规模高质量知识图谱是一个重要环节，只有结构化地表示人类知识，才有可能让机器真正实现推理、联想等认知功能。

知识图谱将互联网的信息表达成更接近人类认知世界的形式，提供了一种更好地组织、管理和理解互联网海量信息的能力。知识图谱给互联网语义搜索带来了活力，同时也在智能问答、大数据分析与决策中显示出强大的威力，已经成为互联网基于知识的智能服务基础。知识图谱与大数据和深度学习一起，成为推动人工智能发展的核心驱动力之一[1]。

知识图谱以结构化的方式描述客观世界中概念、实体、事件以及它们之间的关系，本质上是一种语义网络，网络节点表示实体或者概念，边表示实体或者概念之间的关联关系。其中，概念是指人们在认识世界的过程中形成的对客观事物的概念化表示，如国家、城市、人物等；实体是客观世界中的具体事物，如中国、北京等。属性也是一种实体，用于描述事物的内在信息，如中国的面积、人口等。关系描述概念、实体之间客观存在的关联，如首都描述了国家和城市之间概念和子概念的关系等。

知识图谱的分类方式很多，例如，可以通过知识种类、构建方法等划分。从领域上来说，知识图谱通常分为通用（领域无关）知识图谱和特定领域知识图谱[2]。

（1）通用知识图谱：通用知识图谱可以形象地看成一个面向通用领域的"结构化的百科知识库"，其中包含了大量的现实世界中的常识性知识，覆盖面极广。

（2）特定领域知识图谱：特定领域知识图谱又叫行业知识图谱或垂直知识图

---

[1] 李涓子，侯磊. 知识图谱研究综述. 山西大学学报（自然科学版），2017，40（3）：454-459.
[2] https://www.aminer.cn/research_report/5c3d5a8709e961951592a49d.

谱，通常面向某一特定领域，可看成一个"基于语义技术的行业知识库"，如科技大数据知识图谱。

2.1.2 发展历程

回顾知识工程四十多年的发展历程，总结知识工程的演进过程和技术进展，可以将知识工程分成五个标志性的阶段，图灵测试时期、专家系统时期、万维网时期、群体智能时期以及知识图谱时期[①]。

1）1950～1970 年：图灵测试——知识工程诞生前期

人工智能旨在让机器能够像人一样解决复杂问题，图灵测试是评测智能的手段。这一阶段主要有两个方法：符号主义和连接主义。符号主义认为物理符号系统是智能行为的充要条件，连接主义则认为大脑（神经元及其连接机制）是一切智能活动的基础。这一阶段具有代表性的工作是通用问题求解程序（general problem solver，GPS）：将问题进行形式化表达，通过搜索，从问题的初始状态，结合规则或表示得到目标状态。其中最成功的应用是博弈论和机器定理证明等。这一时期的知识表示方法主要有逻辑知识表示、产生式规则、语义网络等。这一时期人工智能和知识工程的先驱明斯基（Minsky）、麦卡锡（Mccarthy）和纽厄尔（Newell）以及西蒙（Simon）四位学者因为他们在感知机、人工智能语言和通用问题求解及形式化语言方面的杰出工作分别获得了 1969 年、1971 年、1975 年、1975 年的图灵奖。

2）1970～1990 年：专家系统——知识工程蓬勃发展期

通用问题求解强调利用人求解问题的能力建立智能系统，而忽略了知识对智能的支持，使人工智能难以在实际应用中发挥作用。从 1970 年开始，人工智能开始转向建立基于知识的系统，通过"知识库＋推理机"实现机器智能，这一时期涌现出很多成功的限定领域专家系统，如 MYCIN 医疗诊断专家系统、识别分子结构的 DENRAL 专家系统以及计算机故障诊断 XCON 专家系统等。斯坦福人工智能实验室的奠基人费根鲍姆（Feigenbaum）教授在 1980 年的一个项目报告"Knowledge engineering: The applied side of artificial intelligence"中提出知识工程的概念，从此确立了知识工程在人工智能中的核心地位。这一时期知识表示方法有新的演进，包括框架和脚本等。20 世纪 80 年代后期出现了很多专家系统的开发平台，可以帮助人们将专家的领域知识转变成计算机可以处理的知识。

3）1990～2000 年：万维网

在 1990～2000 年，出现了很多人工构建的大规模知识库，包括广泛应用的英文 WordNet、采用一阶谓词逻辑知识表示的 Cyc 常识知识库，以及中文的 HowNet。

---

① 知识图谱发展报告.北京：中国中文信息学会语言与知识计算专业委员会，2018.

Web 1.0 的产生为人们提供了一个开放平台，使用超文本标记语言（hypertext markup language，HTML）定义文本的内容，通过超链接把文本连接起来，使大众可以共享信息。万维网联盟提出的可扩展标记语言（extensible markup language，XML），实现将互联网文档内容的结构通过定义标签进行标记，为互联网环境下大规模知识表示和共享奠定了基础。这一时期在知识表示研究中还提出了本体的知识表示方法。

4）2000～2006 年：群体智能

在 2001 年，万维网发明人、2016 年图灵奖获得者蒂姆·伯纳斯-李（Tim Berners-Lee）在《科学美国人》杂志发表的论文"The semantic Web"中正式提出语义 Web 的概念，旨在对互联网内容进行结构化语义表示，利用本体描述互联网内容的语义结构，通过对网页进行语义标识得到网页语义信息，从而获得网页内容的语义信息，使人和机器能够更好地协同工作。万维网联盟进一步提出万维网上语义标识语言资源描述框架（resource description framework，RDF）和万维网本体表述语言（Web ontology language，OWL）等描述万维网内容语义的知识描述规范。

万维网的出现使知识从封闭知识走向开放知识，从集中构建知识变为分布群体智能知识。原来，专家系统是系统内部定义的知识，现在可以实现知识源之间的相互链接，可以通过关联来产生更多的知识而非完全由固定人生产。这个过程中出现了群体智能，最典型的代表就是维基百科，实际上是用户去建立知识，体现了互联网大众用户对知识的贡献，成为今天大规模结构化知识图谱的重要基础。

5）2006 年至今：知识图谱——知识工程新发展时期

"知识就是力量"，将万维网内容转化为能够为智能应用提供动力的机器可理解和计算的知识是这一时期的目标。从 2006 年开始，大规模维基百科类富结构知识资源的出现和网络规模信息提取方法的进步，使大规模知识获取方法取得了巨大进展。与 Cyc、WordNet 和 HowNet 等手工研制的知识库和本体的开创性项目不同，这一时期知识获取是自动化的，并且在网络规模下运行。当前自动构建的知识库已成为语义搜索、大数据分析、智能推荐和数据集成的强大资产，在大型行业和领域中正得到广泛使用。典型的例子是谷歌收购 Freebase 后在 2012 年推出的知识图谱，Facebook 的图谱搜索，Microsoft Satori 以及商业、金融、生命科学等领域特定的知识库。最具代表性的大规模网络知识获取工作包括 DBpedia、Freebase、KnowItAll、WikiTaxonomy 和 YAGO，以及 BabelNet、ConceptNet、DeepDive、NELL、Probase、Wikidata、XLORE、Zhishi.me、CNDBpedia 等。这些知识图谱遵循 RDF 数据模型，包含数以千万级或者亿级规模的实体，以及数十亿或百亿事实（即属性值和与其他实体的关系），并且这些实体被组织在成千上万的由语义体现的客观世界的概念结构中。

目前知识图谱的发展和应用状况，除了通用的大规模知识图谱，各行业也在建立行业和领域的知识图谱，当前知识图谱的应用包括语义搜索、问答系统与聊天、大数据语义分析以及智能知识服务等，在智能客服、商业智能等真实场景下体现出广泛的应用价值，而更多知识图谱的创新应用还有待开发。

在我国知识工程领域的研究中，中国科学院系统科学研究所陆汝钤院士、中国科学院计算技术研究所史忠植研究员等知识工程研究学者为中国的知识工程研究和人才培养做出了突出贡献，陆汝钤院士因在知识工程和基于知识的软件工程方面做出的系统和创造性工作，以及在大知识领域的开创性贡献，荣获首届"吴文俊人工智能最高成就奖"。

2.2 面向科技大数据的知识图谱

2.2.1 什么是科技大数据

科技大数据是科技创新全过程的各类信息数据。科学、高效的科技大数据组织与管理能有效帮助研究人员进行学术交流、缩短科研成果的产业化周期。然而，学术网络信息的爆炸式增长，给学术信息检索、挖掘、共享、评价等带来了全新的挑战。有效融合网络中存在的多源异构数据并进行深层分析和挖掘、提高科技大数据服务质量、降低科技信息分析的成本、建设基于科技大数据的开放创新服务平台，对于促进我国科技发展具有重要意义。

科技服务业的成功很大程度上取决于如何充分利用已有的知识、技术及相关资源，尽可能降低创意形成和创意实现过程中的成本。因此，研究如何利用已有的科技资源对技术创新发展的规律进行定量分析，发现具有前瞻性、先导性和探索性的创新技术对科技大数据的应用具有重要意义。越来越多的科研机构、企事业单位投入科技大数据的分析挖掘研究工作中，并建立了大量科技信息的搜索与分析挖掘系统，如 Google Scholar、CiteSeer、ResearchGate 等。这些系统的搭建基本都是先以学术数据库、专家库和互联网信息构建知识库，然后进行大数据挖掘及分析，最后提供科技文献搜索查询、专家推荐、学者关系推理以及科技热点追踪和发现等功能。大部分已有系统仅提供论文检索服务，而在专家推荐、期刊推荐、学术关系梳理等高层次挖掘搜索服务方面还存在很多不足甚至是空白。

2.2.2 科技大数据中的知识图谱

科技知识图谱旨在描述科技领域中存在的实体、概念及其关系，是一种揭示科技实体关系的复杂网络。实体类型主要包括论文、学者、期刊、会议、图书、机构、基金、项目、数据库等。实体间关系包括发表关系、收录关系、隶属关系、资助关系等。每一个实体都有详细的属性描述，如学者的属性包括名称、性别、学位、职务、研究方向等。这些资源为研究人员、公司和政策制定者提供了便利条件，为浏览、分析和理解研究动态提供了数据驱动服务。

2.2.3 国内外知识图谱研究

知识图谱相对于传统知识库有着更大的知识学习价值，表 2-1 列出了全球主流知识图谱/知识库系统，对比了各系统在数量及技术方面的异同。

表 2-1 国内外已知的知识图谱系统

系统名称	研究机构	系统组成及规模	项目/系统功能介绍							
			F	G	M	R	S	T	C	L
Cyc	Douglas Lenat 创建，Cycorp 公司开发并维护	由术语（terms）和断言（assertions）组成，包含 50 万条术语和 700 万条断言	●	○	○	○	○	○	○	
WordNet	普林斯顿大学认知科学实验室	定义了名词、动词、形容词和副词之间的语义关系，超过 15 万个词和 20 万个语义关系	○	●	○	○	○	○		●
ConceptNet	MIT 媒体实验室的 Open Mind Common Sense（OMCS）项目	由三元组形式的关系型知识构成，2800 万个关系描述	○	○	○	●	○	○		
Freebase	硅谷创业公司 MetaWeb 启动	基于 RDF 三元组模型，底层采用图数据库进行存储，4000 多万个实体，上万个属性关系，24 多亿个事实三元组	○	●	●	●	●	●	●	●
DBpedia	莱比锡大学，柏林自由大学，开放链接软件	基于 RDF/SPARQL，30 亿个 RDF 三元组，英文版有 458 万个实体	○	●	●	●	●	●	●	●
Schema.org	由 Bing、Google、Yahoo 和 Yandex 等搜索引擎公司共同支持的语义网项目	RDFa、Microdata 和 JSON-LD	○	●	●	●	●	●	◐	
Google 知识图谱	Google	以 Freebase 为基础，图数据库内部存储，语义网络超过 570 亿个对象，超过 18 亿个介绍	○	●	●	●	●	●	○	●
Satori	微软	图数据库内部存储（Trinity，Graph Engine），底层是键值存储，1.5 亿条实体信息	○	●	●	●	●	○	●	

续表

系统名称	研究机构	系统组成及规模	项目/系统功能介绍							
			F	G	M	R	S	T	C	L
Probase（Concept Graph）	微软	包含了540万个概念	●	○	●	●	●	○	○	○
Social Graph	Facebook	采用社交关系复杂模型，上亿级别用户的超大规模社交关系	○	●	●	●	○	○	○	●
知识工场	复旦大学知识工场实验室	含 CN-Dbpedia、CN-Probase，CN-Dbpedia：包含900万多个百科实体以及6700万多个三元组关系，CN-Probase：包含约1700万个实体、27万个概念和3300万个 is-a 关系	○	●	●	●	●	●	●	●
Zhishi.me	深圳狗尾草科技有限公司	RDF 三元组，14 307 056 条百度百科数据；5 521 163 条互动百科数据；903 462 条中国 Wikipedia 数据	○	●	●	●	○	●	●	●

注：F—形式化表示；S—语义表示；R—关系型表示；G—图模型表示；M—多重关系表示；T—RDF 三元组模型；C—共享协同构建；L—支持多语言。

●-已具备；○-未具备；◐-具备但不完善。

2.3 知识图谱关键技术

2.3.1 实体消歧[①]

实体消歧（entity disambiguity）是指明确自然语言文本中的实体指称项指代的真实世界事物，主要是针对实体名称的多样性和歧义性问题提出的。实体多样性是指同一实体在不同自然语言文本中具有多样的表达形式。例如，篮球运动员"科比"，又称为"小飞侠""黑曼巴""科神"等。实体多样性现象一方面丰富了实体的名称表示形式，另一方面由于不规律的表示形式，增加了实体识别的难度。实体歧义性是指同一实体指称项在不同语境信息中，指代不同的真实世界实体。例如，人名"乔丹"，在篮球描述数据中，表示著名的美国职业篮球联赛（national basketball association，NBA）篮球运动员，而在人工智能相关的文档中，则表示机器学习专家。如果不结合语境信息，我们无法判别有歧义名称的真实指向。实体的多样性和歧义性问题给自然语言理解、信息检索和知识图谱构建与更新等任务带来了挑战。

目前，实体消歧技术可分为基于聚类技术的实体消歧方法和基于实体链接技

[①] 徐菁. 面向中文知识图谱的开放式文本信息抽取关键技术研究. 长沙：国防科技大学，2018.

术的实体消歧方法。基于聚类技术的实体消歧方法，其基本思路是通过度量实体指称项之间的名称或语境相似度，将指向同一实体的指称项聚为一类。传统的方法主要基于词袋模型[1,2]，利用同现的语境信息或者抽取实体属性信息来度量实体指称项之间的相似度。然而这类方法忽略了大部分的语义知识，如概念间的语义关联、实体间的社会化关联等。因此，后续研究主要针对如何挖掘准确、全面的语义知识来表示实体指称项的问题寻求突破[3-5]。例如，从维基百科、Freebase 等外部知识源中挖掘隐藏的语义知识，或者集成来自不同知识源的语义知识。然而，知识源的多源异构性以及大部分语义知识隐藏在复杂结构中等问题带来了研究困难。

由于基于聚类技术的实体消歧方法只能挖掘指向同一实体的多种名称指称项，而忽略了探索这些指称项背后的实体指代，即仅解决了实体的多样性问题，因而无法满足互联网实际应用的需求。针对以上不足，研究者提出了基于实体链接技术的实体消歧方法（简称实体链接）。实体链接是指，通过将自然语言文本中的实体指称项链接到给定知识库中的正确词条，来明确其真实含义，从而达到实体消歧的目标[6]。实体链接技术利用知识库中的词条来明确实体指称项的真实指代，可以同时解决实体名称多样性和歧义性问题。图 2-1 展示了一个实体链接的例子。通常，一个常规的实体链接系统包含三个模块：候选实体产生、候选实体排序和空链接指称项预测。下面我们将根据各个模块介绍相关的研究方法。

（1）候选实体产生。对于每个实体指称项，系统首先需要从给定知识库中寻找该指称项可能链接到的候选实体列表。候选实体列表的规模会影响实体链接的性能，规模大会提高包含目标链接实体的概率，但是会增加计算开销。因而，在候选实体产生阶段需要综合考虑计算准确性和成本开销问题。产生候选实体的方法主要基于度量实体指称项和知识库中实体之间的名称相似度。为了实现以上目标，基于同义词表构建方法、基于名称扩展方法以及基于搜索引擎的方法被相继提出。

基于同义词表构建方法是候选实体产生的主要方法，并被多种实体链接系统采用[7-9]。维基百科为产生候选实体提供了一组丰富的有效特征，包括实体页面、消歧页面、重定向页面、锚文本等。相关工作通过组合这些特征来构建一个关于实体名称不同表示形式的词典，包括别名、简称、昵称、拼写变形、易混淆名称等。然后使用字符串完全匹配、模糊匹配等算法，度量实体指称项与词典中名称的相似度，来获取候选实体。然而，这种方法容易受到名称拼写错误的影响，降低了实体指称项与同义词表中词条的名词相似度。

为了解决实体指称项的名称是全称的片段或缩写形式等问题，一些实体链接系统会从实体指称项的描述文档中挖掘其他名称表示，如全称。然后利用扩展的名称形式来产生候选实体[10]，即基于名称扩展方法。基于搜索引擎的方法是指借助搜索引擎，利用网络信息来识别候选实体。例如，将实体指称项放入谷歌搜索引擎中，并将返回的维基百科页面词条作为候选实体[11,12]。

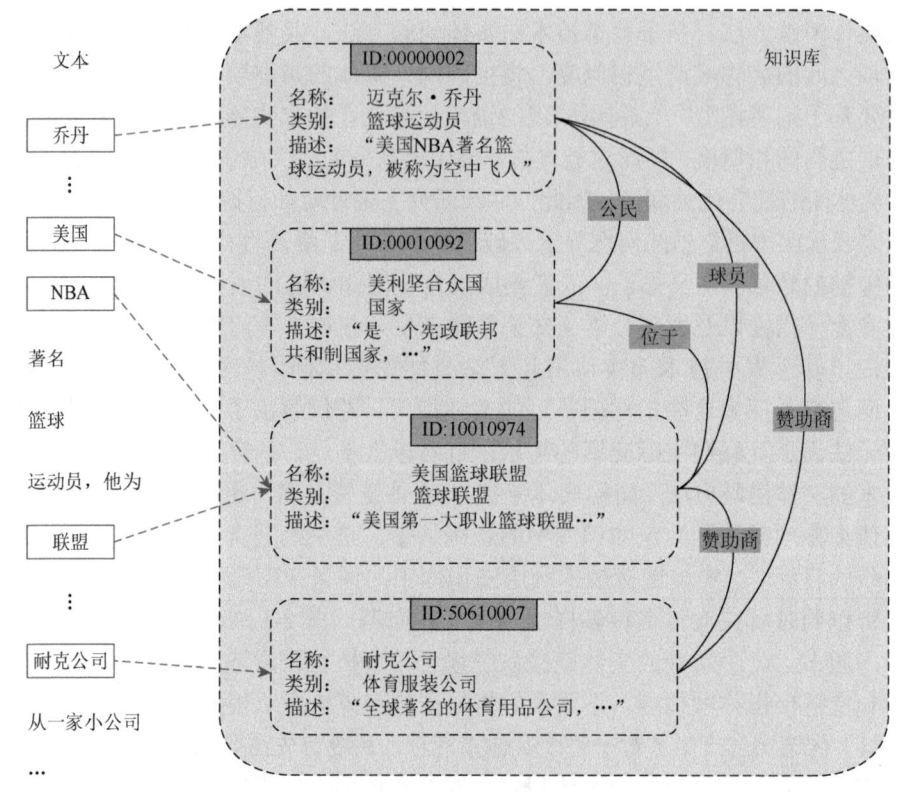

图 2-1　实体链接案例

（2）候选实体排序。由于候选实体列表通常包含两个或多个候选实体，为了获得精准的链接目标，研究者探索多种方法对候选实体列表进行排序。根据同时排序的实体指称项的个数，候选实体排序方法可以分为单一排序方法[13]、协同排序方法[14,15]和协作排序方法[16,17]。单一排序方法将一篇文档中提及的实体指称项进行单独处理，没有考虑它们之间的关联关系，通过度量实体指称项的语境信息和候选实体的描述文档之间的相似度，来实现候选实体排序。协同排序方法假设一篇文档由属于一个或多个主题的实体指称项组成，它们之间存在关联关系，利用主题一致性的思想，对一篇文档中提及的所有实体指称项实现同时链接。协作排序方法针对需要链接的实体指称项，从其他文档中寻找名称相似或语境相似的实体指称项，利用交叉文档来扩展被链接的实体指称项的语境信息，来协助候选实体排序。

根据使用的候选实体排序模型，候选实体排序方法可以分为二分类方法、学习排序方法、概率模型方法、基于图的方法。二分类方法[18,19]是指将候选实体排序任务转化为二分类问题。给定一对实体指称项和候选实体，通过训练分类器，如支持向量机（support vector machine，SVM）、逻辑回归分类器（logistic regression classifier）、朴素贝叶斯（naive Bayes）等，来判断该候选实体是否为链接目标。学习排序方法融入了候选实体之间的关联关系,通过训练一个学习排序模型,来实现对候选实体的排序[20]。此外,一些研究者基于"一篇文档中的所有实体指称项描述同一主题"的思想,提出了概率模型方法,来同时链接文档中的所有实体指称项[21-23]。基于图的方法充分考虑了实体指称项的局部和全局特征,通过构建相关图来表示实体指称项和候选实体,实现对同一文档中的所有实体指称项的协同链接[24]。

(3)空链接指称项预测。空链接指称项预测模块的目标是处理没有目标链接实体的实体指称项。一些研究工作通常使用该模块验证候选实体排序模块输出的链接目标是否正确。为了判别实体指称项是否为空,最简单的预测方法是看候选实体列表是否为空[25, 26]。若为空,则该实体指称项为空链接,标记为NIL。一些实体链接系统也通过设置空链接阈值来判定,计算实体指称项与每个候选实体的相关度,若最高的相关度分数低于空链接阈值,则判定该实体指称项为NIL。大部分实体链接系统使用监督的机器学习方法来预测空链接实体指称项,包括二分类方法和学习排序方法。基于二分类方法预测实体指称项和其最相关候选实体的类别标签,若为负,则实体指称项为NIL。基于学习排序方法在候选实体列表中增加一个空链接实体,如果排序模型将该空链接实体作为最后输出,则判定实体指称项为NIL。

2.3.2 知识表示①

1. 知识表示模型

知识表示将现实世界中的各类知识表达成计算机可存储和计算的结构。机器必须要掌握大量的知识,特别是常识知识才能实现真正类人的智能。知识表示技术的变化大致可以分为三个阶段。

(1)基于符号逻辑进行知识表示和推理,主要包括逻辑表示法(如一阶逻辑、描述逻辑)、产生式表示法和框架表示法等。逻辑表示法与人类的自然语言比较接近,是最早使用的一种知识表示方法。

(2)随着语义网概念的提出,万维网内容的知识表示技术逐渐兴起,包括基于标签的XML、基于万维网资源语义元数据描述框架和基于描述逻辑的本体描述语言等,使得将机器理解和处理的语义信息表示在万维网上成为可能,当前在工业界得到大规模应用的主要为RDF三元组的表示方法。

(3)随着自然语言处理领域词向量等嵌入(embedding)技术的出现,采用连续向量方式来表示知识的研究[TransE翻译模型、语义匹配能量(semantic matching energy,SME)模型、统计式语言模型(statistical language model,SLM)、神经张量网络(neural tensor network,NTN)框架、多层感知机(multilayer perceptron,MLP)

---

① https://www.aminer.cn/research_report/5c3d5a8709e961951592a49d.

以及基于规范化的注意力模块（normalization-based attention module，NAM）神经网络模型等］正在逐渐取代以符号逻辑为基础的知识表示方法成为现阶段知识表示的研究热点。更为重要的是，知识图谱嵌入也通常作为一种类型的先验知识辅助输入很多深度神经网络模型中，用来约束和监督神经网络的训练过程。

相比于传统人工智能，知识图谱不仅能够以较为简单实用的知识表示方法满足规模化扩展的要求，还能够作为大数据分析系统的重要数据基础，易于与深度学习模型集成。

2. 知识表示学习

随着以深度学习为代表的表示学习的发展，面向知识图谱中实体和关系的表示学习也取得了重要的进展。知识表示学习将实体和关系表示为稠密的低维向量，实现了对实体和关系的分布式表示，已经成为知识图谱语义链接预测和知识补全的重要方法。由于知识表示学习能够显著提升计算效率、有效缓解数据稀疏、实现异质信息融合并有助于实现知识融合，因此对知识库的构建、推理和应用具有重要意义，值得关注、深入研究。

知识表示学习是近年来的研究热点，研究者提出了多种模型，学习知识库中的实体和关系的表示。本节将介绍两种代表方法。

1）复杂关系建模

研究者受到词向量空间对于词汇语义与句法关系存在有趣的平移不变现象的启发，提出了 TransE 模型，这一模型将知识库中的关系看作实体间的某种平移向量，在大规模知识图谱上效果明显。不过由于 TransE 模型过于简单，其在处理知识库的复杂关系时捉襟见肘，为突破 TransE 模型在处理 1-N、N-1、N-N 复杂关系时的局限性，研究者相继提出了让一个实体在不同关系下拥有不同表示、认为不同关系拥有不同语义空间的 TransH 模型和 TransR 模型，以及针对这两种模型中矩阵参数过多问题再次改进优化的 TransD 模型和 TranSparse 模型。此外，研究者还提出了利用高斯分布来表示知识库中的实体和关系，可以在表示过程中考虑实体和关系本身语义上不确定性的 TransG 模型和基于密度的嵌入方法建模知识图谱（density-based embedding method for knowledge graph，KG2E）模型。在相关数据集合上的实验表明，这些方法均较 TransE 有显著的性能提升，验证了这些方法的有效性。

2）关系路径建模

在知识图谱中，多步的关系路径也能够反映实体之间的语义关系。为了突破 TransE 等模型孤立学习每个三元组的局限性，研究者提出考虑关系路径的表示学习方法，以 TransE 作为扩展基础，提出 PTransE（path-based TransE）模型。同时，其他研究团队在知识表示学习中也成功考虑了关系路径的建模。PTransE 等研究的实验表明，考虑关系路径能够极大地提升知识表示学习的区分性，提高在知识图谱补全等任务上的性能。关系路径建模工作处于初级阶段，在关系路径的可靠性计算、语义组合操作等方面还有很多细致的考察工作需要完成。

2.3.3 知识获取

1. 实体识别与链接

实体识别与链接是海量文本分析的核心技术，为解决信息过载提供了有效的手段。实体识别是文本理解的基础，也就是识别文本中指定类别实体的过程，可以检测文本中的新实体，并将其加入现有知识库中。实体链接是识别出文本中提及实体的词或者短语并与知识库中对应实体进行链接的过程，通过发现现有实体在文本中的不同出现（occurring），可以针对性地发现关于特定实体的新知识。实体识别与链接是知识图谱构建、知识补全与知识应用的核心技术，为计算机类人推理和自然语言理解提供知识基础。

本节介绍三种统计模型方法中的实体识别与链接。

1）传统统计模型方法

实体识别：自 20 世纪 90 年代以来，统计模型一直是实体识别的主流方法。最大熵分类模型、SVM 模型、隐马尔可夫模型、条件随机场模型等统计方法都曾被用来抽取文本中的实体识别，其中的条件随机场模型作为实体识别的代表性统计模型，能够将实体识别问题转化为序列标注问题。

实体链接：实体链接在传统模型中的作用在于挖掘可用于识别提及（mention）目标实体相互关联的证据信息，目前主要使用的证据信息包括实体统计信息、名字统计信息、上下文词语分布、实体关联度、文章主题等信息。同时，考虑到一段文本中实体之间的相互关联，相关的全局推理算法也被提出用来寻找全局最优决策。

2）深度学习方法

实体识别：目前存在两种用于命名实体识别的典型深度学习架构，第一种是神经网络-条件随机场（neural network-conditional random field，NN-CRF）架构，在该架构中，卷积神经网络（convolutional neural network，CNN）/长短期记忆网络（long short-term memory，LSTM）被用来学习每一个词位置处的向量表示，基于该向量表示，NN-CRF 解码该位置处的最佳标签；第二种是采用滑动窗口分类的思想，使用神经网络学习句子中的每一个 N-Gram 表示，然后预测该 N-Gram 是否是一个目标实体。

实体链接：实体链接在深度学习的核心是构建多类型多模态上下文及知识的统一表示，并建模不同信息、不同证据之间的相互交互，通过将不同类型的信息映射到相同的特征空间，提供高效的端到端训练算法。

3）文本挖掘方法

文本挖掘方法应用于半结构 Web 数据源上的语义知识获取，工作核心是从特定结构（如列表、Infobox）构建实体挖掘的特定规则，代表性文本挖掘抽取系统包括 DBpedia、YAGO、BabelNet、NELL 和 Kylin 等。由于规则本身可能带有不确定性和歧义性，同时目标结构可能会有一定的噪声，文本挖掘方法往往基于特定算法来对语义知识进行评分和过滤。此外，人们发现结构化数据源只包含有限类别的实体，对长尾类别覆盖不足，另外，实体获取技术往往采用 Bootstrapping 策略，充分利用大数据的冗余性，开放式地从 Web 中获取指定类型的实体。该部分的代表性工作包括 TextRunner 系统和 Snowball 系统。开放式实体集合扩展的主要问题是语义漂移问题，近年来的主要工作集中在解决该问题上。具体技术包括互斥 Bootstrapping 技术、Co-Training 技术和 Co-Bootstrapping 技术。

2. 实体关系学习

实体关系定义为两个或多个实体间的某种联系，用于描述客观存在的事物之间的关联关系。实体关系学习就是自动从文本中检测和识别出实体之间具有的某种语义关系，也称为关系抽取。实体关系抽取分为预定义关系抽取和开放式关系抽取。预定义关系抽取是指系统所抽取的关系是预先定义好的，如上下位关系、国家-首都关系等。开放式关系抽取不预先定义抽取的关系类别，由系统自动从文本中发现并抽取关系。实体关系识别是知识图谱自动构建和自然语言理解的基础。

本节从不同维度对现有关系抽取的技术方法和研究现状进行介绍。

1）限定域关系抽取和开放域关系抽取

限定域关系抽取是指系统所抽取的关系是预先定义好的，预定义关系个数有限。这类抽取技术可以抽取语义化的实体关系三元组，方便辅助其他任务。

开放域关系抽取是指不预先定义关系，由系统自动从文本中发现、抽取关系。由于开放域关系抽取难以抽取语义化三元组，近年来，越来越多的研究者关注限定域关系抽取。

2）基于规则的关系抽取和基于机器学习的关系抽取

基于规则的关系抽取方法是指首先由通晓语言学知识的专家根据抽取任务的要求设计出一些包含词汇、句法和语义特征的手工规则（或称为模式），然后在文本分析的过程中寻找与这些模式相匹配的实例，从而推导出实体之间的语义关系。

按照机器学习方法对语料库的不同需求，基于机器学习的关系抽取大致可分成三大类：无监督关系抽取、有监督关系抽取、弱监督关系抽取。无监督关系抽取把表示相同关系的模板聚合起来，不需要人工标注的数据。有监督关系抽取使用人工标注的训练语料进行训练。有监督关系抽取目前可以取得最好的抽取效果，但是由于其需要费时、费力的人工标注，难以应用到大规模场景中，因此有学者提出了利用知识库回标文本来自动获得大量的弱监督数据，目前弱监督关系抽取是关系抽取领域的一大热点。

3. 事件知识学习

事件是促使事物状态和关系改变的条件，是动态的、结构化的知识。目前已存在的知识资源（如谷歌知识图谱）所描述的多是实体以及实体之间的关系，缺乏对事件知识的描述。事件知识学习，就是将非结构化文本中自然语言所表达的事件以结构化的形式呈现，对于知识表示、理解、计算和应用意义重大。知识图谱中的事件知识隐含于互联网资源中，包括已有的结构化的语义知识、数据库的结构化信息资源、半结构化信息资源以及非结构化资源，不同性质的资源有不同的知识获取方法。

考虑到事件知识学习中的事件识别和抽取、事件检测和追踪两个任务的处理对象、着眼点和技术路线的差异，本节对其主流方法和现状分别进行梳理。

1) 事件识别和抽取

根据抽取方法，事件抽取可以分为基于模式匹配的事件抽取和基于机器学习的事件抽取。

基于模式匹配的事件抽取方法是指对某种类型事件的识别和抽取是在一些模式的指导下进行的，模式匹配的过程就是事件识别和抽取的过程。采用模式匹配的方法进行事件抽取的过程一般可以分为两个步骤：模式获取和模式匹配。模式准确性是影响整个方法性能的重要因素，按照模式构建过程中所需训练数据的来源，事件抽取可细分为基于人工标注语料的方法和弱监督的方法。

基于机器学习的事件抽取方法建立在统计模型的基础上，一般将事件抽取建模成多分类问题，因此研究的重点在于特征和分类器的选择。其根据利用信息的不同可以分为基于特征、基于结构和基于神经网络三类主要方法。

基于特征的方法：研究重点在于如何提取和集成具有区分性的特征，从而产生描述事件实例的各种局部和全局特征，作为特征向量输入分类器。该类方法多用于阶段性的管道抽取，即顺序执行事件触发词识别和元素抽取。

基于结构的方法：将事件结构看作依存树，抽取任务则相应地转化为依存树结构预测问题，触发词识别和元素抽取可以同时完成。

基于神经网络的方法：利用卷积神经网络模型抽取特征来完成两阶段的识别任务，以便更好地考虑事件内部结构和各个元素间的关系。将联合抽取模型与循环神经网络（recurrent neural network，RNN）相结合，利用带记忆的双向 RNN 抽取句子中的特征，并联合预测事件触发词和事件元素，进一步提升了抽取效果。

2) 事件检测和追踪

基于相似度的方法首先需要定义相似度度量，然后基于此进行聚类或者分类。Yang 等[27]提出在话题检测与跟踪（topic detection and tracking，TDT）中用向量空间模型（vector space model，VSM）对文档进行表示，并提出了组平均聚类（group average clustering，GAC）和单一通过法（single pass algorithm，SPA）两种聚类算法。GAC 只适用于历史事件发现,它利用分治策略进行聚类。SPA 可以顺序处理文档并增量式产生聚类结果,能同时应用于历史事件发现和在线事件发现。

概率统计方法通常使用生成模型,由于需要大量数据的支持,所以这种方法更加适用于历史事件检测。对比基于相似度聚类的模型,这类模型虽然复杂,但当数据量充足时,通常可以取得更高的准确率。基于概率的方法是目前 TDT 中的研究热点,主要分为两个方向:一是针对新闻等比较正式的规范文档;二是用于不规则或没有规律的非规范文档。

3)事件知识库构建

已有的知识图谱,如 DBpedia、YAGO 和 Wikidata 等均侧重于实体的客观属性及实体间的静态关联,缺乏结构化的事件数据。事件知识学习的最终目的就是从非结构化的文本数据中抽取结构化的事件表示,构建事件知识库来弥补现有知识图谱的动态事件信息缺失问题。目前事件知识库构建的研究处于起步阶段,主要包括两方面研究:基于句子级的事件抽取和文档级的事件发现。

2.3.4 知识融合

知识图谱可以由任何机构和个人自由构建,其背后的数据来源广泛、质量参差不齐,导致它们之间存在多样性和异构性。语义集成的提出就是为了能够将不同的知识图谱融合为一个统一、简洁的形式,为使用不同知识图谱的应用程序间的交互建立操作性。常用的技术包括本体匹配(也称为本体映射)、实例匹配(也称为实体对齐、对象共指消解)以及知识融合等[①]。

一个语义集成的常见流程,主要包括输入、预处理、匹配、知识融合和输出 5 个环节。语义集成的输入包括待集成的若干个知识库以及配置、外部资源等,如图 2-2 所示。

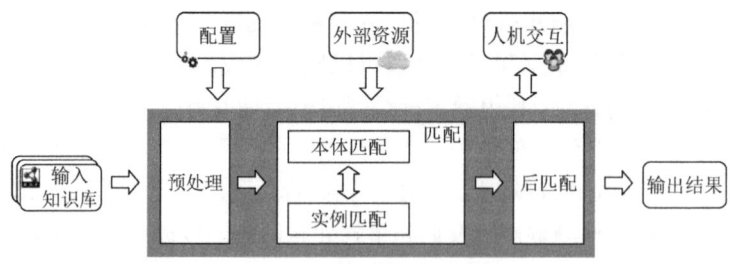

图 2-2 语义集成的常见流程

待集成的知识库格式一般为 RDF/OWL 数据文件或 SPARQL(即 SPARQL

---

① https://www.aminer.cn/research_report/5c3d5a8709e961951592a49d.

protocol and RDF query language，SPARQL 协议与 RDF 查询语言）端点（endpoint）。外部资源是语义集成过程中使用到的背景知识，例如，字/辞典背景知识（如 WordNet）、常识背景知识（如 Cyc）、实时背景知识（如搜索引擎）等。

预处理主要包括对输入知识库进行清洗和后续步骤的准备。清洗主要是为了解决输入质量问题，与自有文本不同，知识库通常基于 RDF/OWL 构建，质量较好。

后续步骤的准备分为匹配和数据两方面。根据匹配对象的不同，匹配一般分为本体匹配和实例匹配两方面。文本相似性度量是发现匹配的最基础方法，大致可分为四种类型：基于字符的［如莱文斯坦（Levenshtein）编辑距离］、基于单词的［如雅卡尔（Jaccard）指数］、混合型［如柔性词频-逆文档频率（term frequency-inverse document frequency，TF-IDF）］和基于语义的（如 WordNet）。

在匹配的基础上，知识融合一般通过冲突检测、真值发现等技术消解知识集成过程中的冲突，再对知识进行关联与合并，最终形成一个一致的结果。语义集的输出是一个统一的、简洁的知识库。

1. 本体匹配

现有大多数本体匹配方法处理的是成对的本体，但是成对匹配方法在同时匹配多个本体时会产生一些问题，最主要的问题是它们得到的结果从全局看可能存在冲突。整体本体匹配线性规划（linear program for holistic ontology matching，LPHIM）[28]是一种多文本全体匹配方法，能够在匹配多个本体的同时保证结果是全局最优解。

随着多语言知识库的发展，跨语言本体匹配方法的重要性已经凸显。由于语言不同，跨语言本体匹配相较一般本体匹配更为困难，特别是影响文本相似性度量的准确性。较有代表性的工作包括实体-属性因子图（entity-attribute factor graph，EAFG）模型[29]和双语主题模型。

2. 实例匹配

众包和主动学习等人机协作方法是目前实例匹配的研究热点。这些方法雇佣普通用户，通过付出较小的人工代价来获得丰富的先验数据，从而提高匹配模型的性能。

随着表示学习技术在图像、视频、语言、自然语言处理等领域的成功，一些研究人员开始着手研究面向知识图谱的表示学习技术，将实体、关系等转换成一个低维空间中的实质向量（即分布式语义表示），并在知识图谱补全、知识库问答等应用中取得了不错的效果。

近年来，强化学习取得了一些进展，如何在语义集成中运用强化学习逐渐成为新的动向。基于学习的自由域匹配器（learning-based domain-free matcher，LFM）[30]使用了一种二分类有监督学习方法，判别一对实例等价与否。针对不同的数据类型使用了不同的相似度计算函数,并构成一个相似度向量用于训练二分类器。为了解决候选匹配过多的问题,LFM 使用了基于关键字的倒排索引方式进行预匹配。

2.3.5 知识存储

知识图谱以图(graph)的方式来展现实体、事件及其之间的关系。知识图谱存储和查询研究如何设计有效的存储模式来支持对大规模图数据的有效管理,实现对知识图谱中知识的高效查询[①]。

1. 基于关系数据模型的 RDF 数据存储和查询

简单三列表:系统通过维护一张巨大的三元组表来管理 RDF 数据。这张三元组表包含三列,对应存储主体、谓词和客体(或者主体、属性和属性值)。当系统接收到用户输入的 SPARQL 查询时,这些系统将 SPARQL 查询转化为结构化查询语言(structured query language,SQL)查询。然后根据所得的 SQL 查询,这些系统通过对三元组表执行多次自连接操作以得到最终解。

水平存储:将知识图谱中的每一个 RDF 主体(subject)表示为数据库表中的一行。表中的列包括该 RDF 数据集合中所有的属性。这种策略的好处在于设计简单,同时很容易回答面向某单个主体的属性值的查询,即星状查询。存储方法的缺点也是很明显的:①表中存在大量的列;②表的稀疏性问题;③水平存储存在多值性的问题;④数据的变化可能带来很大的更新成本。

属性表:为了减少自连接操作次数,Jena 和 Oracle 在单张大三元组表之外还支持利用属性表进行 RDF 数据管理。具体而言,Jena 通过聚类的方式将一些类似的三元组聚类到一起,然后将每一个聚类的三元组统一到一张属性表中进行管理,这种方式下的属性表也称为聚类属性表;而 Oracle 利用 RDF 资源的类型信息将三元组进行分类,相同类的三元组放到同一张表中,这种方式下的属性表也称为分类属性表。

垂直划分策略:SW-Store 提出了对 RDF 数据按照谓词(或属性)分割成若干表的方法。具体而言,SW-Store 将 RDF 三元组按照谓词(或属性)的不同分成不同的表,表中存放知识图谱中由该谓语连接的主语和实语值。SW-Store 称这种方法为垂直划分。

全索引策略:简单三列表存储的缺点在于自连接次数较多,为了提高简单三列表存储的查询效率,目前一种被普遍认可的方法是全索引(exhaustive indexing)策略。

2. 基于图模型的 RDF 数据存储和查询

RDF 数据的图模型可以最大限度地保持 RDF 数据的语义信息,也有利于对语义信息的查询。在这种情况下,SPARQL 查询就可以视为在 RDF 数据图上进行

---

① 知识图谱发展报告. 北京:中国中文信息学会语言与知识计算专业委员会,2018.

子图匹配运算。子图匹配运算是图数据库中一个比较经典的问题：其问题定义在于给定一个数据图和一个查询图，找出数据上所有与查询图子图同态的位置。这个问题已被证明是一个不确定性多项式（non-determinstic polynomial，NP）难问题。针对 RDF 数据的 SPARQL 查询已经有一些基于图模型的查询处理系统，如 gStore 和 TurboHOM++。它们都是利用 RDF 数据图的特点来构建索引的。

2.3.6 知识推理

知识推理从给定的知识图谱推导出新的实体与实体之间的关系。知识图谱推理可以分为基于符号的推理和基于统计的推理。在人工智能的研究中，基于符号的推理一般是基于经典逻辑（一阶谓词逻辑或者命题逻辑）或者经典逻辑的变异（如缺省逻辑）。基于符号的推理可以从一个已有的知识图谱推理出新的实体间关系，可用于建立新知识或者对知识图谱进行逻辑的冲突检测。基于统计的推理一般指关系机器学习方法，即通过统计规律从知识图谱中学习到新的实体间关系。知识推理在知识计算中具有重要作用，如知识分类、知识校验、知识链接预测与知识补全等[1]。

1. 基于符号的并行知识推理

基于多核、多处理器技术的大规模推理：单机环境下的并行技术以共享内存模型为特点，侧重于提升本体推理的时间效率，在对实时性要求较高的应用场景下，这种方法成为首选。对于表达能力较低的语言，如资源描述框架模式（resource description framework schema，RDFS）、OWL，单机环境下的并行技术显著地提升了本体推理效率。

基于分布式技术的大规模推理：基于分布式技术可以突破大规模数据的处理界限，这种方法利用多机搭建集群来实现本体推理，很多工作基于 MapReduce 的开源实现设计提出了大规模本体的推理方法，其中较为成功的一个尝试是 Urbani 等[31]在 2010 年公布的推理系统 WebPIE，在大集群上可以完成上百亿的 RDF 三元组的推理，利用 MapReduce 来实现 OWL 本体的推理算法证明 MapReduce 技术同样可以解决大规模的 OWL 本体推理并在后续工作中进一步扩展，从而使推理可以在多个并行计算平台完成。

2. 链接预测

基于表示学习的方法：知识图谱表示学习旨在将知识图谱中的实体与关系统一映射至低维连续向量空间，以刻画它们的潜在语义特征。通过比较实体与关系

---

[1] https://www.aminer.cn/research_report/5c3d5a8709e961951592a49d.

在该向量空间中的分布式表示，可以推断出实体和实体之间潜在的关系。

基于图特征的方法：借助从知识图谱中抽取出的图特征来预测两个实体间可能存在的不同类型的边（关系）。例如，根据两个实体在知识图谱中的连通路径可以预测出它们之间大概率具备的关系。

3. 模式归纳方法

基于归纳逻辑程序设计（inductive logic programming，ILP）的模式归纳方法：基于 ILP 的方法进行本体学习的早期工作给出了很好的综述。Lehmann 等[32]提出用向下精化算子学习带有补语的定语（attributive language with complements，ALC）的概念定义公理的方法，并在后续工作中将原有方法扩展到处理大规模知识库上。相关的算法都在本体学习工具 DL-Learner 中得到实现，并且在工作中得到进一步扩展，涉及框架的设计和可扩展性的提升等方面。

基于关联规则挖掘的模式归纳方法：利用谓词偏好因子度量方法以及谓词语义相似度计算方法，学习相反和对称公理；利用模式层信息给规则的挖掘提供了更多的语义；实现了对传统关联规则挖掘技术的改进，事务表中用 0～1 的一个实数代替原来的 0 或者 1，使提出的方法更符合语义数据开放的特点。

基于机器学习的模式归纳方法：利用聚类的算法学习关系的定义域和值域；应用统计的方法过滤属性的使用，并找出准确、健壮的模式。

2.4　知识图谱技术分析

2.4.1　技术发展趋势

技术发展趋势详细展示了领域技术的开始研究时间、历年的研究热度变化情况，对于学科领域的布局和发展具有重要的意义和价值。知识图谱领域的部分技术关键词，包括 Knowledge Base（知识库）、Semantic Web（语义 Web）、Natural Language Processing（自然语言处理）、World Wide Web（万维网）、Data Mining（数据挖掘）、Machine Learning（机器学习）、Neural Networks（神经网络）、Knowledge Representation（知识表示）、Ontology（本体）、Expert System（专家系统）。依托 AMiner 平台技术分析系统（http://trend.aminer.cn），基于上述关键词搜索相关研究论文并进行深入挖掘，我们探索分析了研究发展趋势和创新热点等，为科技工作者了解相关技术的研究历史和现状、快速识别前沿热点研究问题提供信息窗口，研究发展趋势如图 2-3 所示。图中每条色带表示一个研究话题，色带宽度表示该话题在当年的研究热度，与当年该话题的论文数量呈现正相关关系，不同色带的高低排序是由当年这些话题的研究热度决定的。

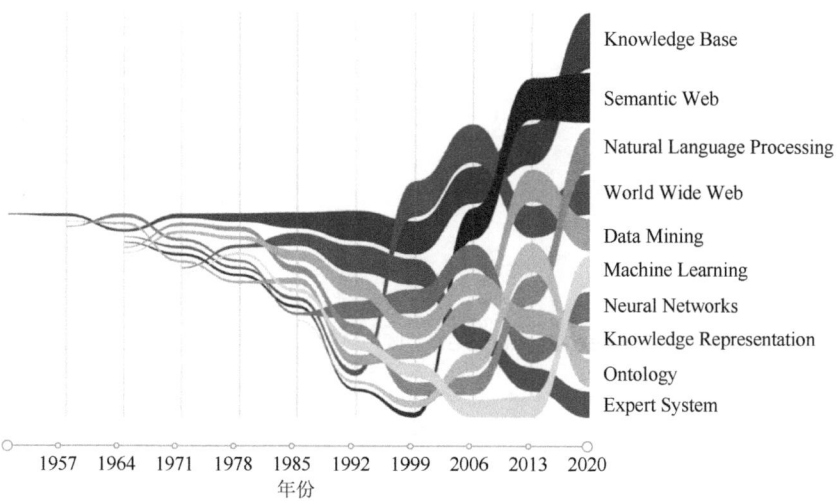

图 2-3　技术研究发展趋势

从图 2-3 中可以看出，这些话题的研究热度随着时间推进呈现增长趋势。尤其是近几年，Knowledge Base、Semantic Web、Natural Language Processing 的研究热度居高不下。在技术层面，Machine Learning 和 Neural Networks 一直是该领域广泛应用的技术，尤其是近十年来，它们的研究热度出现明显的上升趋势。此外，从图 2-3 中还可以看出，Expert System 在 20 世纪 70 年代出现以来，研究热度一开始显著提升，后来出现下滑趋势。这是因为专家系统模拟人类专家的知识和经验解决特定领域的问题，成效显著，推动人工智能走入应用发展的新高潮，进而提升了其研究热度。但是后来经过实践应用，人们发现专家系统存在应用领域狭窄、缺乏常识性知识、知识获取困难、推理方法单一、缺乏分布式功能和难以与现有数据库兼容等问题，导致其研究热度逐渐下降。

2.4.2　技术创新点

图 2-4 展示了研究热度较高的话题分布。其中每个关键词的大小表示研究热度的高低，与研究的论文数量成正比。从中可以看出，该领域研究热度较高的是 Knowledge Base、World Wide Web、Semantic Web、Natural Language Processing、Ontology 等。

以 H 指数作为筛选条件，从 AMiner 平台上获取了以上几个研究热度较高的领域的代表性学者信息，包括 Knowledge Base 研究领域的代表性学者是马克斯普朗克信息研究所的格哈德·威肯（Gerhard Weikum）主任。World Wide Web 领域的代表性学者是康奈尔大学计算机科学系的乔恩·克莱因伯格（Jon M. Kleinberg）教授。

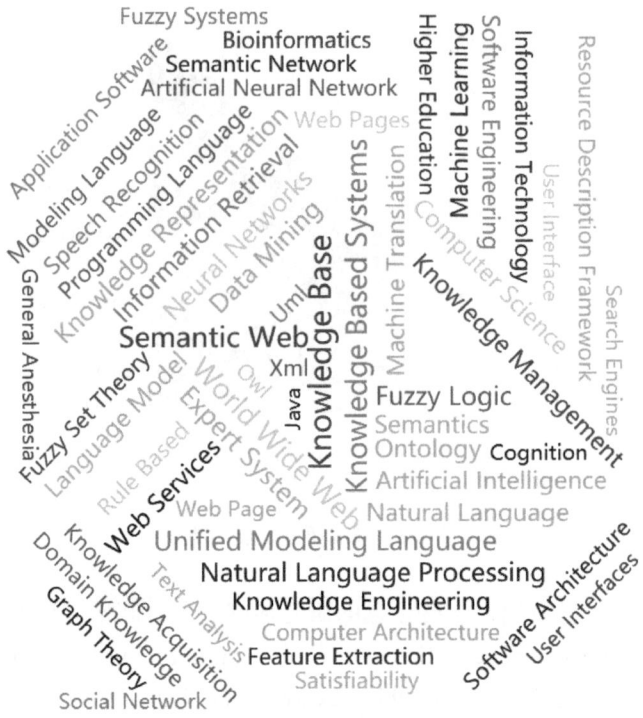

图 2-4 技术创新热点词云图

Semantic Web 领域的代表性学者是美国南卡罗来纳大学的阿密特·D. 谢斯（Amit P. Sheth）教授。Natural Language Processing 领域的代表性学者是斯坦福大学的克里斯托弗·D. 曼宁（Christopher D. Manning）教授。Ontology 领域的代表性学者是美国哈佛大学的伊恩·霍洛克斯（Ian Horrocks）教授。根据 AMiner 平台的不完全统计，表 2-2 展示了这些学者的学术指标。

表 2-2 知识图谱研究热点子领域的代表性学者的学术指标统计

学者姓名	论文发表量	论文总被引频次	H 指数	G 指数	社交性	多样性	活跃度
Gerhard Weikum	884	48 100	93	208	7	4	221
Jon M. Kleinberg	421	90 867	118	301	6	4	99
Amit P. Sheth	832	44 506	103	200	7	4	100
Christopher D. Manning	464	126 766	121	355	6	3	62
Ian Horrocks	419	54 538	98	232	7	3	112

参 考 文 献

[1] Cucerzan S. Large-scale named entity disambiguation based on Wikipedia data [C]. Proceedings of the 2007 Joint Conference on Empirical Methods in Natural Language Processing and Computational Natural Language Learning (EMNLP-CoNLL), Prague, 2007: 708-716.

[2] Ratinov L, Roth D, Downey D, et al. Local and global algorithms for disambiguation to Wikipedia[C]. Proceedings of the 49th Annual Meeting of the Association for Computational Linguistics: Human Language Technologies-Volume 1, Portland, 2011: 1375-1384.

[3] Bunescu R, Paşca M. Using encyclopedic knowledge for named entity disambiguation [C]. 11th Conference of the European Chapter of the Association for Computational Linguistics, Tranto, 2006: 9-16.

[4] Han X, Zhao J. Named entity disambiguation by leveraging Wikipedia semantic knowledge [C]. Proceedings of the 18th ACM Conference on Information and Knowledge Management, Hong Kong, 2009: 215-224.

[5] Fang W, Zhang J W, Wang D L, et al. Entity disambiguation by knowledge and text jointly embedding [C]. Proceedings of the 20th SIGNLL Conference on Computational Natural Language Learning, Berlin, 2016: 260-269.

[6] Shen W, Wang J Y, Han J W. Entity linking with a knowledge base: Issues, techniques, and solutions[J]. IEEE Transactions on Knowledge and Data Engineering, 2015, 27 (2): 443-460.

[7] Han X P, Sun L, Zhao J. Collective entity linking in web text: A graph-based method [C]. Proceedings of the 34th International ACM SIGIR Conference on Research and Development in Information Retrieval, Beijing, 2011: 765-774.

[8] Gottipati S, Jiang J. Linking entities to a knowledge base with query expansion [C]. Proceedings of the Conference on Empirical Methods in Natural Language Processing, Edinburgh, 2011: 804-813.

[9] Shen W, Wang J, Luo P, et al. Linden: Linking named entities with knowledge base via semantic knowledge [C]. Proceedings of the 21st International Conference on World Wide Web, Lyons, 2012: 449-458.

[10] Zhang W, Sim Y C, Su J, et al. Entity linking with effective acronym expansion, instance selection, and topic modeling [C]. IJCAI, Catalonia, 2011: 1909-1914.

[11] Dredze M, McNamee P, Rao D, et al. Entity disambiguation for knowledge base population [C]. Proceedings of the 23rd International Conference on Computational Linguistics, Beijing, 2010: 277-285.

[12] Monahan S, Lehmann J, Nyberg T, et al. Cross-lingual cross-document coreference with entity linking[C]. TAC, Gaithersburg, 2011.

[13] Lin T, Etzioni O. Entity linking at web scale[C]. Proceedings of the Joint Workshop on Automatic Knowledge Base Construction and Web-Scale Knowledge Extraction, Montréal, 2012: 84-88.

[14] Hoffart J, Yosef M A, Bordino I, et al. Robust disambiguation of named entities in text [C]. Proceedings of the Conference on Empirical Methods in Natural Language Processing, Edinburgh, 2011: 782-792.

[15] Guo S, Chang M W, Kiciman E. To link or not to link? a study on end-to-end tweet entity linking [C]. Proceedings of the 2013 Conference of the North American Chapter of the Association for Computational Linguistics: Human Language Technologies, Atlanta, 2013: 1020-1030.

[16] Cassidy T, Zheng C, Artiles J, et al. CUNY-UIUC-SRI TAC-KBP 2011 entity linking system description [C]. Proceedings of Text Analysis Conference, Gaithersburg, 2011.

[17] Liu X, Li Y, Wu H, et al. Entity linking for tweets [C]. Proceedings of the 51st Annual Meeting of the Association

for Computational Linguistics (Volume 1: Long Papers), Sofia, 2013: 1304-1311.

[18] Chen Z, Ji H. Collaborative ranking: A case study on entity linking[C]. Proceedings of the Conference on Empirical Methods in Natural Language Processing, Edinburgh, 2011: 771-781.

[19] Pilz A, Paaß G. From names to entities using thematic context distance [C]. Proceedings of the 20th ACM International Conference on Information and Knowledge Management, Glasgow, 2011: 857-866.

[20] Shen W, Wang J Y, Luo P, et al. LIEGE: Link entities in web lists with knowledge base [C]. Proceedings of the 18th ACM SIGKDD International Conference on Knowledge Discovery and Data Mining, Beijing, 2012: 1424-1432.

[21] Kulkarni S, Singh A, Ramakrishnan G, et al. Collective annotation of Wikipedia entities in web text [C]. Proceedings of the 15th ACM SIGKDD International Conference on Knowledge Discovery and Data Mining, Paris, 2009: 457-466.

[22] Han X P, Sun L. A generative entity-mention model for linking entities with knowledge base [C]. Proceedings of the 49th Annual Meeting of the Association for Computational Linguistics: Human Language Technologies-Volume 1, Portland, 2011: 945-954.

[23] Demartini G, Difallah D E, Cudré-Mauroux P. ZenCrowd: Leveraging probabilistic reasoning and crowdsourcing techniques for large-scale entity linking [C]. Proceedings of the 21st International Conference on World Wide Web, Lyon, 2012: 469-478.

[24] Shen W, Wang J, Luo P, et al. Linking named entities in tweets with knowledge base via user interest modeling [C]. Proceedings of the 19th ACM SIGKDD International Conference on Knowledge Discovery and Data Mining, Chicago, 2013: 68-76.

[25] Chen Z, Tamang S, Lee A, et al. CUNY-BLENDER TAC-KBP 2010 Entity linking and slot filling system description [C]. TAC, New York, 2010.

[26] Varma V, Pingali P, Katragadda R, et al. IIIT Hyderabad at TAC 2009 [C]. TAC, Gaithersburg, 2009.

[27] Yang Y, Pierce T, Carbonell J. A study of retrospective and on-line event detection [C]. Proceedings of the 21st Annual International ACM SIGIR Conference on Research and Development in Information Retrieval, Melbourne, 1998: 28-36.

[28] Megdichebousarsar I, Teste O, Trojahn C. LPHOM results for OAEI 2016[C]. Proceedings of International Semantic Web Conference on CEUR Workshop, Kobe, 2016.

[29] Zhang Y, Paradis T, Hou L, et al. Cross-lingual Infobox alignment in Wikipedia using entity-attribute factor graph[C]. International Semantic Web Conference, Vienna, 2017: 745-760.

[30] Nguyen K, Ichise R, Le H B. Learning approach for domain-independent linked data instance matching[C]. Proceedings of the ACM SIGKDD Workshop on Mining Data Semantics, Beijing, 2012: 1-8.

[31] Urbani J, Kotoulas S, Maassen J, et al. WebPIE: A web-scale parallel inference engine [C]. Third IEEE International Scalable Computing Challenge (SCALE2010), Held in Conjunction with the 10th IEEE/ACM International Symposium on Cluster, Cloud and Grid Computing (CCGrid 2010), Melbourne, 2010: 59-75.

[32] Lehmann J, Auer S, Bühmann L, et al. Class expression learning for ontology engineering [J]. Journal of Web Semantics, 2011, 9 (1): 71-81.

第 3 章　科技大数据迁移学习

3.1　迁移学习的概念及发展

3.1.1　什么是迁移学习

迁移学习的概念最早出现于心理学和教育学领域，表示利用不同任务之间内在的关联性和相似性，根据一个任务获取的知识来解决其他相似任务。其研究的主要问题是如何减少不同任务或跨领域（跨域）数据样本之间的分布差异性，充分挖掘跨域样本之间的内在不变特征，使跨域样本之间可以建立联系，进而迁移和复用已有的经验和知识[1]。

近年来人工智能的重要方法——机器学习，在理论和实践方面取得了长足发展[2]。机器学习通过设计学习模型使计算机能够模拟人类的学习过程，对获取的经验知识不断进行整理和精炼提取，进而促进各类应用算法性能的不断提升。机器学习采用的是数据驱动的工作模式，即对已知数据进行拟合并对学习模型进行优化，以观察已知数据的内在规律并挖掘数据中的潜在价值为目的，根据学习到的知识与规律对新出现的未知数据进行判断与预测。自机器学习出现以来，特别是随着大数据和深度网络技术的突破，机器学习得到了极大的发展，被广泛应用于各个领域。

迁移学习是机器学习的重要分支，目标是将已经学过的知识应用于新的问题，提高解决新问题的能力[3]。迁移学习放宽了传统机器学习方法要求训练样本和测试样本必须满足独立同分布的假设，能够挖掘跨领域中不变的本质特征和结构，作为跨域任务联系的中间桥梁，使已有标注数据等有监督信息可以在领域间实现迁移和复用，进而帮助解决目标任务中的问题。迁移学习可以充分利用已有的海量带标签的历史数据，迁移其知识去解决那些由于收集数据困难，而无法学习机器模型进行领域探索的问题。因此，迁移学习不仅可以推动资源稀缺领域的发展，同时也推动了机器学习模型结构的研究和进步。迁移学习可以在许多应用领域发挥作用，如图像分类、目标检测、文本分类、行为识别、室内定位、舆情分析等[4]。

迁移学习与其他机器学习方法密切相关。通用的机器学习模型通常都可以用来指导迁移学习的研究。迁移学习与机器学习其他分支的不同之处在于，迁移学习更侧重泛化不同任务域特征空间的共性，而机器学习则侧重于任务域内"样本"的共性。这种差异使两者间的研究目标有所不同[5, 6]。

3.1.2 迁移学习的类型

迁移学习可按照特征空间分类、学习形式分类、目标域是否有标记数据分类和学习方法分类。图 3-1 给出了迁移学习的分类[1]。

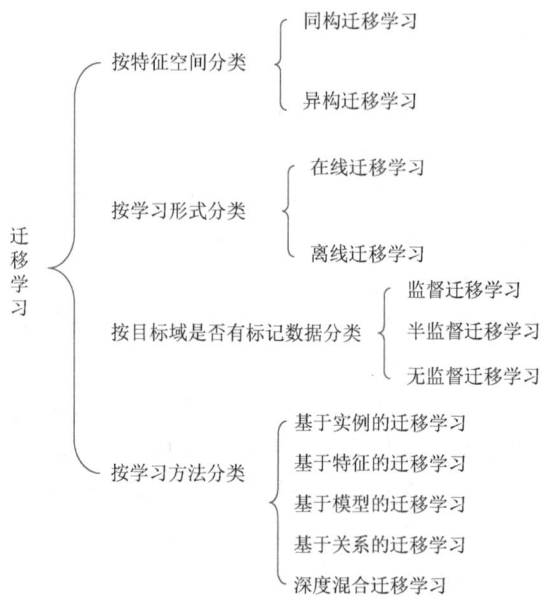

图 3-1 迁移学习的分类

1）按照特征空间分类

按迁移的源域和目标域特征空间的异同，迁移学习可以分为同构迁移学习和异构迁移学习。源域和目标域特征空间相同或类似的，如源域与目标域同为图像之间的迁移，称为同构迁移学习。反之称为异构迁移学习。

2）按照学习形式分类

按照离线或在线学习模式对迁移学习进行分类，如源域和目标域数据都是离线获取并进行模型的训练和测试（或应用）的属于离线迁移学习。在线迁移学习随着新数据的产生，需要更新和迭代学习。

3）按照目标域是否有标记数据分类

迁移学习也可以分为监督迁移学习、半监督迁移学习、无监督迁移学习（含自监督迁移学习）等。监督学习是最常见的迁移学习方式。无监督迁移学习（含自监督迁移学习）中目标域数据均无标签。半监督迁移学习中部分数据带有标签。

4）按照学习方法分类

按照 Yang 等[1]对迁移学习方法的分类，迁移学习可以分为以下几类。

（1）基于实例的迁移学习。基于实例的迁移学习方法就是通过权重的设置，对源域和目标域的样例进行迁移[7]。即给不同的样本赋予不同的权重，相似度大的样本赋予较大的权重，反之赋予较小的权重[8]。

（2）基于特征的迁移学习。基于特征的迁移学习方法通过对特征进行变换来实现迁移。即设法把源域和目标域变换到同一特征空间，使跨域样本之间的特征相似性显著提升。目前此类方法在学术界和工业界得到了大量推广和应用[9]。

（3）基于模型的迁移学习。基于模型的迁移学习方法也称为基于参数的迁移学习方法，是在模型层次上源域任务和目标域任务共享部分通用知识。即所迁移的知识被编码到模型参数、模型先验知识、模型架构等不同层次上。因此，基于模型的迁移学习方法的目的是构建参数共享模型，把源域模型的知识迁移给目标域模型[10]。

（4）基于关系的迁移学习。基于关系的迁移学习方法旨在建立源关系域和目标关系域之间的关系知识的映射，主要挖掘和利用关系进行类比迁移。基于以下假设：源域数据之间和目标域数据之间的关系具有共同的规律。因此在某种程度上，可以基于关系特征来传递与域无关的知识[11]。

（5）深度混合迁移学习。随着深度网络的兴起，出现了大量的深度迁移模型。与传统的迁移模型不同，深度混合迁移学习利用深度学习中特征学习与任务（如语义分类）学习自然统一的特点，通过端到端的网络设计实现了特征迁移与模型迁移的集成和统一，进一步提升了迁移学习的性能。

3.2 科技大数据迁移学习的驱动因素

科技大数据泛指整个社会在科学理论研究与技术创新活动中产生的论文、专利、著作、标准、项目、报告等科技成果以及相关的专家学者、科研团队、科技政策、科技情报和来自互联网的各类与科学技术研究创新相关的 Web 及社交网络媒体内容。因此，科技大数据具有跨领域、跨学科、跨时空的特点，包含海量的结构化、半结构化和非结构化数据。基于数据驱动的数据挖掘与机器学习技术是实现科技大数据知识发现，为科技活动提供精准、高效的服务的重要基础。作为机器学习的一个重要分支，迁移学习可以实现知识在不同领域（不同数据分布）之间的迁移，因此在科技大数据的分析处理与知识发现中扮演重要角色。迁移学习在科技大数据应用的主要驱动因素如图 3-2 所示。

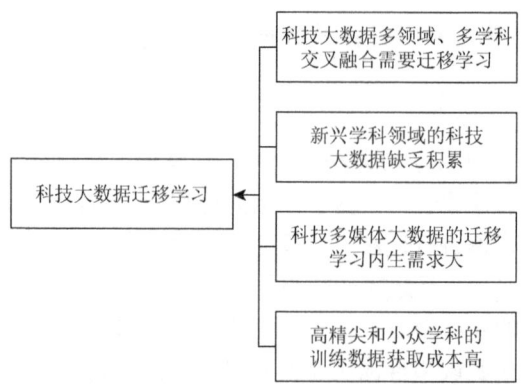

图 3-2 迁移学习在科技大数据应用的主要驱动因素

基于数据驱动的机器学习往往依赖于高质量的训练数据，而科技大数据面临数据语义标签不足等问题。与一般的机器学习问题相比，科技大数据的专业性和理论性普遍较高，进一步增加了训练数据标注和获取的成本与难度。因此，在科技大数据的分析与挖掘中，迁移学习是一种非常适用的重要机器学习方法，可以较好地应对上述问题。

科技大数据涉及众多领域，存在领域数据规模、数据类型以及可获取训练数据集分布不均衡问题。对于较为小众和专业性强的领域，机器学习的应用具有较高的训练数据获取成本和难度。因此可以发挥迁移学习跨域学习的能力来解决上述问题。

随着科学技术的迅猛发展，不断有新的研究主题或学科领域出现，但是由于缺乏有效的数据积累，机器学习的应用较为困难。因此借助迁移学习，从相关或相近领域进行知识迁移是一条可行的技术路径。

科技大数据具有显著的学科交叉性、跨领域性和学科融合性特点。因此科技大数据机器学习问题本身就属于迁移学习的研究范畴。

科技大数据包含丰富的非结构化、多媒体数据，由于多媒体数据呈现的多样性和语义丰富性，大量语义相同或相似的科技大数据具有不同的特征和表达，因此采用迁移学习可以有效地提升分析效果，同时降低训练数据标注和处理的成本。

通过长期的研究和探索，经典的迁移学习理论和方法非常丰富。在深度学习兴起后，各种深度迁移模型层出不穷，并与大量基于深度网络的应用模型紧密结合，表现出更强的迁移学习能力。因此，在当前科技大数据的机器学习研究中，迁移学习也转向了以深度迁移为主的方向。

3.3 迁移学习相关研究

3.3.1 浅度闭集域适应学习方法

1. 基于样本加权的学习方法

基于样本加权的学习方法的目的是通过对源域中每个样本赋予一定的权重，选出和目标域样本分布最相似的那些有标签源域样本，从而为目标域样本训练出偏差和方差小的学习模型[11]。常用的方式主要有两种：①估算源域和目标域样本之间的概率密度比；②使用集成学习的思想动态调整源域样本的权重。下面对两种方式相关的文献进行介绍。

考虑到对源域和目标域样本进行密度估计是一项非常艰巨的任务，一些学者采用对概率密度比进行估计的方法来弱化跨域样本密度估计带来的困难[7, 8, 12-14]。Zadrozny 提出拒绝采样的方法来学习源域和目标域样本之间的概率密度比，通过贝叶斯模型转换，把概率密度比转换成一个二分类问题[14]。Bickel 等在 Zadrozny 的基础上提出了一个集成化优化模型，即把密度比估计参数及加权后选择的源域样本训练的模型参数进行最大后验概率估计[7]。Chu 等提出选择迁移机器（selective transfer machine）方法联合优化概率密度比和分类器参数，以保持新的决策边界的判别能力[8]。

上述学习密度比的方法都是假定在源域样本的标签信息已知而目标域样本的标签信息完全未知的条件下展开研究。当目标域样本有部分标签信息时，此类方法的学习模式通过引入这些带标签的目标域样本信息来监督学习源域样本的权重。Wu and Dietterich 提出了一种基于样本学习的最近邻分类器方法，通过引入协调权衡参数控制源域近邻和目标域近邻对未知类样本的标签学习[15]。

除了上述直接估计源域权重参数的方法外，基于集成学习模式迭代地调整源域权重也是一种有效的方法。此类方法的关键是要设计出一种集成学习机制来减少对目标学习模型有负面影响的源域实例的权重。借鉴 AdaBoost 加权策略，Pardoe 和 Stone 提出了 TrAdaBoost 迁移学习方法[16]，该模型先使用带标签的源域样本和目标域样本训练出一个学习模型，并使用学习模型计算源域样本和目标域样本的平均损失，在此轮迭代中，如果某个源域样本具有较高的平均损失值，则其对目标任务学习不利，在下一轮学习时应该给其赋予较小的权重，相反，如果某个目标域样本具有较高的平均损失值，则重点关注该样本，在下一轮学习时给其赋予较大的权重。每次迭代都形成一个新的弱分类器，最后的分类器是将这些新生成的弱分类器进行组合和集成。受此启发，Yao 和 Doretto 提出多源 TrAdaBoost 算法，通过多次采样一定数量的源域样本和目标域样本共同训练多个基分类器，并对每次采样的样本施予 TrAdaBoost 算法学习源域和目标域样本的权重[17]。在同样的工作中，Yao 和 Doretto 还提出了 TaskTrAdaBoost 算法，该算法分为两个处理步骤：①每轮学习时，对源域数据用 AdaBoost 算法处理得到该轮的基分类器，为了防止过拟合，设立阈值挑选出合适的备选基分类器；②同样使用 AdaBoost 算法处理带标签的目标域样本，依据备选基分类器对目标域样本的分类误差，为其分配一定的权重，形成最终的集成学习器。Eaton 和 desJardins 针对 TrAdaBoost 存在对源域权重学习欠优化问题，提出了 TransferBoost 算法，通过处理个体样本和集合样本两种 Boosting 模式学习源域和目标域的样本权重[18]。

基于样本加权的学习方法在源域和目标域样本之间的分布差异比较小的情况下才能取得好的效果。若源域和目标域样本之间的数据差异比较大，如跨域特征空间和标签空间完全不一致时，基于样本加权的学习方法很难选择和目标域相似的样本数据，若强制选择一些不相干的源域样本学习目标域分类模型，会产生负迁移的现象[3]。对此，基于特征分布对齐的方法也得到了发展，为目标域任务从特征空间挖掘更多可迁移的源域知识。

2. 基于特征学习的方法

基于特征学习的方法的做法一般是把源域和目标域样本通过矩阵变换转换到一个特征维度相同的子空间，并在该空间采用域适应分布对齐方法减少源域和目标域样本特征之间的分布差异性。根据其采用的域适应分布对齐的方法，基于特征学习的方法可以分为子空间学习方法、特征分布对齐方法以及特征重构方法。下面对这几种方法相关的国内外现状进行介绍。

1）子空间学习方法

子空间学习方法通过学习跨域样本之间的子空间，找到一个合适的矩阵变换建立跨域样本子空间的联系。Gopalan 等提出采样测地线流（sampling geodesic flow，SGF）方法，在格拉斯曼流形上，沿连接源子空间和目标子空间的测地线路径生成子空间形式的中间表示，然后将源数据投影到这些子空间上，学习分类器[9]。为了减轻 SGF 中子空间的选择而带来的复杂度问题，Gone 等提出测地线流核（geodesic flow kernel，GFK）方法[19]，这是一种基于核变换的域自适应方法，其目的是通过在低维流形空间中积分无穷多个子空间来寻找域间的测地线来表示从源域到目标域过渡的光滑性。Blitzer 等提出耦合子空间域适应方法，同时探讨了跨域样本之间各自转换到对方子空间的域适应学习效果[20]。Wang 和 Mahadevan 提出流形对齐方法，把高维源域和目标域数据使用低维流形表征，通过同时匹配局部几何形状和保留每个域集合内的样本邻域关系，最终学习跨域共同子空间[21]。与流形对齐方法保持数据局部统计结构来寻找跨域共同子空间不同，Fernando 等同时分析了耦合子空间方法会丢失全局源域信息的缺点，更多关注全局协方差统计结构，提出子空间对齐（subspace alignment，SA）方法[22]，该方法把源域数据和目标域数据线性变换到各自的子空间中，然后使用最小化布雷格曼散度（Bregman divergence）[23]来学习源域子空间到目标域子空间的映射矩阵。类似地，Sun 等提出线性相关性对齐（linear correlation alignment，CORAL）方法[24]，该方法先使用二阶统计特性表征源域和目标域样本的特征，再使用目标域协方差矩阵建立源域子空间和目标域子空间的关系。

2）特征分布对齐方法

特征分布对齐方法一般是在跨域样本向特征子空间转换过程中最小化跨域样本分布之间的距离，使跨域样本在新的特征空间中的表示更为相似，进而提高学习模型在目标域样本中的迁移性和泛化性。此类方法的学习过程如图 3-3 所示。

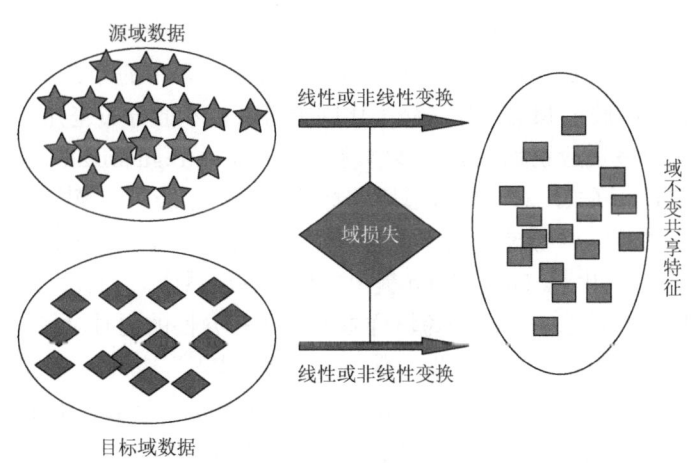

图 3-3　传统迁移方法特征分布对齐处理流程

在 SA 算法[22]的基础上，Sun 和 Saenko 提出了子空间分布对齐（subspace distribution alignment，SDA）方法，同时在子空间中对齐跨域样本分布和子空间的基[25]。Borgwardt 等提出最大均值差异嵌入（maximum mean discrepancy embedding，MMDE）算法，把源域和目标域样本嵌入再生核希尔伯特空间中，采用基于最大均值差异性（maximum mean discrepancy，MMD）算法[26]的跨域分布差异性的距离函数，最终把高维数据的内积运算转换为低维核函数处理形式[27]。由于 MMDE 算法优化时要经过半正定规划处理，计算成本大大增加，Pan 等提出迁移成分分析（transfer component analysis，TCA）算法，仅需要解一个本征分解问题，绕开了半正定规划处理学习核矩阵带来的复杂度[28]。Baktashmotlagh 等提出域不变映射（domain invariant projection，DIP）算法，同样在希尔伯特空间中减少跨域样本之间的差异性，并约束映射函数必须正交[29]。Long 等提出迁移稀疏编码（transfer sparse coding，TSC）算法，学习跨域样本之间的更鲁棒的域不变稀疏编码来提高模型的泛化性[30]。Long 等提出迁移联合匹配（transfer joint matching，TJM）算法进一步考虑在域适应的过程中弱化那些无关源域样本的影响[31]。同样地，为了弱化无关源域样本的影响，Aljundi 等提出基于地标选择的核子空间对齐（landmarks selection-based subspace alignment，LSSA）算法，在子空间中对齐跨域样本分布差异性时使用高斯核计算所有样本的质量度量，并选择质量度量值高于阈值的地标[32]。

上述方法在进行域适应的学习过程中，没有考虑引入源域样本的标签信息和目标域样本的伪标签信息，学者研究发现，考虑引入目标域样本的伪标签信息，可以进一步增强域适应学习的效果。Long 等提出联合域适应（joint distribution adaptation，JDA）方法，在 TCA 的基础上，添加一个减少跨域样本之间的条件分布差异的项，具体是在域适应的学习过程中，使用学习中的分类器为目标域样本赋予伪标签，然后通过 MMD 算法最小化同类跨域样本的分布差异[33]。Long 等进一步提出了基于域适应正则项的迁移学习（adaptation regularization based transfer learning，LRTL）算法，对分布域适应和标签学习进行统一建模[34]。Li 等提出域不变的类判别性算法，考虑跨域样本的条件和边缘分布差异性的同时引入惩罚系数处理类不平衡问题[35]。Ding 和 Fu 提出鲁棒迁移度量学习（robust transfer metric learning，RTML）算法，在减少跨域样本的分布差异性的同时对模型施加边缘去噪和低秩约束，使模型在处理有噪声数据时更加鲁棒[36]。Zhang 等在 JDA 方法的基础上提出联合几何和统计对齐（joint geometrical and statistical alignment，JGSA）算法，在子空间中保持目标域样本的方差最大化的同时挖掘源域样本类与类之间的散度信息[37]。Wang 等认为 JDA 和 JGSA 方法中的边缘分布和条件分布在不同场景中不应该同等对待，提出平衡分布域适应（balanced distribution adaptation，BDA）算法，可以自适应调整这两项的重要性[38]。

3）特征重构方法

特征重构方法可分为两种模式：①跨域样本之间的相互重构；②特征增强模式。

跨域样本之间的特征重构方法旨在通过中间特征表示的样本重构来减小域分布的差异，此类方法一般采用低秩约束来建立跨域样本之间的重构系数[39-41]。例如，Jhuo

等提出低秩重构的域适应（robust domain adaptation low-rank reconstruction，RDALR）方法，将源数据转换为中间表示，每个转换后的源域样本都可以被目标域样本线性重构并对重构系数施予低秩约束[39]。鉴于 RDALR 方法会丢失源域样本的判别信息，Shao 等提出低质迁移子空间学习（low-rank transfer subspace learning，LTSL）方法，其使用转换后的源域样本特征重构转换后的目标域样本的特征并对重构系数施加低秩约束，同时添加去噪正则项[40]。Tao 等提出域适应稀疏低秩表示（domain adaptation sparse and low rank representative，DASLRR）方法，学习源域和目标域样本的字典和域不变稀疏编码后，再使用低秩约束重建跨域样本之间的关系[41]。

基于特征增强的方法经过简单的特征复制处理后，将原始的低维特征增强为多维特征，然后对跨域样本采用传统的监督学习模式对未知样本进行分类处理。这类方法的表达式可用如下公式表达：

$$\phi_S(X^S) = \begin{bmatrix} W^S X^S \\ X^S \\ O_n \end{bmatrix} \in \mathbb{R}^{l+m+n}, \quad \phi_T(X^T) = \begin{bmatrix} W^T X^T \\ O_m \\ X^T \end{bmatrix} \in \mathbb{R}^{l+m+n} \quad (3\text{-}1)$$

式中，X^S 为源域特征矩阵；X^T 为目标域特征矩阵；W^S、W^T 分别为源域和目标域特征变换矩阵；O_n、O_m 为用于补全的零矩阵。

例如，文献[42]针对同构迁移学习提出了一种特征增强方法（feature augmentation method，FAM），此时 W^S 和 W^T 都是单位矩阵，$l=m=n$，前 l 维表示源域和目标域样本的公共特征，中间和最后非 0 部分分别表示源域和目标域样本中的特有部分。Li 等针对 FAM 不能很好地表征异构特征的问题，提出了异构特征增强（heterogeneous feature augmentation，HFA）方法[43]，此时 $W^S \in \mathbb{R}^{l+m}$，$W^T \in \mathbb{R}^{l+n}$。

3. 基于分类器参数学习的方法

此类方法的宗旨是使用源域和少量目标域的标签样本，学习对目标域样本泛化性强的分类模型。根据是否添加分布域适应正则项，此类方法可以分为两类：①自适应分类器学习；②半监督学习模式的域适应方法。

自适应分类器学习的模式是在源域样本学习的分类器 $f_s(X)$ 的基础上再学习一个自适应调整函数 $\Delta f(X)$，最终学习一个满足目标域样本学习的分类器 $f_t(X)$，其公式表达为

$$f_t(X) = f_s(X) + \Delta f(X) \quad (3\text{-}2)$$

此类方法的代表有文献[10]和文献[44]。为了学习自适应调整函数 $\Delta f(X)$，Yang 等设计出自适应支持向量机（adaptive SVM，ASVM）模型，学习自适应调整函数，尝试改变多个源域分类器的决策边界，最终选择最符合目标域样本学习的分类器[10]。

Zaidi 和 Squire 在 ASVM 的基础上，提出局部自适应 SVM（local adaptive SVM，LASVM）方法，对每个查询点的邻域训练独立 SVM，优化 SVM 的内核参数[44]。

半监督学习模式的域适应方法除了学习泛化性强的目标域分类器，同时在目标函数中添加减少跨域样本分布差异性的正则项，其公式表达为

$$\mathop{\arg\min}_{f} \varOmega(\mathrm{DIST}^2(\mathcal{D}_S, \mathcal{D}_T^l)) + \lambda R(f, \mathcal{D}_S, \mathcal{D}_T^l) \qquad (3\text{-}3)$$

式中，$\mathcal{D}_S$ 表示源域数据；$\mathcal{D}_T^l$ 表示目标域中的带标签数据 λ 为权重系数；DIST 为距离度量函数；$\varOmega$ 为损失函数。公式的 DIST（ ）项表示衡量跨域样本差异性的分布距离，R（ ）项是带标签跨域样本的结构风险函数，此类方法的代表有文献[45]～文献[47]。例如，Duan 等提出用于视频检测的域迁移支持向量机（domain transfer SVM，DTSVM）模型，该方法使用 MMD 距离函数来减少跨域分布的不匹配，同时学习适合目标域样本的决策模型[46]。Guo 和 Wang 提出了域自适应输入-输出核学习（domain adaptive input-output kernel learning，DAIOKL）算法，该算法引入核学习机制处理非线性分类问题，通过最小化跨域数据的分布差异和结构风险来学习输入和输出核[47]。Cao 等提出分布匹配机器（distribution matching machine，DMM）算法，通过提取域不变特征表示和估计无偏实例权重来学习可迁移 SVM 模型[45]。

基于分类器参数学习的方法相比于基于特征学习的方法，需要少量带标签的目标域样本来学习最终的分类模型，这一条件往往在现实中很难满足，一定程度上限制了其发展。

3.3.2 深度闭集域适应学习方法

近年来，深度学习不断发展，由于其强大的特征表征能力，越来越多的迁移学习研究领域的学者开始提出各种深度迁移学习模型，大大地推动了该领域的发展。相比传统的域适应学习方法，深度域适应模型优点突出：特征表达能力强和函数拟合能力强等。基于深度学习发展的域适应学习模型主要有三大类：①通用深度域适应学习方法；②深度对抗域适应学习方法；③基于深度生成模型的方法。下面对这三大类深度域适应学习方法的国内外现状进行介绍。

1. 通用深度域适应学习方法

此类方法根据是否在域适应网络中添加域适应距离函数可以分为两大类学习模式：①基于 Fine-tuning（微调）模式的学习方法；②通用深度域适应网络。

1）基于 Fine-tuning（微调）模式的学习方法

基于 Fine-tuning（微调）模式的学习方法使用带标签的源域样本训练得到的网络参数作为目标域网络模型训练的初始值，并对网络进行相应的调整[48-50]，

其处理模式如图 3-4 所示。例如，Yosinski 等[50]通过大量实验验证了深度网络模型 AlexNet[51]的不同层的迁移能力，实验结果表明，深度网络的底层的迁移性较强，而越到高层，网络提取到的特征越具有任务特有化，迁移性越弱。Portaz 等针对目标域任务的数据特点对使用源域数据预训练的 AleNet 结构进行了修改[49]。

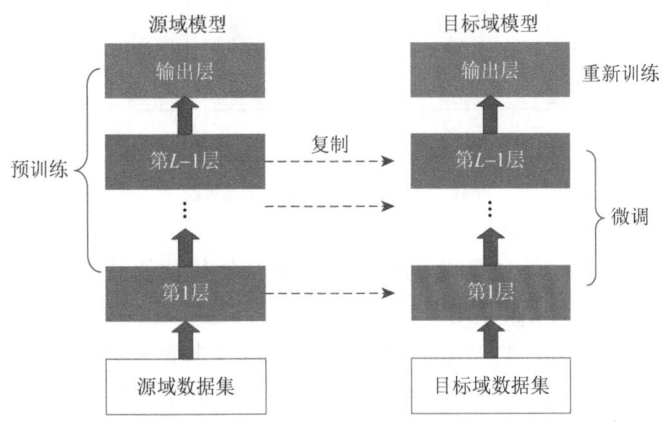

图 3-4 Fine-tuning 的处理模式

基于 Fine-tuning 模式的学习方法还是需要一定量的带标签的目标域样本作为模型的辅助学习，而且没有考虑跨域样本的分布差异给模型带来的偏差问题，这也同样在一定程度上限制了其发展。深度域适应网络解决的是更通用的域适应学习问题，不要求目标域样本带标签，只需要重点考虑如何设计出可以减少跨域样本分布差异性的网络。

2）通用深度域适应网络

通用深度域适应网络会根据深度网络各层迁移能力，在对应层中添加减少跨域分布差异性的域适应结构，图 3-5 所示是该类方法的通用框架。通用深度域适应网络主要分为两种模式：①基于深度特征重构的方法；②基于深度分布匹配的方法。

基于深度特征重构的方法的目的是对输入样本进行去噪降维处理，学习更加鲁棒的样本特征表达，此类方法一般采用自编码方法进行域适应处理[52-54]。例如，受去噪自编码方法的影响，Clorot 等提出堆叠的去噪自编码器（stacked denoising autoencoder，SDA）域适应方法，对跨域样本的特征采用随机腐蚀机制添加随机高斯噪声，最终最小化基于输入和输出样本的去噪自编码器重构误差[53]。为了解决 SDA 模型学习时带来的计算成本大的问题，Chen 等提出边缘堆叠线性去噪自编码（marginalized stacked linear denoising autoencoder，mSLDA）域适应方法，该方法使用边缘化随机噪声处理机制和线性自编码结构保持输入、输出样本的重

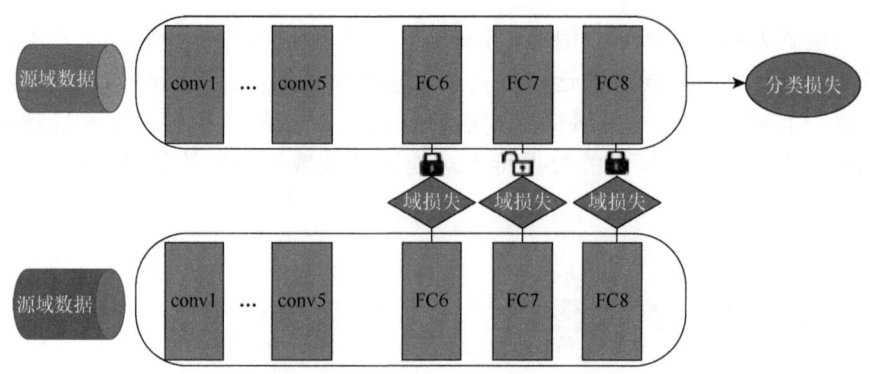

图 3-5 通用深度域适应结构

conv 表示卷积层；FC 表示全连接层

构关系，求得闭式解，不需要随机梯度下降或其他优化算法来学习参数，大大减少了计算成本[52]。Zhuang 等提出基于深度自编码器的迁移学习（transfer learning with deep autoencoders，TLDA），除了采用跨域样本嵌入编码结构实现基于库尔贝克-莱布勒（Kullback-Leibler，KL）散度距离分布对其处理，该网络还创新性地引入了标签嵌入结构实现标签信息的回归编码处理[54]。

基于深度分布匹配的方法主要是在域适应学习过程中从最小化边缘分布和条件分布两个分布结构着手分析研究。

Tzeng 等提出深度域混淆（deep domain confusion，DDC）方法，在 AlexNet 的倒数第二层中加入了一层学习域不变特征的衡量深度网络特征分布的 MMD 距离[55]。Ghifary 等提出域适应神经网络（domain adaptive neural network，DaNN），采用去噪自编码网络作为骨干网络并在隐藏层中加入了一层衡量域差异性的 MMD 距离[56]。相比 DDC 和 DaNN 的单层域适应结构，Long 等提出深度自适应网络（deep adaptation network，DAN）模型，在 CNN 的所有全连接层中引入多核域适应结构[57]。Long 等进一步提出了联合域适应网络（joint adaptation network，JAN），使用联合最大均值差异结构最小化多层网络的联合分布[58]。Rozantsev 等认为深度网络的每一层提取的跨域样本的特征分布都会有差异，网络的参数不应该共享，而要对跨域样本独立处理，他们采用两个独立网络对跨域样本分别进行处理，然后对网络的每一层都添加了跨域分布对齐损失函数[59]。除了考虑域适应处理，Long 等提出了残差迁移网络（residual transfer network，RTN），也创新性地引入了分类器适配的残差层，进一步增强了网络的域适配处理能力[60]。

上述提出的深度域适应模型更多地从减少跨域样本之间的边缘分布角度思考，一些研究学者认为进一步引入减少跨域样本之间的条件分布差异性可以增强模型的域适应学习效果[11, 61-64]。Zhang 等提出深度迁移网络（deep transfer network，DTN），共享特征提取层通过学习子空间来匹配源域样本和目标域样本的边缘分布，鉴别层通过分类器为目标域样本分配伪标签实现条件分布匹配[64]。Kang 等提出对比域差异（contrastive domain discrepancy，CDD）网络，实现以类为中心的域适应学习，考虑跨域类之间的散度信息，提高特征的判别性学习能力[11]。Chen 等提出深度条件域适应网络（deep conditional adaptation network，DCAN），创新性地提出标签相关传输算法，生成基于跨域关系得到的伪目标标签来实现条件域适应策略，解决边缘适应方法中经常忽略的类别不匹配和类别先验偏差问题[61]。由于 MMD 域适应方法缺乏对先验分布的利用，Yan 等提出带权重的 MMD 方法，在原始 MMD 中引入辅助权重，对源域和目标域的类先验概率分布信息加以利用[63]。受原型网络（prototypical network）的启发，Pan 等提出迁移原型网络（transferrable prototypical networks，TPN），模型包含两个域适应结构：学习目标域伪标签从而实现类原型匹配的通用域适应结构和基于样本-类中心匹配来学习跨域样本类概率分布的任务特有的域适应结构，两个域适应结构改善了迁移模型的学习效果[62]。

除了像上述方法那样采用基于 MMD 距离来衡量跨域样本之间的分布差异性，一些方法也尝试使用其他域适应距离如 CORAL[24]、Wasserstein 距离[65]、中心距差异（central moment discrepancy，CMD）等来挖掘跨域样本之间的统计特性。例如，受浅度 CORAL 算法的启发，Sun 和 Saenko 提出了深度 CORAL 方法，该方法使用 CORAL 距离损失函数挖掘跨域样本的二阶统计特性表征源域和目标域样本的特征，并学习一个非线性变化建立跨域样本之间的关联[66]。Chen 等使用 CORAL 距离调整源和目标特征的协方差，同时在模型中添加基于实例和中心判别特征学习方法的正则项以确保类与类之间的散度信息[67]。相比 CORAL 距离函数，Wasserstein 距离具有更强的理论支撑；相比 KL 散度，Wasserstein 距离对分布差异性的度量具有良好的平滑性和足够的鲁棒性等优点。Shen 等提出 Wasserstein 距离引导表征域适应学习（Wasserstein distance guided representation learning，WDGRL）模型，利用该距离的梯度性质来有效地减小域差，且其泛化上界保证了可迁移性[68]。受 WDGRL 的启发，Le 等在最小化类 Wasserstein 距离等的基础上，提出一种减轻负迁移学习影响的方法[69]。Zellinger 等分析了 KL 散度距离函数不包含高阶矩信息的缺点，提出了一个新的分布距离函数——CMD，来充分挖掘跨域样本的高阶矩信息[70]。

2. 深度对抗域适应学习方法

生成对抗网络（generative adversarial network，GAN）[71]自从 2014 年由 Goodfellow 等提出以来便成为学术界研究的热点。基于深度学习和 GAN 结合的域适应学习方法在近几年也呈现井喷式发展，带来了许多新的突破。Ganin 等提出了 DaNN 模型，通过引入一个二值域判别器来区分源域和目标域，并将域判别器回传的梯度取反，使域判别器不能区分特征来自哪个域，最终学习到域不变的特征表示[72]。Bousmalis 等在 DaNN 的基础上提出了一种域分离网络（domain separation network，DSN），把跨域样本的特征学习分为共享部分和私有部分，这种学习模式有助于提高模型提取领域不变特征的能力[73]。Tzeng 等提出一种统一对抗域适应框架，结合了生成对抗损失、判别结构、非权值共享的通用框架，考虑多种设计选择，有助于探索新的架构模型[74]。受 Wasserstein GAN 的启发，Shen 等提出 WDGRL 模型，利用 Wasserstein 距离来衡量跨域分布的差异性，通过最小化跨域特征在判别器响应上的 Wasserstein 距离来学习域不变特征[68]。受原型网络的启发，Pinheiro 提出相似性域适应网络 SimNet，对抗域适应结构学习域不变特征，同时在特征空间计算源域样本的类原型，最终通过计算目标域样本和类原型的相似性确定标签[75]。

近期学者研究发现，考虑引入目标域样本的硬性伪标签信息，可以进一步增强对抗域适应学习的效果。受条件（conditional）GAN[76]的启发，Long 等提出条件对抗域适应网络（conditional domain adversarial network，CDAN），通过多线性融合把生成器抽取的特征和分类器的输出融合得到多模态表征，并将融合后的表征进行对抗域适应学习，同时在模型的学习过程中引入熵调整策略学习鲁棒的目标域样本标签信息[77]。Zhang 等提出合作对抗域适应网络（collaborative and adversarial network，CAN），在模型的每个卷积块中都添加对抗域适应结构，以便学习底层中跨域的几何结构等信息以及高层中跨域语义结构等信息，同时模型的学习过程中迭代式地引入自信度高的目标域标签，增强模型的泛化性[78]。Xie 等提出滑动语义迁移网络，通过对标记源质心和伪标记目标质心进行对齐来学习未标记目标域样本的语义表示[79]。Chen 等提出渐进特征对齐网络，设立阈值学习加强目标域标签学习的可靠性[80]。Zhang 等提出域对称网络（domain symmetric network）模型，网络中对源任务和目标任务分配分类器来学习判别信息和目标域伪标签，在此基础上还构造了一个与它们共享神经元的额外分类器，实现基于类对齐和域对齐的联合分布对抗域适应学习[81]。

随着注意力机制在视觉领域的发展，一些研究学者也尝试探索其在域适应领域的研究，充分发挥其在提取样本特征时的高效处理能力，不仅可以挖掘对任务有帮助的感兴趣的区域特征，而且可以大大节省对高维数据处理带来的计算成本等，进一步增强了域适应学习效果[82-84]。例如，Kang 等提出深度对抗注意力对齐网络，对所有卷积层网络实施注意力机制对齐处理，可以保持源域样本挖掘判别区域的信息迁移给目标域样本，域适应模型的学习过程同时引入期望最大化（expectation-maximization，EM）算法加强目标域样本标签的学习，引进更多可靠的目标域标签带动模型的学习[83]。Wang 等提出迁移注意力机制的对抗域适应学习方法,在对抗域适应结构中使用局部注意力和全局注意力机制分别挖掘样本中的可迁移区域和可迁移的相似性样本,减弱负迁移的影响[84]。

3. 基于深度生成模型的方法

基于深度生成模型的方法主要是采用 GAN 为目标域创建样本,该方法有两种处理模式:①根据源域图像生成与目标域具有相同分布的图像并保持其内容和标签信息不变;②跨域样本之间的双向映射。两种模式最终把域适应问题转化为传统的监督学习模式来处理。

GAN 具有强大的生成数据的功能,近年来许多研究学者采用 GAN 把源域样本映射成目标域样本,使创建有标签的目标域样本成为可能[85-87]。例如,Shrivastava 等提出的 SimGAN 方法是该类方法的典型代表,模型中使用一种自正则化损失来训练生成器,使合成的源域样本经过生成器后生成的优化样本的标签信息得以保留[87]。Bousmalis 等提出的 PixelDA 模型对待转换的源域样本都附加噪声处理并提出内容相似性损失约束源域样本转换前后的标签信息一致性,两者都可以增强生成器的学习能力[85]。Hu 等提出 DupGAN 模型,模型由三部分组成:编码器将输入跨域图像编码为潜在特征表示,生成器将潜在特征表示和加了域编码的特征表示解码为源域、目标域图像以及跨域生成图像,双鉴别器对这些图像进行分类和真假鉴别[86]。

不同于单向映射的跨域图像的转换,如图 3-6 所示,跨域样本之间的双向映射主要采用循环一致性约束来实现。图 3-6 中,Gst 表示从源域生成目标域图像,Gts 表示从目标域生成源域图像。CycleGAN[88]、DiscoGAN[89]和 DualGAN[90]是三种采用循环一致性约束思想的 GAN,该类方法的通用做法是在没有配对图像指导 GAN 学习时,采用两个 GAN 的学习模式使输入的源域样本生成目标域样本,再把生成的目标域样本生成输出的源域样本,使用循环一致性约束使输入的源域样本和输出的源域样本的内容保持一致,对于目标域样本同样使用循环一致性约束来学习。受循环一致性约束网络的启发,Hoffman 等提出循环一致性对抗域适应(cycle-consistent adversarial domain adaptation,CyCADA)网络,不仅保持跨域样本的语义一致性,而且在特征级以及像素级层面都进行了域适应学习[91]。Isola 等提出基于变分自编码(variational autoencoder,VAE)和 GAN 结合的模型,使用 VAE 将跨域图像映射到共享的隐空间中并用 GAN 生成图像[92]。Russo 等提出对称双向循环对抗域适应网络,包含两个生成对抗结构,分别把源域图像和目标域图像转换到各自的空间,并对源域图像施加类别一致性损失[93]。当训练数据不足时,在 GAN 模型中采用循环一致性损失约束过于严苛,Hosseini-Asl 等提出增强循环一致性模型,该模型通过一个特定于任务的外部模型来加强循环一致性约束,鼓励保留与任务相关的语义信息或者标签信息,而不是精确重构[94]。

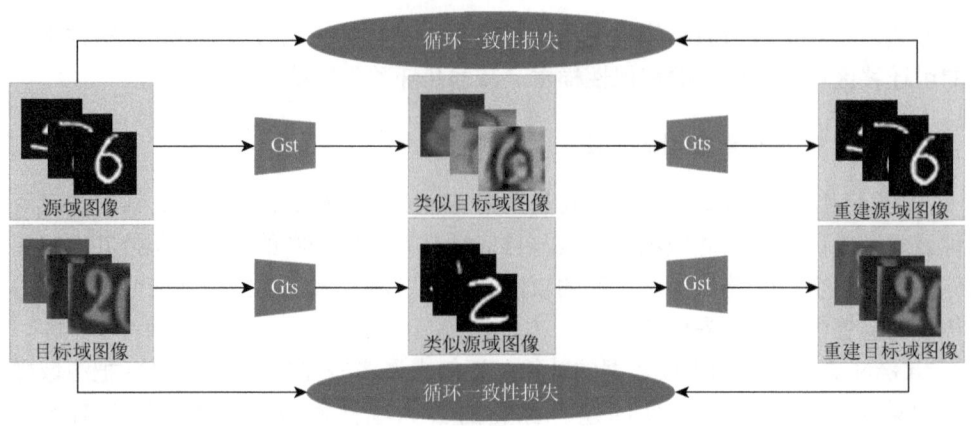

图 3-6　双向循环一致性约束模型

3.3.3　零样本学习

零样本学习模式需要对基于可见类的训练数据集未覆盖的新类样本进行预测。这种新的问题场景和传统的机器学习或者前面所讨论的闭集域适应学习模式区别显著,这是因为测试数据出现了新的类别。因此该差异需要引入辅助信息作为连接输入空间和标签空间的中间桥梁,使迁移学习成为可能。大多数零样本学习采用的辅助信息就是"语义特征",是对可见类和未见类的语义层面的描述,其组成的空间称为语义空间。如图 3-7 所示,此类方法的学习过程一般是先使用可见类的训练样本学习一个从输入空间到语义空间的映射函数,那些未见类的样本通过这个学习到的映射函数转换到语义空间,最终通过语义空间的样本和

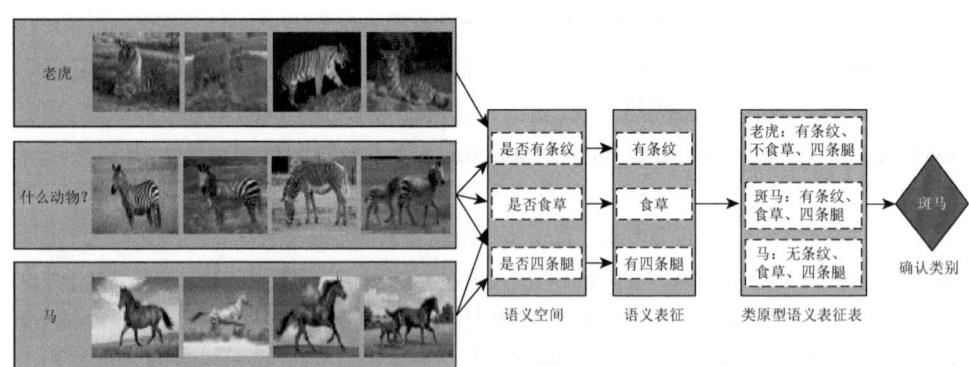

图 3-7　零样本学习过程

未见类原型的匹配度关系确定最终的类别。下面将从基于辅助信息组成的语义空间和零样本学习的方法两方面来介绍零样本迁移学习的国内外现状。

1. 基于辅助信息组成的语义空间

根据辅助信息构建方式的不同，可以把语义空间分为两大类：①基于人工设定的语义空间；②基于模型学习的语义空间。

1）基于人工设定的语义空间

基于人工设定的语义空间是指依靠人工设定辅助信息来构建语义空间的方法，具体指依据人已有的先验知识，手动设计组成语义空间每一维度的辅助信息。该类方法主要可分为基于属性方法构建的语义空间和基于非属性方法构建的语义空间。

（1）基于属性方法构建的语义空间。语义空间的每个维度是一种具有高层次特征表征的属性，其是某个类的附属特征，如在动物识别问题中，属性可以是毛发颜色、栖息环境、是否食肉等，人们可以根据动物相关的属性特征人为地构建语义空间中每一维度的属性值。每一维度的属性值可以是二值属性值（0、1表示）或者是连续属性值（表示某类具有该种属性的概率值）。不同的任务具有不同的属性表达，如人脸识别属性、动作识别属性等。

（2）基于非属性方法构建的语义空间。非属性的辅助信息采用词法空间和文本关键词空间为代表的方法来构建语义空间。词法空间主要是基于类标签之间的词法信息组成，这些词法信息可以是一些大型的语料库，如每个类都可以使用语料库中的类别标签的共现向量组成；可以是针对特定任务的词法分析工具，如细粒度命名实体识别任务中，采用依存树表征不同的实体类型组成最终的语义空间[95]；也可以是层次结构化词法信息如 WordNet，语义空间中的每个维度都代表类与类之间的关系，如是否父子关系，也可以使用距离函数来度量这种类与类之间的相似度关系。文本关键词空间是由从每个类的文本描述中提取的一组关键字构成的语义空间，其每一维度都是由关键词组成的。此类方法一般是从特定网站中收集到的一些关于类别描述的文本信息，然后采用特定技术如词袋模型、TF-IDF 等抽取文本中的关键词组成特定类的语义空间。

基于人工设定的语义空间可以充分利用人特定领域的专业知识来构建，每一维度的信息直观、解释性强、判别性好，但是该类方法高度依赖人的经验知识，往往需要投入大量的人力和时间成本去标注，当遇到一些新出现的类而缺乏对应的先验知识时，此类方法构建的语义空间的准确度会受到影响。

2）基于模型学习的语义空间

相比基于人工设定的语义空间方法，这类方法采用机器学习模型自动学习类别的语义表征信息。这些学习语义向量的模型可以是针对其他问题预训练好的模型，也可以是针对零样本学习来训练的模型。语义向量中的每一维度没有具体的含义，但是所有维度组成的向量都是类的具体表达。根据模型处理的输入库的不同，可以分为标签嵌入空间和文本嵌入空间两大类。

（1）标签嵌入空间。这类方法采用自然语言处理中的词嵌入技术如 Word2vec[96]和 GloVe[97]等，把单词或短语以向量的形式嵌入具有语义信息的实数空间，在该空间中，相似的类具有类似的向量表征。例如，Wang 等为零样本学习提出一种新的关系知识迁移（relational knowledge transfer，RKT）机制，该方法基于稀疏编码理论，从基于 Word2vec 嵌入的语义知识空间的数据流形结构中提取关系知识，通过优化语义映射，恢复未见类别的流形结构，解决了 ZSL 中存在的固有语义迁移问题[98]。Xian 等采用 GloVe 方法作为类别的嵌入技术，并在模型的学习过程中把视觉空间和语义空间之间的多个映射函数当作潜在变量来学习[99]。Wang 等构建基于单词嵌入的节点组成的知识图谱形成的图模型作为图卷积神经网络的输入，最终通过图卷积神经网络的处理把已知类的分类规则传播给未知类，实现对未知类的分类处理[100]。

（2）文本嵌入空间。文本嵌入方法与人工设定的文本关键词空间方法类似，都需要提前收集每个类相关的文本描述，并从中挖掘对应类别的语义表征向量信息，但该类别表征向量中的每个维度并不是关键词，而是基于模型学习的文本编码。此类方法的典型代表是 Li 等提出的，首先为每个类收集大量的文本描述，然后把这些文本都输入一个文本编码模型中，输出的向量作为对应类的语义信息[101]。

相比基于人工设定的语义空间，基于模型学习的语义空间方法更加灵活，无须人工标注，大大节省了人力成本和时间成本，但由于其向量表征中的每一维度的信息都是隐式表达，没有具体含义，抽象可解释性弱，不利于引入特定领域的专家知识进行补充表达。

2. 零样本学习的方法

零样本学习的方法根据其处理方式的不同大致可以分为两大类：①基于模型嵌入的方法；②基于样本生成的方法。下面对这两类方法的国内外现状进行介绍。

1）基于模型嵌入的方法

基于模型嵌入的方法的宗旨是通过映射函数的学习，把视觉特征和类别标签或者类原型映射到目标空间中，再在目标空间中采用相似性度量方法如最近邻搜索算法，为未知的目标域样本匹配最相似的类原型，进而学习对应的标签。根据跨域样本嵌入的目标空间的不同，基于模型嵌入的方法可以分为三类：基于语义空间嵌入的方法；基于视觉空间嵌入的方法；嵌入其他空间的方法。基于模型嵌入的方法可以用如下公式来表达：

$$X \to H: a_i = \phi(x_i) \tag{3-4}$$
$$S \to H: b_j = \varphi(p_j) \tag{3-5}$$

式中，X 表示特征空间中的样本；S 表示语义空间；H 表示目标映射空间；p_j 表示类原型；a_i、b_j 分别代表视觉特征对象 x_i 和类原型 p_j 的映射结果；ϕ 和 φ 分别表示把视觉特征和类原型嵌入目标空间的映射函数。

（1）基于语义空间嵌入的方法。该类方法把样本的类别标签或者类原型以及样本的视觉特征各自通过映射函数映射到语义空间，此时对于类原型而言，式（3-4）中的映射 ϕ 表示恒等映射。例如，Akata 等提出属性标签嵌入（attribute label embedding，ALE）方法，将基于属性的零样本分类作为标签嵌入问题，最小化标签嵌入与图像嵌入之间的损失函数[102]。Jiang 等提出潜在属性字典（latent attribute dictionary，LAD）学习方法，在属性构建的语义空间，把基于字典重建的潜在属性值用原始属性值的线性变化来表达，并将学习到的潜在属性值线性变化到标签空间，不仅可以学习到具有判别性的潜在属性值，而且能保持属性值之间的关联关系[103]。Kodirov 等提出语义自编码（semantic autoencoder，SAE）方法，除了把视觉样本映射到基于属性的语义空间外，在视觉特征的表示上增加重构约束[104]。随着深度网络的发展，有不少学者采用深度模型实现零样本学习的语义空间嵌入。Frome 等提出的 DeViSE 方法，使用两个深度网络模型把视觉特征和类别标签都映射到语义空间中，并在语义空间中使用合页损失函数作为两者内积的距离度量[105]。Sung 等提出关系网络（relation network，RN）模型，利用元学习方法训练辅助参数化网络，目的是对通用零样本学习（generalized zero-shot learning，GZSL）的前馈神经网络进行参数化[106]。为了保持语义空间中的属性不仅具有共享性也具有判别性的特征，Li 等提出潜在判别特征（latent discriminative feature，LDF）学习方法，使用非常深的卷积网络（very deep convolutional network 19，VGG19）作为特征嵌入的映射网络，并提取最后一个卷积层的特征训练 ZNet 结构以便发现图像的判别性区域，在语义空间中不仅具有基本的共享的属性特征，还引进了增强属性空间的结构来挖掘潜在的判别性属性特征[107]。

（2）基于视觉空间嵌入的方法。基于语义空间嵌入的方法很容易产生 Hubness 现象[108]，即在语义空间中一个类原型很可能会成为不同类样本的最近邻原型。一些研究学者发现基于视觉空间嵌入的方法可以在一定程度上缓解 Hubness 现象带来的不良影响。把样本的类别标签或者类原型以及样本的视觉特征各自通过映射函数映射到视觉空间，此时对于视觉特征的映射学习，式（3-4）中的映射 ϕ 表示恒等映射。例如，Shigeto 等从岭回归的角度分析了 Hubness 现象产生的原因，分析了视觉空间作为目标嵌入空间的优势[109]。Zhang 等提出了深度嵌入模型（deep embedding model，DEM），他们认为视觉空间中的特征更具判别性,所以把它作为目标嵌入空间,通过两个全连接层把语义空间中的类标签映射到视觉空间中,并对目标函数借鉴岭回归模型分析了 Hubness 现象产生的原因[110]。Ji 等提出 DTNet,采用三个全连接层作为语义空间的类样本嵌入视觉空间的网络,然后采用两个三元组网络实现视觉-语义映射学习[111]。

(3)嵌入其他空间的方法。除了上述两种空间的转化学习模式,也有些学者尝试挖掘其他空间作为目标嵌入空间来加强零样本学习的效果[112-115]。例如,在 SAE 方法[104]的基础上,Liu 等提出判别式双向语义自编码(discriminative dual semantic autoencoder,DDSA)方法,把视觉空间和语义空间中的样本各自通过对应的映射函数嵌入对齐空间中,在该空间中对学习到的特征进行判别性约束[112]。Zhang 和 Saligrama 提出联合隐含相似嵌入方法,分别把视觉空间的样本和语义空间的类别标签通过映射函数嵌入两个潜在空间中,并使用一个双线性兼容度函数来衡量它们的相似性[113]。Wang 等提出判别域不变原型模型,利用正则化字典学习将视觉空间和语义空间的投影学习到超球形空间,并强制所有类原型相互正交,使其更具鉴别性[114]。

2)基于样本生成的方法

基于样本生成的方法旨在采用数据增强的技术手段为未见类生成足够的样本数量,最终可以把问题转化为传统的监督分类学习模式来处理。这类方法的通用做法是将未见类原型的语义属性作为输入的控制条件,采用生成模型生成对应类的视觉样本。常用的生成模型主要有两大类:一种是基于编码器的生成模型[116-118],一种是采用生成对抗网络的生成模型[119-122]。例如,Mishra 等提出条件自编码学习(conditional variational autoencoder,CVAE)方法,对于给定的未见类属性,使用条件自编码器生成对应的类视觉样本[116]。Verma 和 Rai 提出零样本学习通用框架模型,假定各个类都遵循高斯分布,进而使用回归函数学习未见类的方差和均值[118]。基于同样的思想,Li 和 Wang 假定每个类的条件概率分布为高斯分布,并依据该分布为未见类生成一些虚拟样本[115]。Schonfeld 等提出交叉域分布对齐的变分自编码器方法,通过变分自编码器把视觉样本和类标签嵌入潜在空间中,并对两者的跨模态数据施加分布对齐的约束,最终使用潜在空间中的可见类和未见类的样本学习分类器[117]。随着近年来 GAN 的发展,一些研究学者也开始采用该模型来生成未见类样本。Zhu 等提出通用对抗零样本学习模型,首先为未见类从维基百科中收集了一些文本描述,并基于这些文本描述使用 GAN 生成了对应的视觉样本[122]。为了增强生成模型的鲁棒性、防止模型坍塌的现象,Li 等使用 Wassertain GAN 基于类语义描述生成类视觉样本[121]。Gao 等提出联合生成模型 Zero-VAE-GAN,把 VAE 和 GAN 模型结合,发挥两者之间的优点,生成高质量的未见类视觉样本[120]。受 CycleGAN 的启发,Felix 等提出循环-Wasserstein 生成对抗网络(cycle-WGAN)模型,通过循环一致性损失函数，实现了视觉空间到语义空间再到视觉空间的嵌入回流，提高了对未见类视觉样本的生成质量[119]。

参 考 文 献

[1] Yang Q, Zhang Y, Dai W Y, et al. Transfer Learning[M]. Cambridge: Cambridge University Press, 2020.

[2] Alpaydin E. Machine Learning[M]. Cambridge: MIT Press, 2021.

[3] Pan S J, Yang Q. A survey on transfer learning[J]. IEEE Transactions on Knowledge and Data Engineering, 2010, 22 (10): 1345-1359.

[4] Weiss K, Khoshgoftaar T M, Wang D D. A survey of transfer learning[J]. Journal of Big Data, 2016, 3 (1): 1-40.

[5] Tan C Q, Sun F C, Kong T, et al. A survey on deep transfer learning[C]. International Conference on Artificial Neural Networks, Rhodes, 2018: 270-279.

[6] Zhuang F Z, Qi Z Y, Duan K Y, et al. A comprehensive survey on transfer learning[J]. Proceedings of the IEEE, 2020, 109 (1): 43-76.

[7] Bickel S, Brückner M, Scheffer T. Discriminative learning for differing training and test distributions[C]. Proceedings of the 24th International Conference on Machine Learning, Corvallis, 2007: 81-88.

[8] Chu W S, De la Torre F, Cohn J F. Selective transfer machine for personalized facial action unit detection[C]. Proceedings of the IEEE Conference on Computer Vision and Pattern Recognition, Portland, 2013: 3515-3522.

[9] Gopalan R, Li R N, Chellappa R. Unsupervised adaptation across domain shifts by generating intermediate data representations[J]. IEEE Transactions on Pattern Analysis and Machine Intelligence, 2013, 36 (11): 2288-2302.

[10] Yang J, Yan R, Hauptmann A G. Cross-domain video concept detection using adaptive SVMs[C]. Proceedings of the 15th ACM International Conference on Multimedia, Augsburg, 2007: 188-197.

[11] Kang G L, Jiang L, Yang Y, et al. Contrastive adaptation network for unsupervised domain adaptation[C]. Proceedings of the IEEE/CVF Conference on Computer Vision and Pattern Recognition, Long Beach, 2019: 4893-4902.

[12] Shimodaira H. Improving predictive inference under covariate shift by weighting the log-likelihood function[J]. Journal of Statistical Planning and Inference, 2000, 90 (2): 227-244.

[13] Huang J Y, Gretton A, Borgwardt K, et al. Correcting sample selection bias by unlabeled data[C]. Advances in Neural Information Processing Systems, Vancouver, 2006: 601-608.

[14] Zadrozny B. Learning and evaluating classifiers under sample selection bias[C]. Proceedings of the Twenty-First International Conference on Machine Learning, Banff, 2004: 114-122.

[15] Wu P C, Dietterich T G. Improving SVM accuracy by training on auxiliary data sources[C]. Proceedings of the Twenty-First International Conference on Machine Learning, Banff, 2004: 110-118.

[16] Pardoe D, Stone P. Boosting for regression transfer[C]. Proceedings of the 27th International Conference on International Conference on Machine Learning, Haifa, 2010: 863-870.

[17] Yao Y, Doretto G. Boosting for transfer learning with multiple sources[C]. 2010 IEEE Computer Society Conference on Computer Vision and Pattern Recognition, San Francisco, 2010: 1855-1862.

[18] Eaton E, des Jardins M. Set-based boosting for instance-level transfer[C]. 2009 IEEE International Conference on Data Mining Workshops, Miami, 2009: 422-428.

[19] Gong B, Shi Y, Sha F, et al. Geodesic flow kernel for unsupervised domain adaptation[C]. 2012 IEEE Conference

on Computer Vision and Pattern Recognition, Providence, 2012: 2066-2073.

[20] Blitzer J, Kakade S, Foster D. Domain adaptation with coupled subspaces[C]. Proceedings of the Fourteenth International Conference on Artificial Intelligence and Statistics, Fort Lauderdale, 2011: 173-181.

[21] Wang C, Mahadevan S. A general framework for manifold alignment[C]. AAAI Fall Symposium: Manifold Learning and its Applications, Arlington, 2009: 79-86.

[22] Fernando B, Habrard A, Sebban M, et al. Unsupervised visual domain adaptation using subspace alignment[C]. Proceedings of the IEEE International Conference on Computer Vision, Sydney, 2013: 2960-2967.

[23] Si S, Tao D C, Geng B. Bregman divergence-based regularization for transfer subspace learning[J]. IEEE Transactions on Knowledge and Data Engineering, 2010, 22 (7): 929-942.

[24] Sun B C, Feng J S, Saenko K. Correlation alignment for unsupervised domain adaptation[A]//Csurka G. Domain Adaptation in Computer Vision Applications. Cham: Springer, 2017: 153-171.

[25] Sun B C, Saenko K. Subspace distribution alignment for unsupervised domain adaptation[C]. Proceedings of the British Machine Vision Conference 2015, Swansea, 2015: 24.1-24.10.

[26] Borgwardt K M, Gretton A, Rasch M J, et al. Integrating structured biological data by kernel maximum mean discrepancy[J]. Bioinformatics, 2006, 22 (14): e49-e57.

[27] Pan S J, Kwok J T, Yang Q. Transfer learning via dimensionality reduction[C]. Proceedings of the 23rd National Conference on Artificial Intelligence, Chicago, 2008: 677-682.

[28] Pan S J, Tsang I W, Kwok J T, et al. Domain adaptation via transfer component analysis[J]. IEEE Transactions on Neural Networks, 2011, 22 (2): 199-210.

[29] Baktashmotlagh M, Harandi M T, Lovell B C, et al. Unsupervised domain adaptation by domain invariant projection[C]. IEEE International Conference on Computer Vision, ICCV 2013, Sydney, 2013: 769-776.

[30] Long M S, Ding G G, Wang J M, et al. Transfer sparse coding for robust image representation[C]. Proceedings of the IEEE Conference on Computer Vision and Pattern Recognition, Portland, 2013: 407-414.

[31] Long M S, Wang J M, Ding G G, et al. Transfer joint matching for unsupervised domain adaptation[C]. IEEE Conference on Computer Vision and Pattern Recognition, Columbus, 2014: 1410-1417.

[32] Aljundi R, Emonet R, Muselet D, et al. Landmarks-based kernelized subspace alignment for unsupervised domain adaptation[C]. Proceedings of the IEEE Conference on Computer Vision and Pattern Recognition, Boston, 2015: 56-63.

[33] Long M S, Wang J M, Ding G G, et al. Transfer feature learning with joint distribution adaptation[C]. 2013 IEEE International Conference on Computer Vision, Sydney, 2013: 2200-2207.

[34] Long M S, Wang J M, Ding G G, et al. Adaptation regularization: A general framework for transfer learning[J]. IEEE Transactions on Knowledge and Data Engineering, 2013, 26 (5): 1076-1089.

[35] Li S, Song S, Huang G, et al. Domain invariant and class discriminative feature learning for visual domain adaptation[J]. IEEE Transactions on Image Processing, 2018, 27 (9): 4260-4273.

[36] Ding Z M, Fu Y. Robust transfer metric learning for image classification[J]. IEEE Transactions on Image Processing, 2016, 26 (2): 660-670.

[37] Zhang J, Li W Q, Ogunbona P. Joint geometrical and statistical alignment for visual domain adaptation[C]. Proceedings of the IEEE Conference on Computer Vision and Pattern Recognition, Honolulu, 2017: 1859-1867.

[38] Wang J D, Chen Y Q, Hao S J, et al. Balanced distribution adaptation for transfer learning[C]. IEEE International Conference on Data Mining, ICDM 2017, New Orleans, 2017: 1129-1134.

[39] Jhuo I H, Liu D, Lee D T, et al. Robust visual domain adaptation with low-rank reconstruction[C]. IEEE

Conference on Computer Vision and Pattern Recognition, Providence, 2012: 2168-2175.

[40] Shao M, Castillo C, Gu Z H, et al. Low-rank transfer subspace learning[C]. IEEE International Conference on Data Mining, ICDM 2012, Brussels, 2012: 1104-1109.

[41] Tao J W, Wen S T, Hu W J. Robust domain adaptation image classification via sparse and low rank representation[J]. Journal of Visual Communication and Image Representation, 2015, 33: 134-148.

[42] Daume' III H. Frustratingly easy domain adaptation[C]. Annual Meeting of the Association for Computational Linguistics, Prague, 2007: 256-263.

[43] Li W, Duan L X, Xu D, et al. Learning with augmented features for supervised and semi-supervised heterogeneous domain adaptation[J]. IEEE Transactions on Pattern Analysis and Machine Intelligence, 2013, 36 (6): 1134-1148.

[44] Zaidi N A, Squire D M. Local adaptive SVM for object recognition[C]. 2010 International Conference on Digital Image Computing: Techniques and Applications, Sydney, 2010: 196-201.

[45] Cao Y E, Long M S, Wang J M. Unsupervised domain adaptation with distribution matching machines[C]. Proceedings of the AAAI Conference on Artificial Intelligence, New Orleans, 2018: 2795-2802.

[46] Duan L X, Tsang I W, Xu D, et al. Domain transfer SVM for video concept detection[C]. 2009 IEEE Conference on Computer Vision and Pattern Recognition, Miami, 2009: 1375-1381.

[47] Guo Z Y, Wang Z J. Cross-domain object recognition via input-output kernel analysis[J]. IEEE Transactions on Image Processing, 2013, 22 (8): 3108-3119.

[48] Kornblith S, Shlens J, Le Q V. Do better ImageNet models transfer better?[C]. Proceedings of the IEEE/CVF Conference on Computer Vision and Pattern Recognition, Long Beach, 2019: 2661-2671.

[49] Portaz M, Kohl M, Chevallet J P, et al. Object instance identification with fully convolutional networks[J]. Multimedia Tools and Applications, 2019, 78 (3): 2747-2764.

[50] Yosinski J, Clune J, Bengio Y, et al. How transferable are features in deep neural networks?[C]. Advances in Neural Information Processing Systems, Montréal, 2014: 3320-3328.

[51] Krizhevsky A, Sutskever I, Hinton G E. Imagenet classification with deep convolutional neural networks[C]. Annual Conference on Neural Information Processing Systems, Lake Tahoe, 2012: 1106-1114.

[52] Chen M M, Xu Z X, Weinberger K, et al. Marginalized denoising autoencoders for domain adaptation[J]. arXiv: 1206.4683, 2012.

[53] Glorot X, Bordes A, Bengio Y. Domain adaptation for large-scale sentiment classification: A deep learning approach[C]. Proceedings of the 28th International Conference on Machine Learning (ICML-11), Bellevue, 2011: 513-520.

[54] Zhuang F Z, Cheng X H, Luo P, et al. Supervised representation learning: Transfer learning with deep autoencoders[C]. Proceedings of the 24th International Joint Conference on Artificial Intelligence, Buenos Aires, 2015: 4119-4125.

[55] Tzeng E, Hoffman J, Zhang N, et al. Deep domain confusion: Maximizing for domain invariance[J]. arXiv: 1412.3474, 2014.

[56] Ghifary M, Kleijn W B, Zhang M J. Domain adaptive neural networks for object recognition[C]. 13th Pacific Rim International Conference on Artificial Intelligence, Gold Coast, 2014: 898-904.

[57] Long M S, Cao Y, Cao Z J, et al. Transferable representation learning with deep adaptation networks[J]. IEEE Transactions on Pattern Analysis and Machine Intelligence, 2018, 41 (12): 3071-3085.

[58] Long M S, Zhu H, Wang J M, et al. Deep transfer learning with joint adaptation networks[C]. 34th International Conference on Machine Learning, Sydney, 2017: 2208-2217.

[59] Rozantsev A, Salzmann M, Fua P. Beyond sharing weights for deep domain adaptation[J]. IEEE Transactions on Pattern Analysis and Machine Intelligence, 2019, 41(4): 801-814.

[60] Long M S, Zhu H, Wang J M, et al. Unsupervised domain adaptation with residual transfer networks[C]. Proceedings of the 30th International Conference on Neural Information Processing Systems, Barcelona, 2016: 136-144.

[61] Chen Y, Yang C L, Zhang Y, et al. Deep conditional adaptation networks and label correlation transfer for unsupervised domain adaptation[J]. Pattern Recognition, 2020, 98: 107072.

[62] Pan Y W, Yao T, Li Y H, et al. Transferrable prototypical networks for unsupervised domain adaptation[C]. IEEE Conference on Computer Vision and Pattern Recognition, Long Beach, 2019: 2239-2247.

[63] Yan H L, Ding Y K, Li P H, et al. Mind the class weight bias: Weighted maximum mean discrepancy for unsupervised domain adaptation[C]. Proceedings of the IEEE Conference on Computer Vision and Pattern Recognition, Honolulu, 2017: 945-954.

[64] Zhang X, Yu F X, Chang S F, et al. Deep transfer network: Unsupervised domain adaptation[J]. arXiv: 1503.00591, 2015.

[65] Arjovsky M, Chintala S, Bottou L. Wasserstein generative adversarial networks[C]. Proceedings of the 34th International Conference on Machine Learning, Sydney, 2017: 214-223.

[66] Sun B C, Saenko K. Deep CORAL: Correlation alignment for deep domain adaptation[C]. European Conference on Computer Vision (ECCV) 2016 Workshops, Amsterdam, 2016: 443-450.

[67] Chen C, Chen Z H, Jiang B Y, et al. Joint domain alignment and discriminative feature learning for unsupervised deep domain adaptation[C]. Proceedings of the AAAI Conference on Artificial Intelligence, Honolulu, 2019: 3296-3303.

[68] Shen J A, Qu Y R, Zhang W N, et al. Wasserstein distance guided representation learning for domain adaptation[C]. Proceedings of the AAAI Conference on Artificial Intelligence, New Orleans, 2018: 4058-4065.

[69] Le T N, Habrard A, Sebban M. Deep multi-Wasserstein unsupervised domain adaptation[J]. Pattern Recognition Letters, 2019, 125: 249-255.

[70] Zellinger W, Grubinger T, Lughofer E, et al. Central moment discrepancy (CMD) for domain-invariant representation learning[J]. arXiv: 1702.08811, 2017.

[71] Goodfellow I J, Pouget-Abadie J, Mirza M, et al. Generative adversarial nets[C]. Proceedings of Annual Conference on Neural Information Processing Systems, Montréal, 2014: 2672-2680.

[72] Ganin Y, Ustinova E, Ajakan H, et al. Domain-adversarial training of neural networks[J]. Journal of Machine Learning Research, 2016, 17: 1-35.

[73] Bousmalis K, Trigeorgis G, Silberman N, et al. Domain separation networks[J]. Proceedings of the 30th International Conference on Neural Information Processing Systems, Barcelona, 2016: 343-351.

[74] Tzeng E, Hoffman J, Saenko K, et al. Adversarial discriminative domain adaptation[C]. IEEE Conference on Computer Vision and Pattern Recognition, Honolulu, 2017: 7167-7176.

[75] Pinheiro P O. Unsupervised domain adaptation with similarity learning[C]. IEEE Conference on Computer Vision and Pattern Recognition, Salt Lake City, 2018: 8004-8013.

[76] Mirza M, Osindero S. Conditional generative adversarial nets[J]. arXiv: 1411.1784, 2014.

[77] Long M S, Cao Z J, Wang J M, et al. Conditional adversarial domain adaptation[C]. Proceedings of the 32nd International Conference on Neural Information Processing Systems 2018, Montréal, 2018: 1647-1657.

[78] Zhang W, Ouyang W, Li W, et al. Collaborative and adversarial network for unsupervised domain adaptation[C].

IEEE Conference on Computer Vision and Pattern Recognition, Salt Lake City, 2018: 3801-3809.

[79] Xie S A, Zheng Z B, Chen L, et al. Learning semantic representations for unsupervised domain adaptation[C]. Proceedings of the 35th International Conference on Machine Learning, Stockholmsmässan, 2018: 5419-5428.

[80] Chen C Q, Xie W P, Huang W B, et al. Progressive feature alignment for unsupervised domain adaptation[C]. IEEE Conference on Computer Vision and Pattern Recognition, Long Beach, 2019: 627-636.

[81] Zhang Y B, Tang H, Jia K, et al. Domain-symmetric networks for adversarial domain adaptation[C]. IEEE/CVF Conference on Computer Vision and Pattern Recognition, Long Beach, 2019: 5031-5040.

[82] Chen Q C, Liu Y, Wang Z W, et al. Re-weighted adversarial adaptation network for unsupervised domain adaptation[C]. IEEE Conference on Computer Vision and Pattern Recognition, Salt Lake City, 2018: 7976-7985.

[83] Kang G L, Zheng L, Yan Y, et al. Deep adversarial attention alignment for unsupervised domain adaptation: The benefit of target expectation maximization[C]. European Conference on Computer Vision (ECCV), Munich, 2018: 401-416.

[84] Wang X M, Li L A, Ye W R, et al. Transferable attention for domain adaptation[J]. Proceedings of the AAAI Conference on Artificial Intelligence, 2019, 33 (1): 5345-5352.

[85] Bousmalis K, Silberman N, Dohan D, et al. Unsupervised pixel-level domain adaptation with generative adversarial networks[C]. IEEE Conference on Computer Vision and Pattern Recognition, Honolulu, 2017: 3722-3731.

[86] Hu L Q, Kan M N, Shan S G, et al. Duplex generative adversarial network for unsupervised domain adaptation[C]. IEEE Conference on Computer Vision and Pattern Recognition, Salt Lake City, 2018: 1498-1507.

[87] Shrivastava A, Pfister T, Tuzel O, et al. Learning from simulated and unsupervised images through adversarial training[C]. IEEE Conference on Computer Vision and Pattern Recognition, Hawaii, 2017: 2107-2116.

[88] Zhu J Y, Park T, Isola P, et al. Unpaired image-to-image translation using cycle-consistent adversarial networks[C]. IEEE International Conference on Computer Vision, Venice, 2017: 2223-2232.

[89] Kim T, Cha M, Kim H, et al. Learning to discover cross-domain relations with generative adversarial networks[C]. International Conference on Machine Learning, Sydney, 2017: 1857-1865.

[90] Yi Z L, Zhang H, Tan P, et al. DualGAN: Unsupervised dual learning for image-to-image translation[C]. IEEE International Conference on Computer Vision, Venice, 2017: 2849-2857.

[91] Hoffman J, Tzeng E, Park T, et al. CyCADA: Cycle-consistent adversarial domain adaptation[C]. International Conference on Machine Learning, Stockholm, 2018: 1989-1998.

[92] Isola P, Zhu J Y, Zhou T, et al. Image-to-image translation with conditional adversarial networks[C]. IEEE Conference on Computer Vision and Pattern Recognition, Honolulu, 2017: 1125-1134.

[93] Russo P, Carlucci F M, Tommasi T, et al. From source to target and back: Symmetric Bi-directional adaptive GAN[C]. IEEE Conference on Computer Vision and Pattern Recognition, Salt Lake City, 2018: 8099-8108.

[94] Hosseini-Asl E, Zhou Y, Xiong C, et al. Augmented cyclic adversarial learning for low resource domain adaptation[C]. International Conference on Learning Representations, Vancouver, 2018.

[95] Jie Z M, Lu W. Dependency-guided LSTM-CRF for named entity recognition[C]. Conference on Empirical Methods in Natural Language Processing, Hong Kong, 2019: 3862-3872.

[96] Mikolov T, Chen K, Corrado G, et al. Efficient estimation of word representations in vector space[J]. arXiv: 1301.3781, 2013.

[97] Pennington J, Socher R, Manning C D. Glove: Global vectors for word representation[C]. 2014 Conference on Empirical Methods in Natural Language Processing (EMNLP), Doha, 2014: 1532-1543.

[98] Wang D H, Li Y N, Lin Y T, et al. Relational knowledge transfer for zero-shot learning[C]. Proceedings of the 30th AAAI Conference on Artificial Intelligence, Phoenix, 2016: 2145-2151.

[99] Xian Y Q, Akata Z, Sharma G, et al. Latent embeddings for zero-shot classification[C]. IEEE Conference on Computer Vision and Pattern Recognition, Las Vegas, 2016: 69-77.

[100] Wang X, Ye Y, Gupta A. Zero-shot recognition via semantic embeddings and knowledge graphs[C]. IEEE Conference on Computer Vision and Pattern Recognition, Salt Lake City, 2018: 6857-6866.

[101] Li J J, Zhu L, Huang Z, et al. I read, I saw, I tell: Texts assisted fine-grained visual classification[C]. Proceedings of the the 26th ACM International Conference on Multimedia, Seoul, 2018: 663-671.

[102] Akata Z, Perronnin F, Harchaoui Z, et al. Label-embedding for attribute-based classification[C]. IEEE Conference on Computer Vision and Pattern Recognition, Portland, 2013: 819-826.

[103] Jiang H, Wang R, Shan S, et al. Learning discriminative latent attributes for zero-shot classification[C]. IEEE International Conference on Computer Vision, Venice, 2017: 4223-4232.

[104] Kodirov E, Xiang T, Gong S. Semantic autoencoder for zero-shot learning[C]. IEEE Conference on Computer Vision and Pattern Recognition, Honolulu, 2017: 3174-3183.

[105] Frome A, Corrado G S, Shlens J, et al. DeViSE: A deep visual-semantic embedding model[C]. Conference and Workshop on Neural Information Processing Systems, Lake Tahoe, 2013: 2121-2129.

[106] Sung F, Yang Y X, Zhang L, et al. Learning to compare: Relation network for few-shot learning[C]. IEEE Conference on Computer Vision and Pattern Recognition, Salt Lake City, 2018: 1199-1208.

[107] Li Y, Zhang J G, Zhang J G, et al. Discriminative learning of latent features for zero-shot recognition[C]. IEEE Conference on Computer Vision and Pattern Recognition, Salt Lake City, 2018: 7463-7471.

[108] Dinu G, Lazaridou A, Baroni M. Improving zero-shot learning by mitigating the hubness problem[J]. Computer Science, 2014, 9284: 135-151.

[109] Shigeto Y, Suzuki I, Hara K, et al. Ridge regression, hubness, and zero-shot learning[C]. Joint European Conference on Machine Learning and Knowledge Discovery in Databases, Porto, 2015: 135-151.

[110] Zhang L, Wang P, Liu L Q, et al. Towards effective deep embedding for zero-shot learning[J]. IEEE Transactions on Circuits and Systems for Video Technology, 2020, 30(9): 2843-2852.

[111] Ji Z, Wang H, Pang Y W, et al. Dual triplet network for image zero-shot learning[J]. Neurocomputing, 2020, 373: 90-97.

[112] Liu Y, Li J, Gao X B. A simple discriminative dual semantic auto-encoder for zero-shot classification[C]. Proceedings of the IEEE/CVF Conference on Computer Vision and Pattern Recognition Workshops, Seattle, 2020: 940-941.

[113] Zhang Z, Saligrama V. Zero-shot learning via joint latent similarity embedding[C]. Proceedings of the IEEE Conference on Computer Vision and Pattern Recognition, Las Vegas, 2016: 6034-6042.

[114] Wang Y D, Zhang H F, Zhang Z, et al. Learning discriminative domain-invariant prototypes for generalized zero shot learning[J]. Knowledge-Based Systems, 2020, 196: 105796.

[115] Li Y N, Wang D H. Zero-shot learning with generative latent prototype model[J]. arXiv: 1705.09474, 2017.

[116] Mishra A, Reddy S K, Mittal A, et al. A generative model for zero shot learning using conditional variational autoencoders[C]. IEEE Conference on Computer Vision and Pattern Recognition Workshops, Salt Lake City, 2018: 2188-2196.

[117] Schonfeld E, Ebrahimi S, Sinha S, et al. Generalized zero-and few-shot learning via aligned variational autoencoders[C]. Proceedings of the IEEE/CVF Conference on Computer Vision and Pattern Recognition, Long

Beach,2019:8247-8255.

[118] Verma V K,Rai P. A simple exponential family framework for zero-shot learning[C]. Joint European Conference on Machine Learning and Knowledge Discovery in Databases,Halifax,2017:792-808.

[119] Felix R,Reid I,Carneiro G. Multi-modal cycle-consistent generalized zero-shot learning[C]. Proceedings of the European Conference on Computer Vision(ECCV),Munich,2018:21-37.

[120] Gao R,Hou X S,Qin J,et al. Zero-VAE-GAN: Generating unseen features for generalized and transductive zero-shot learning[J]. IEEE Transactions on Image Processing,2020,29:3665-3680.

[121] Li J J,Jing M M,Lu K,et al. Leveraging the invariant side of generative zero-shot learning[C]. IEEE/CVF Conference on Computer Vision and Pattern Recognition,Long Beach,2019:7402-7411.

[122] Zhu Y Z,Elhoseiny M,Liu B C,et al. A generative adversarial approach for zero-shot learning from noisy texts[C]. IEEE Conference on Computer Vision and Pattern Recognition,Salt Lake City,2018:1004-1013.

第二部分 科技大数据的数据分析技术

第4章 科技情报认知图谱

4.1 科技情报认知图谱的概念

4.1.1 认知图谱概念

大规模常识知识库与基于认知的逻辑推理是人工智能发展的瓶颈问题。1968年图灵奖获得者爱德华·费根鲍姆研发出世界首个专家系统DENDRAL，并随后在第五届国际人工智能会议上提出，将知识融入计算机系统是解决只有领域专家才能解决的复杂问题的关键；1999年互联网发明人、图灵奖获得者蒂姆·伯纳斯-李提出语义网的概念，核心理念是用知识表示互联网，建立常识知识；2019年图灵奖获得者约书亚·本吉奥在第三十三届神经信息处理系统会议上的主题报告中指出深度学习应该从感知为主向基于认知的逻辑推理和知识表达方向发展，这个思想和清华大学的张钹院士提出的第三代人工智能思路不谋而合。总的来说，人工智能的发展经历了表示、计算到感知两个阶段，下一个阶段的核心是认知（图4-1）。图灵奖获得者曼纽尔·布卢姆夫妇提出意识AI（意识智能）的思想，这是一个既经典又全新的概念和思路。核心的理念就是构造一个新型的可用数学建模、可计算的机器认知/意识模型[①]。

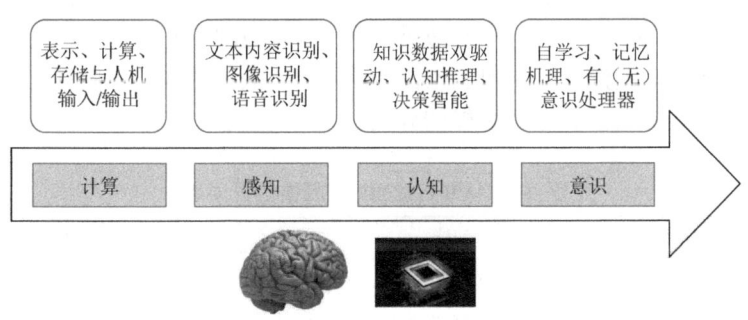

图4-1 人工智能发展的几个阶段

清华大学的唐杰教授结合认知科学和计算机理论，给出了一个实现认知智

---

① https://www.aminer.cn/research_report/5f48541f3c99ce0ab7bca8fc.

能的可行思路：认知图谱 = 知识图谱 + 认知推理 + 逻辑表达，希望利用知识表示、推理和决策，包括人的认知来解决复杂问题。这个思路的基本思想是结合认知科学中的双通道理论，在人脑的认知系统中存在两个系统：系统1和系统2，如图4-2所示。系统1是一个直觉系统，它可以通过人对相关信息的一个直觉匹配寻找答案，它是非常快速、简单的；而系统2是一个逻辑分析系统，它通过一定的推理、逻辑找到答案。例如，针对以下问题："找到一个2003年在洛杉矶的Quality咖啡馆拍过电影的导演。"系统1首先找到相关的影片，然后用系统2来做决策，如果是标准答案，就结束整个推理过程。如果不是标准答案，而相应的信息又有用，就把它作为一个有用信息提供给系统1，系统1继续做知识的扩展，系统2再做决策，直到最终找到答案。图灵奖获得者约书亚·本吉奥在第三十三届神经信息处理系统会议的主题演讲也提道，系统1到系统2的认知是深度学习未来发展的重要方向。

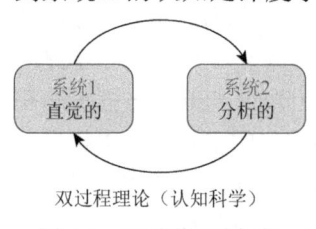

图4-2 双通道理论框架

认知图谱旨在结合认知心理学、脑科学和人类知识等，研发知识图谱、认知推理、逻辑表达的新一代认知引擎，实现人工智能从感知智能向认知智能的演进。认知图谱是计算机科学的一个研究分支，它企图了解智能的实质，并实现感知智能系统到认知智能系统的重大技术突破。

4.1.2 认知图谱产生历程

现阶段，随着计算力的不断发展、存储方式的不断升级，具有快速计算和记忆存储能力的计算智能可以说已经实现。随着移动互联网、大数据、云计算等技术的发展，语音、图像等感知智能也在快速发展。人工智能正在向认知智能延伸。表4-1展示了认知智能和感知智能的异同点。

表4-1 认知智能和感知智能的异同点

项目	认知智能	感知智能
特点	强调认知、理解	以人控为主，由人告知机器如何行动
要求能力	有学习、推理能力，能通过分析做出恰当决策，为人们提供参考	接受人的训练、培养
与外界的关系	与人、环境之间有互动，增加人类智慧	没有互相反馈，主要由人控制，根据人类的需求工作
衡量标准	没有统一的标准，遇到具体问题具体分析	有像图灵测试这样的衡量标准
计算行为	以大规模数据为背景，模拟人的思考行为	统计分析大规模数据

认知图谱结合大规模、结构化的背景知识，利用知识表示、推理和决策，通过了解智能的实质，让机器具备理解和解释事物本质的能力，是实现感知智能系统到认知智能系统的重大技术突破的一种有效手段。图 4-3 展示了认知图谱演化过程中出现的代表性事件[①]。

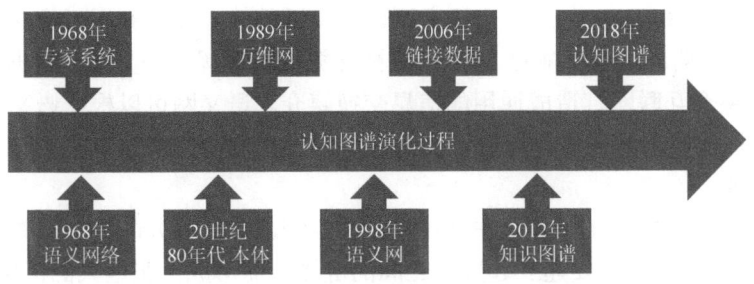

图 4-3　认知图谱演化过程中出现的代表性事件

认知图谱的发展历程可以追溯到语义网络（semantic network）。1968 年，Quillian[1]提出了语义网络的概念。即通过概念及其语义关系来表达知识的一种网络图。随着互联网的发展，语义网络有了新的应用场景——语义网（semantic Web）。

1969 年，美国斯坦福大学的 Buchanan 等提出了首个专家系统 DENDRAL，旨在帮助化学家判断某特定物质的分子结构[2]。专家系统具有大量的专业知识与经验，应用人工智能技术和计算机技术，面向目标领域一个或多个专家提供的知识和经验，进行推理和判断，模仿人类专家的决策过程，以解决需要人类专家处理的复杂问题。

自 20 世纪 70 年代中期以来，AI 领域的研究人员认识到，知识的获取乃是构建强大 AI 系统的关键所在，他们借助来自哲学本体论的灵感，认为通过将本体（ontology）创建成为计算模型，可以成就特定类型的自动推理。20 世纪 80 年代，AI 领域研究人员开始将本体应用到信息科学领域。1991 年美国斯坦福大学的Gruber[3]介绍了一种构建可共享、可重用知识库的策略，本体作为知识耦合构造角色，在其中发挥核心作用。本体是（特定领域）信息组织的一种形式，是领域知识规范的抽象和描述，是表达、共享、重用知识的方法。本体是知识体系构建的关键技术，通过对知识建模，使计算机能够识别人类知识，相当于知识图谱的模式架构（schema）。1984 年，美国微电子与计算机技术公司的道格拉斯·雷纳特设立的 Cyc 项目是最早的本体知识库。1994 年，Cyc 项目从该公司独立出去，并以此为基础成立了 Cycorp 公司。

---

① https://www.aminer.cn/research_report/5f48541f3c99ce0ab7bca8fc.

1989 年，英国的计算机科学家蒂姆·伯纳斯-李（万维网联盟主管）发明了万维网。万维网通过 HTML 把信息组织成图文并茂的超文本，利用链接从一个站点跳到另一个站点，以此摆脱以前查询工具只能按特定路径一步步地查找信息的限制。2017 年，蒂姆·伯纳斯-李因发明万维网、第一个浏览器和使万维网得以扩展的基本协议和算法获得 2016 年度的图灵奖。

1998 年，Berners-Lee[4]提出语义网。语义网的核心是：利用万维网上的文档（如 HTML 文档、XML 文档）添加可以被计算机所理解的语义"元数据"（meta data），将整个互联网打造成通用的信息交换媒介。语义网可以根据语义进行智能判断，不但能够理解词语和概念，而且能够理解它们之间的逻辑关系，使交流变得更加高效。

2006 年，蒂姆·伯纳斯-李提出链接数据（linked data）的概念，数据不仅仅发布于语义网中，而且要建立起数据之间的链接从而形成一张巨大的链接数据网。链接数据提出的目的是构建一张计算机能理解的语义数据网络，而不仅仅是人能读懂的文档网络，以便于在此之上构建更智能的应用。链接数据也可以是开放数据，在这种情况下通常称为链接开放数据（linked open data，LOD）。

2012 年，Google 的 Singhal 等介绍了知识图谱的概念[5]。知识图谱以语义网络的结构化方式描述客观世界中的概念、实体及它们之间的关系，相对于传统的本体和语义网络而言，知识图谱的实体覆盖率更高，语义关系也更加复杂而全面。Google 使用语义检索从多种数据来源收集信息构建知识图谱，以提高 Google 搜索的质量。

2020 年，清华大学的唐杰教授在《人工智能下一个十年》报告[6]中，结合认知科学中的双通道理论和计算机理论，给出了一个实现认知智能的可行思路：认知图谱 = 知识图谱 + 认知推理 + 逻辑表达，希望利用知识表示、推理和决策，包括人的认知来解决复杂问题。

人工智能作为新一轮产业革命的核心驱动力和引领未来发展的关键技术，引起了世界各国的高度重视，并取得了快速发展。然而大规模常识知识库与基于认知的逻辑推理是人工智能发展的瓶颈问题。认知图谱以实现融合知识驱动和数据驱动相结合的知识表示和推理的认知引擎为目标，是实现鲁棒可解释人工智能的关键技术手段。

4.1.3　认知图谱机遇与挑战

尽管人工智能依靠深度学习和机器学习技术的进步取得了巨大的进展，例如，AlphaGo 通过自我强化学习击败了人类顶尖的围棋选手，但人工智能在很多方面，如语言理解、视觉场景理解、决策分析等，仍然举步维艰。目前的智能系统在感知方面已经达到甚至超越人类水平，但它在鲁棒性、可解释性、安全可靠等方面还存在很多不足。感知智能技术存在的缺陷，包括但不限于以下几点。

（1）模型鲁棒性差，难以与准确性共生。为了揭示深度神经网络模型的鲁棒性和准确性之间的关系，来自 IBM 研究院、加州大学戴维斯分校、麻省理工学院以及京东 AI 研究院的研究人员，系统性地度量了 18 个被学术界和工业界广泛接受并使用的 ImageNet 深度神经网络模型，如 AlexNet、VGG Nets、Inception Nets、ResNets、DenseNets、MobileNets、NASNets 等的鲁棒性。他们发现：准确度高的模型的鲁棒性却更差，而且模型的结构相对于模型大小对鲁棒性的影响更大。

（2）模型可解释性差，对于可靠性要求高的任务很难胜任。例如，大部分阅读理解方法都只能看作黑盒，从输入问题和文档到输出答案文本块，问题与答案中间的练习部分处于黑盒中心。用户无法看到从问题到答案的推理过程，从而无法验证答案的对错。要使认知图谱具有可解释性，需要向用户展示推理路径或者子图、每个推理节点上的支撑事实或用于对比的其他可能答案和推理路径。

（3）缺乏积累知识的能力，也没能和人类已有的知识体系进行很好的关联，缺乏可靠的推理方法。例如，对于多跳问答的问题，问题和答案间拥有多少相似词汇已经不能作为答案检索的重要依据。检索时需要有知识支撑，通过知识理解问题与答案之间的联系。若知识的涵盖度不够，或检索时仅仅理解局部片段，而非整个文档，缺乏在知识层面上的推理能力，就会出现短视检索的问题。

认知智能的研究面临着繁杂的应用场景、深度的知识应用、密集的专家知识、复杂的数据资源、自适应的知识推理[7]。近年来，虽然人工智能取得了快速发展，但如何将深度学习与大规模常识知识结合起来，实现认知推理与逻辑表达还面临很大挑战。

（1）繁杂的应用场景。由于企业与领域应用呈现出鲜明的复杂特性，因此构建企业知识图谱面临的场景是"小而杂"，如员工报销的审批流程涉及员工基本信息、财务报销制度等。而计算机喜欢用通用模型处理问题，如果需要针对不同场景定制模型，会给数据处理、模型学习等方面带来巨大的挑战。

（2）深度的知识应用。在用户行为数据丰富、应用模式简单的搜索与推荐等场景中，通过构建数据驱动的统计模型可以起到良好的应用效果，但是难以解决面向复杂决策的智能运维、医疗诊断、司法研判等应用场景的实际问题。这些应用场景需要知识驱动的智能系统，通过大规模背景知识支撑模型学习、推理和决策。

（3）密集的专家知识。由于大部分领域应用需要密集的专家知识，如故障排查、医疗问诊等。而专家知识的获取渠道通常是行业从业人员，难以直接从开放数据源中抽取，导致专家知识的数量稀少，无法满足现阶段领域应用的需求。

（4）复杂的数据资源。当今时代虽然产生了海量数据，但是大数据环境下数据的分布、异构、动态、碎片化和低质等特征对知识工程和知识服务提出了新挑战，也使高度依赖数据规模和质量的机器学习与深度学习模型在部分场景问题中难以达到预期的解决效果。针对既需要从感知角度学习数据的分布表示，又需要从认知角度解释数据语义的需求，构建新一代开放常识知识图谱和研发认知推理核心技术成为实现下一代人工智能技术突破的关键。

（5）自适应的知识推理。人工智能时代，多样化的数据特征和任务需求，对研究大规模多粒度自学习的知识推理技术提出了新挑战：基于深度学习与逻辑推理相结合的大规模多粒度知识推理，基于本体、规则与深度学习相结合的大规模知识推理，以及实现亿级三元组和万级规则的快速推理；基于时空特性的知识演化模型和推理规则的自学习，研制知识、推理、逻辑的演化系统，能够根据外界反馈实时对知识进行更新，实现推理规则的自学习和逻辑表达的自学习。

总之，无论在具备智能理解能力还是安全性方面，以感知智能技术为主的人工智能与人类智能都相去甚远。随着数据红利消耗殆尽，以深度学习为代表的感知智能遇到天花板。认知智能的研究将成为人工智能进一步发展的焦点。而结合知识图谱、认知推理、逻辑表达的认知图谱是实现认知智能技术突破的关键，不仅可以让机器理解数据本质，还可以让机器解释现象本质。

4.2 认知推理

认知科学的双通道理论研究发现，人的认知过程包含两个系统：直觉系统（系统1）和逻辑分析系统（系统2）。直觉系统主要负责快速、无意识、非语言的感知；逻辑分析系统负责有意识的、带逻辑的规划推理。认知推理的研究通过构建基于双通道理论的两个迭代过程模型，从原始的知识图谱中提取信息（系统1），并对收集的信息进行推理（系统2），形成多跳的推理框架，如图4-4所示。

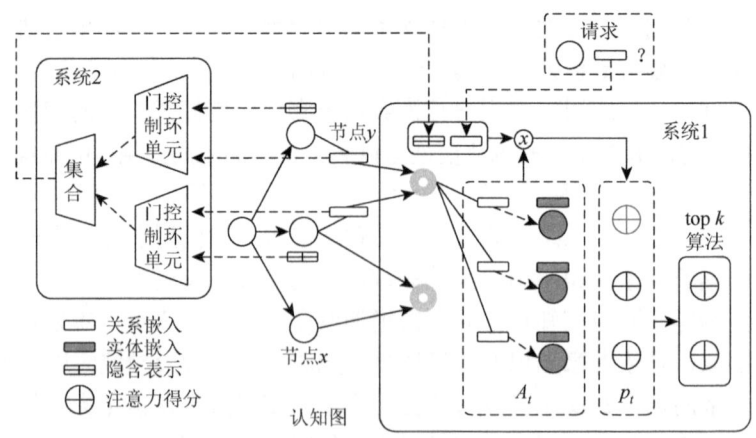

图4-4 认知推理研究框架

系统 1 的功能是收集相关的信息,利用一个渐进式的子图扩展来搜索潜在的实体和关系,用于后续的推理。节点 x 是当前关注的节点,系统 1 从当前节点的邻域中根据它们的隐表示选择相关的节点和边,被选中的节点用节点 y 表示。系统 2 可以在扩展的认知图的基础上进行关系推理,通过邻域聚合更新节点 y 的隐表示,并通过计算新的注意力值来衡量它们的重要性。它提供两个操作:更新通过新选中的边访问到的节点的隐表示;根据选择的边对实体上的注意力分布进行调整。

此方法和传统路径推理算法有两个明显的区别:首先,此方法能够以子图的形式搜索知识图谱,而不是单独的路径;其次,此模型可以在没有强化学习的情况下进行端到端训练。

具体技术方案如下。

1)图谱、子图定义

定义一个知识图谱 ζ 为 $\zeta = (\varepsilon, R, T)$。$\varepsilon$ 和 R 表示实体集合和关系类型集合。T 是一个三元组的集合 $\{(e_s, r, e_0)\} \subseteq \varepsilon \times R \times \varepsilon$,代表从实体 $e_s \in \varepsilon$ 到实体 $e_0 \in \varepsilon$ 的关系 $r \in R$。e_s 称为头实体,e_0 称为尾实体。将 ζ 看作一张有向图,其中实体作为图的节点,关系类型作为不同的边类型。那么,三元组 (e_s, r, e_0) 代表了从 e_s 到 e_0 的类型为 r 的一条有向边。

认知图 G 是知识图谱 ζ 的子图,包含了从 ζ 中作为相关信息选择的实体和边,同时包含了节点的隐表示来作为推理结果。正式的定义为 $G = (V, E, X)$,其中 $V \subseteq \varepsilon$,$E \subseteq T$ 和 $X \in \mathbb{R}^{|V| \times d}$。这里 X 是隐表示的矩阵,其中的每一行 $X[e]$ 都代表着实体 e 在推理过程中的语义信息。定义 a_t 为在 t 步的注意力分布,即在 ζ 中的实体上的概率分布,来代表当前的关注。

2)基于注意流的系统 1

系统 1 的功能是从 ζ 中收集相关的信息用于后续的推理。系统 1 利用了一个渐进式的子图扩展来搜索潜在的实体和关系。具体来说,在每一步 t 系统 1 选择上一步中扩展的实体 F_{t-1},然后用 F_{t-1} 的部分外向边和相应的节点来扩展 G。给定上一步的注意力分布 a_{t-1},F_{t-1} 是其中概率大于 0 的实体的集合,相当于 $F_{t-1} = \{e | a_{t-1}(e) > 0\}$。对于 F_{t-1} 中的每一个实体 e_k,其扩展 G 的候选集合由 e_k 在 ζ 中的外向边组成,正式表示为 $A_t(e_k) = \{(r, e) | (e_k, r, e) \in \zeta\}$。为了避免计算过程中内存用尽的问题,将 $A_t(e_k)$ 中的边根据连接的实体的 PageRank 值进行排序,然后保留最大的 η 条边。为了给模型提供停留在 e_k 的选项,向 $A_t(e_k)$ 中加入了指向 e_k 的自环。获得 $A_t(e_k)$ 之后,通过堆叠 $A_t(e_k)$ 中所有边的嵌入来构造候选矩阵 $A_t(e_k) \in \mathbb{R}^{|A_t(e_k)| \times 3d}$。其中一条边的嵌入向量 (r, e) 是实体嵌入 v_e、关系嵌入 v_r 和实体的隐表示 $X[e]$(如果 $e \notin V$ 则用 0 填充)。基于 e_k 的候选矩阵 A_t 和 e_k 本身

的嵌入和隐表示（$X[e_k]$，v_{e_k}），以及查询的关系的嵌入向量 $v_{\hat{r}}$，选择边的概率可以计算为

$$s_t(e_k) = \sigma(A_t(e_k)W_1) \cdot \sigma(W_2[X[e_k]; v_{e_k}; v_{\hat{r}}])$$

$$p_t(e_k) = a_{t-1}(e_k)\text{Softmax}(s_t(e_k))$$

式中，$W_1 \in \mathbb{R}^{3d \times d}$，$W_2 \in \mathbb{R}^{d \times 3d}$ 是模型的参数。将 T_{t-1} 中的所有实体 e_k 的概率向量 pt(e) 拼接起来，记为 pt，代表了在 T_{t-1} 中所有实体的外向边上的概率分布。从所有的外向边汇总，选出 n 条有最大的概率值的边，记为 E_t，n 是动作预算，即每一步选择的最大边数。之后，将 E_t 中的边添加到 E 中，并且将连接但之前没有访问过的实体添加到 V 中，实现了认知图的扩展。需要注意的是，和一般的路径寻找方法相比，该系统 1 有两个明显的不同。首先，当 $n>1$ 时，在每一步选择了多条边，所以发现的子图能够形成一个有向无环图（directed acyclic graph，DAG）而不是一条单独的路径。其次，注意力流的机制是确定性的、可求导的，这意味着可以端到端训练整个模型。

3）基于图神经网络的系统 2

在系统 1 扩展之后，系统 2 可以在扩展的认知图的基础上进行关系推理。

对于第一个操作，考虑到基于神经网络的方法展现出的更好的抗噪声能力和泛化能力，采用深度学习模型而不是过去的基于规则的推理模型来实现它。具体地，考虑到认知图可能的复杂结构，使用神经消息传递的框架来计算节点的隐表示。假设 $E_e = \{(e_k, r_k) | (e_k, r_k, e) \in E\}$ 表示 e 在认知图 G 中的边，用以下公式更新实体 e 的隐表示：

$$X[e] = \frac{1}{|E_e|} \sum_{(e_k, r_k) \in E_e} m(e_k, r_k, e)$$

式中，$m(e_k, r_k, e)$ 表示从 e_k 经过关系 r_k 传递到 e。受到基于路径的算法中基于 RNN 模型的启发，使用门控循环单元（gate recurrent unit，GRU）来作为计算消息向量的函数：

$$m(e_k, r_k, e) = \text{GRU}(X[e_k], [v_{r_k}; v_e])$$

式中，$\text{GRU}(X[e_k], [v_{r_k}; v_e])$ 是 GRU 的一步更新，输入为过去的隐状态 $X[e_k]$ 和关系-实体嵌入向量 $[v_{r_k}; v_e]$。这样的推理过程可以看作通过图神经网络（graph neural network，GNN）的"总结"过程，利用了实体 e 自己的信息和实体的上下文信息来推测一个新的状态。然而，不像传统的 GNN 中当前的表示层是通过过去的层计算的，所有的表示都在同一层中计算，但是按照序列顺序计算而不是同时计算。它也可以看作 Path-RNN 的一种扩展，拥有编码一个复杂的子图而不是一条孤立路径的能力。

4）扩展推理算法

（1）基于序列模型的扩展算法。与考虑以主题实体 e_0 为中心的整个子图不同，该模型迭代地沿知识图谱中的有效路径进行扩展，构建认知图谱推理答案。每步扩展时使用集束搜索减小搜索范围。

①集束搜索算法。集束搜索是一种启发式搜索算法，根据当前搜索状态计算所有动作的可能性，每步仅保留概率最高的一定数目的结果，由选定的可能结果进行进一步搜索。其中，每步保留的数目由波束宽度确定。集束搜索能够有效缩小序列到序列（Seq2Seq）模型的搜索空间，从而提高搜索效率、降低内存需求。使用集束搜索构建认知图谱 C 时，扩展节点总数目仅随跳数线性增加而不会出现指数爆炸情况，从而提高效率。

②基于序列模型的扩展算法。KG 是知识图谱，e_0 是给定自然语言问题 q 的主题实体，初始时认知图谱 ζ 中仅有 e_0。e_t 是从 e_0 开始第 t 步选取的节点。Frontier 是待扩展节点的集合，$A(S_{t-1})$ 是所有待扩展节点的出边集合，h_{t-1} 是访问 e_{t-1} 的路径所经过实体与关系的序列。知识图谱三元组 (e_{t-1}, r, y) 构成待扩展路径 $h_{r,y} = h_{t-1} \cup \{r, y\}$。根据待扩展路径 $h_{r,y}$ 和问题 q 之间的相似度 $S(h_{r,y}; q)$ 对所有待扩展路径进行排序。

每步最多选取 $A(S_{t-1})$ 中排序前 K 位的出边 (r, y) 进行扩展。如果 $y \notin \zeta$ 且 $y \in$ KG，则在认知图谱 ζ 中增添节点 y；如果 $y \in \zeta$ 并且 edge$(e_{r-1}, r, y) \notin \zeta$，则在认知图谱 ζ 中增添边 edge(e_{r-1}, r, y)。满足以上条件时将 y 添加至待扩展节点集合 Frontier。若 Frontier 为空，说明没有节点可以继续扩展，扩展过程将提前终止。

考虑到不同路径包含的信息不同，每步扩展时选择对所有待扩展路径而非节点进行排序。扩展结束后，将同一节点不同路径的信息进行聚合，取平均值作为节点初始隐层表示。随后使用推理模块（系统 2）对节点的隐层表示进行更新。

（2）基于图神经网络的推理算法。推理模块（系统 2）的主要功能是更新节点隐层表示。认知图谱 ζ 的节点数为 n，节点隐层表示 $X \in \mathbb{R}^{n \times d}$。对于认知图谱 ζ 中的每个节点 x，初始隐层表示 $X[x] \in \mathbb{R}^d$ 是来自扩展模块（系统 1）的路径编码，可看作节点的语义信息。

图神经网络被提出用于图上的深度学习，擅长与图结构相关的关系推理，使用图神经网络的变体作为推理模块（系统 2）。由于单层图神经网络的表达能力较弱，选用变体形式：

$$\Delta = \sigma((AD^{-1})\sigma(XW_1))$$

$$X' = \sigma(XW_2 + \Delta)$$

式中，X' 是图神经网络一步传播后得到的新的节点隐层表示；$\Delta \in \mathbb{R}^{n \times d}$ 为传播时从邻居节点传递来的聚合向量；σ 是 ReLU 激活函数；$W_1, W_2 \in \mathbb{R}^{d \times d}$ 是权重矩阵；

A 是认知图谱 ζ 的邻接矩阵，通过 AD^{-1} 进行列标准化，$D_{jj}=\sum_i A_{ij}$。

（3）弱监督训练方法。根据问题定义，基于知识图谱的多跳推理问答属于弱监督场景。训练时仅知道自然语言问题 q 与最终答案 $a_q\in\varepsilon$，而中间推理链属于隐变量。

训练模型时，使用最短路径来近似构造理想的认知图谱 ζ。计算问题中含有的主题实体 $e_0\in\varepsilon$ 和答案实体 $a_q\in\varepsilon$ 之间的所有最短路径。最短路径中的每个实体 e' 均被标记为候选中间实体。记录每个候选中间实体 e' 与问题主题实体 e_0 的最小距离 $t_{e'}$。

第 t 步扩展时将最小距离为 $t_{e'}=t+1$ 的候选中间实体的前驱实体作为正例，从而使得扩展时更加关注到最短路径上的实体。训练过程中，如果有候选中间实体未被扩展，会将其添加到认知图谱 ζ 中。扩展的最大跳数 T 是预先设置的超参数，以保证推理链的最大长度能够完全覆盖答案。

（4）模型优化改进。与单跳问题相比，多跳问题具有更复杂的语义信息。问题的不同部分对三元组选择影响不同，因此扩展时注意问题的不同部分可提高模型性能。每步扩展时采用注意力机制对自然语言问题 q 重新进行编码，GRU 编码 q 的隐层序列可表示为 $[h_1,h_2,\cdots,h_{|q|}]$，如图 4-5 所示。受编码器-解码器模型启发，使用路径编码 $H_{r,y}$ 与问题 q 隐层表示 H_q 计算 $h_1,h_2,\cdots,h_{|q|}$ 上的注意力分布，得到自然语言问题 q 的新编码 H_q'，从而更关注问题中尚未被扩展节点覆盖的信息。注意力机制可以使问题编码与当前状态相关。新的相似度函数将判断待扩展边是否与问题 q 中尚未被覆盖的语义信息相似，从而增强模型的可解释性。

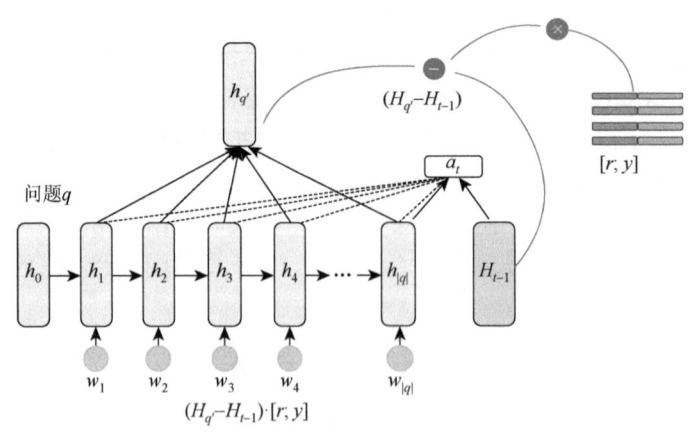

图 4-5　扩散模块注意力机制设计

4.3 逻辑表达

基于大规模的知识体量，认知推理的结果往往具有丰富的语义信息，并且相互间存在一定的逻辑关系，逻辑表达的研究对于最终易于理解的推理结果表达至关重要。在这方面，文本生成是其他研究的基础。文本生成任务要求生成的文本更具信息性、多样性以及逻辑性。结合外部知识，文本生成任务可以深入理解输入，生成更多信息，更符合表达的逻辑，更少出现常识性错误。

首先将结构化知识图谱的三元组映射为低维向量表示以增强输入的向量表示，然后将其注入文本生成的解码阶段，通过图注意力算法，更好地使用实体之间的互连并区分连接的层次结构，专注于重要内容以选择关键信息，以增强文本生成任务中的有效信息。以图 4-6 的对话系统为例，常识知识的注入使对话系统可以生成信息量大、多样化以及逻辑性的表达。

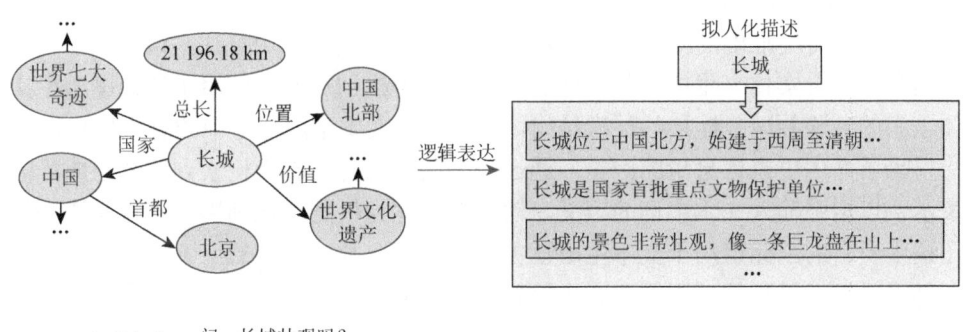

图 4-6　逻辑表达研究框架

具体技术方案如下。

1）词嵌入的知识表征

获取结构化知识图谱向量表示的最简单方法是将知识三元组中的实体和关系直接视为普通词，然后使用词嵌入获取向量表示，这个方法在研究的最初阶段被广泛使用。

为了全面理解文档的内容，在阅读理解任务中，利用双向 GRU 将知识三元组编码为文本序列，以获取键值记忆。然后，键值检索算法为每一个词选择一个事实表示加权和，以增强对文档上下文的理解。基于知识库单一关系的问答系统，实体链接模块确定问题中最佳的主体以选择知识事实，并使用双向 LSTM 将其编码为向量。关系检测模块计算每个问题的相似度得分，其关系候选人选择得分最高的三元组来回答问题。

2）基于距离的知识表征

知识图谱的符号形式和向量表示之间有不小的差别，因此直接将实体编码为常用词可能会导致某些信息丢失。知识表示学习的概念被提出后，用于在低维稠密向量空间中表示实体和关系，以进行计算和推理。它通过 TransE 算法，利用词向量的平移不变现象和基于距离的评分函数获得实体的向量表示，可以与文本生成任务更好地集成，提供更强大的知识支持。算法将外部知识注入机器翻译系统以提高翻译质量。基于翻译后的文档，知识事实被联系上，并由改进的 TranE 进行编码，然后将向量拼接到神经网络机器翻译（neural machine translation，NMT）嵌入向量，一起作为解码器的输入。将来自知识图的实体级知识整合到 Transformer 编码器-解码器体系结构中，以产生连贯的表达。提取的实体用 TransE 算法预训练初始化以获得向量表示，然后输送到各自的多头注意力通道。

3）基于图注意力的知识表征

为了获得更准确的向量表示，Zhou 等[8]提出了图注意力算法，该算法使用关系信息以聚合实体来生成新的实体表示。注意力机制更好地使用了知识图谱中实体之间的互连并区分连接的层次结构，可以增强文本生成任务中的有效信息。

为了产生更具信息量的回复，通过静态图注意力机制为检索到的图生成静态表示，以增强输入文本中词的语义，动态图注意力机制旨在利用注意力阅读知识图谱中所有的三元组用于文本生成任务。为了获取故事隐藏的上下文线索，通过一种增量编码机制并采用图注意力机制和上下文注意力机制获得知识图谱的向量化表示，用来生成故事的结尾。多源注意力机制结合常识知识促进故事理解，以产生连贯、合理的故事结尾。

4）将知识拼接到输入向量

获得知识三元组的向量表示之后，知识图谱注入文本生成面临的下一个问题是如何将知识向量集成到神经网络模型。最简单的方法是直接将知识向量与输入向量连接起来以增强输入的向量表示，然后将其输送到文本生成的解码阶段。

根据输入中的实体键将三元组提取并形成文本序列，由 LSTM 编码以获得其向量表示。然后将知识向量与输入向量拼接，以计算与回复的相关程度。通过实体扩散的概念使对话从一个实体转移到另一个实体。计算提取实体与其他实体之间的相似度来检索相关实体。为了获取每个三元组的向量表示，对实体和关系的词向量做平均，将其与输入向量连接起来以指导回复的生成。

5）基于注意力机制的知识图谱解码器

注意力机制可以在众多输入信息中专注于重要内容选择关键信息，而忽略其他无关紧要的信息。通过注意力机制，知识图谱注入的文本生成任务可以专注于知识的最关键部分,而不是直接将所有选定的知识输送到神经网络,以产生信息量更大的文本。使用 TransE 算法构建知识图谱,嵌入表示实体并与输入的上下文相关实体聚合。为了有效地生成候选知识图谱实体,Moon 等[9]提出基于注意力的图解码器,在知识图谱中选择一条最优路径,利用结合常识知识的记忆增强神经模型,使用输入主题作为查询来提取知识概念并将其存储到记忆矩阵。该模型在记忆上使用注意力机制,并动态更新以合并生成文本的信息,以生成多样化且主题一致的文本。引入知识图谱的 Transformer 编码器,使用知识图谱上的关系结构将其编码为向量,然后解码器将在输入标题和知识图谱上使用注意力机制以生成信息量大、主题连贯的文本。

6)基于图卷积网络模型的知识注入

图卷积网络(graph convolutional network,GCN)是 CNN 在图像识别领域的自然延伸,结构化知识图谱对文本生成任务的影响已经吸引了众多研究者的注意。将问题回答任务看成文档集合图上的推理问题。图中的节点是文档中出现的实体,边代表实体之间的关系。GCN 用于捕获推理链,沿边传播本地上下文信息,通过执行多步推理以生成答案。从知识图谱中提取证据并根据证据做出预测,基于图上下文单词表示学习模块,重新定义单词之间的距离,以便使用图形结构信息更好地学习上下文的单词表示。基于图的推理模块使用 GCN 编码邻居信息和汇总证据以生成答案。

参 考 文 献

[1] Quillian M R. Semantic memory[A]//Minsky M E. Semantic Information Processing. Cambridge:MIT Press,1968:216-270.

[2] Buchanan B G,Feigenbaum E A,Lederberg J. Heuristic DENDRAL:A program for generating explanatory hypotheses[A]//Meltzer B,Michie D. Machine Intelligence 4. Edinburgh:Edinburgh University Press,1969:209-254.

[3] Gruber T R. The role of common ontology in achieving sharable,reusable knowledge bases[C]. Principles of Knowledge Representation and Reasoning,Cambridge,1991,91:601-602.

[4] Berners-Lee T. Semantic web road map[EB/OL]. [1998-10-14]. http://www.w3.org/Design Issues/Semantic.html.

[5] Google.Introducing the knowledge graph:Things,not strings[EB/OL]. [2012-05-16].http://blog.google/products/search/introducing-knowledge-graph-things-not.

[6] 唐杰. 浅谈人工智能的下一个十年[J]. 智能系统学报,2020,15(1):187-192.

[7] 肖仰华. 知识图谱下半场-机遇与挑战[EB/OL]. [2020-01-27]. https://www.infoq.cn/article/UjqxsX2uCYa5Fe7jNDT2?utm_source=related_read&utm_medium=article.

[8] Zhou H,Young T,Huang M L,et al. Commonsense knowledge aware conversation generation with graph attention[C]. International Joint Conferences on Artificial Intelligence Organization,Stockholm,2018:4623-4629.

[9] Moon S,Shah P,Kumar A,et al. OpenDialKG:Explainable conversational reasoning with attention-based walks over knowledge graphs[C]. Proceedings of the 57th Annual Meeting of the Association for Computational Linguistics,Florence,2019:845-854.

第 5 章　基于深度迁移学习的图像语义分类

5.1　引　　言

5.1.1　背景

数字图像是科技大数据研究领域中一种重要的数据形式。图像的语义识别与分类是理解图像内容、进行信息检索与分析推理的重要基础。尽管目前深度网络模型，特别是 CNN 在图像识别与分类方面表现出非常突出的性能优势，但是其模型对训练数据量的需求是非常大的。虽然预训练模型可以解决部分常见类型的图像分类问题，但是在特定条件下的图像分类还是需要人为收集数据并手工标注。由于资源消耗大，费时费力，往往阻碍了深度学习的应用。另外，当目标数据的分布与预训练模型不一致时，理论上也需要重新训练模型，无疑将浪费大量的时间和精力。迁移学习可以解决深度网络学习时遇到的跨域数据分布不一致而导致的模型退化问题，充分利用已有的海量带标签的历史数据，迁移其知识去帮助任务相关但数据分布不一致的新领域的发展。因此迁移学习一方面可以推动资源稀缺领域的发展，同时也为训练深度模型进一步探讨深度网络的结构带来可能。而且深度模型强大的数据表征能力，大大推动了迁移学习在解决图像跨域分类问题上的发展。在解决跨域分类问题上，如何充分发挥迁移学习和深度模型两者的优势，引起了学者的广泛关注和研究，各种深度迁移方法层出不穷。

深度迁移方法的常用处理技巧是在深度全连接层上添加减少跨域分布差异性的域适应项，如 MMD 项[1]、对抗域适应结构[2]以及关联损失结构项[3]等。常用方法主要可分为两大类：一类是从减少跨域样本的边缘分布差异角度分析，如 DDC 网络、DAN 等[4]；另一类是基于对抗网络发展而来的对抗域适应方法：对抗域神经网络（domain-adversarial neural network）[5]、对抗判别域适应（adversarial discriminative domain adaptation）[6]；基于关联损失提出的深度关联迁移网络（deep CORAL）[7]等。基于减少域间的边缘分布差异性的方法，处理方式都是从一个全局性的角度来思考问题，即在全连接层上添加域适应处理项，整体性地减少源域和目标域的分布差异性，只要目标损失函数值达到最小即可。这种处理方式会带来如下问题：由于目标域数据都是没有标签的数据集，在域

第 5 章 基于深度迁移学习的图像语义分类

适应的过程中无法建立源域和目标域之间的类别关系,所以全局性地减少源域和目标域的分布差异性时,很可能矫枉过正,如图 5-1(b)所示,在特征空间中,把目标域的一些类别样本对齐到源域的其他类别中,产生错误匹配的现象,从而影响最终的学习效果。

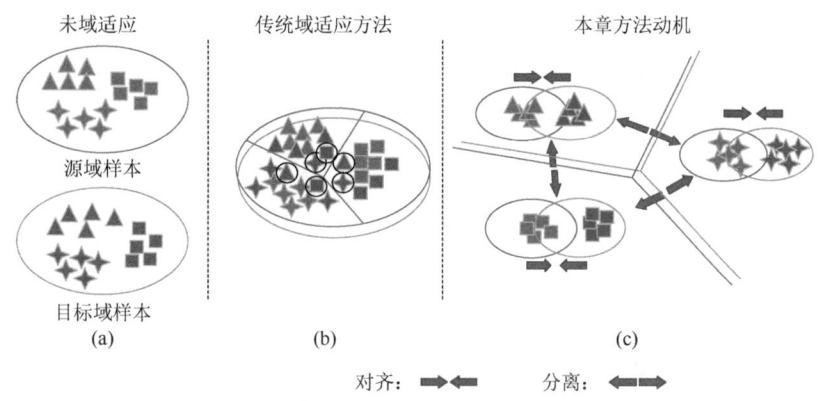

图 5-1 传统域适应处理及本章所提方法示意图

针对基于边缘分布差异性域适应调整方法存在的问题,出现了另一类深度域适应方法,即减少跨域条件分布差异性。此类方法的主旨是在域适应学习过程中,以迭代式地引入目标域伪标签的方式来考虑源域和目标域样本之间的类别关系,减轻在特征空间中类别错误匹配问题带来的影响[8-10]。这种引入目标域伪标签的域适应方法取得了一定的效果,但是这类方法存在以下缺点。

(1)在域适应学习过程中,由于源域和目标域样本之间始终存在一定的分布差异性,源域样本训练得到的分类器对目标域样本的标签值的学习不能保证完全正确。若是一开始引入目标域样本的标签信息是错误的,那么后续的域适应学习也会引入这些错误的标签信息,最终影响模型的学习效果。

(2)没有考虑源域和目标域样本在特征空间中样本之间的判别关系,在域适应处理过程中,如图 5-1(b)所示,有些样本尤其是那种在分类超平面附近的样本很可能被分类器判别错误,最终基于条件分布域适应处理的方法,会存在把目标域样本强制匹配到其他源域样本类别中的风险,从而会影响最终的学习效果。

针对以上深度迁移方法中存在的问题,本章提出一种基于硬性标签学习的语义一致性对抗域适应(adversarial domain adaptation with semantic consistency,ADASC)网络,来一定程度上减轻域适应的学习过程中带来的目标域错误标签信息的影响,增强模型的学习效果。该方法的具体思想总结如下。

(1) 在减少跨域样本分布差异性的结构中同时考虑了边缘分布和条件分布的差异性，使用对抗域适应结构增强源域和目标域之间的边缘分布信息的学习，提出滑动平均中心点更新匹配的方法来考虑减少源域和目标域样本之间的条件分布信息。

(2) 在减少域间分布差异性的同时，提出了一种 MMD 算法语义一致性判别结构，即考虑了源域和目标域各自域中的样本在特征空间的类与类之间的散度信息，得到更具判别性的特征，增强分类器的学习效果。

(3) 采用动态阈值的目标域标签信息的学习机制来满足不同跨域任务之间在域适应过程中目标域标签信息的选择需求。

5.1.2 模型拓展

像大多数深度域适应方法[5, 11]在全连接层上添加减少跨域样本分布差异性项一样，本章提出的深度网络模型 ADASC 也在全连接层上添加了所提出的衡量跨域样本的分布差异性项，这主要源于深度网络模型在提取特征时，浅层结构提取的是通用特征，而深层结构尤其是全连接层上模型提取的特征更具有独特性和差异性，从而在全连接层上添加域适应结构更合理。然而近年来有不少研究者在研究深度模型的结构分析时，发现深度模型卷积层上提取的特征随着层数的增加，差异性变大[12, 13]。例如，在文献[14]中，作者发现 AlexNet 在 conv1～conv3 层上提取的是通用特征，在 conv4～conv5 层上网络提取的特征迁移性变得较差，而到了 FC6～FC8 层急剧下降。

所以有理由相信，仅仅在全连接层上进行域适应学习，而忽略卷积层上的域适应处理，模型会存在欠适配问题。本章创新性地在 ADASC 网络的基础上，在卷积层上添加基于注意力机制的语义一致性对抗域适应（attention based adversarial domain adaptation with semantic consistency，AADASC）结构，具体思想为：受文献[14]的启发，首先在卷积层上学习样本的注意力分布信息，然后对学习到的跨域样本的注意力分布信息进行对抗域适应处理。模型的研究动机主要如下。

(1) 在进行域适应处理的过程中，一幅图像的不同区域的迁移是不相等的，因为图像中的一些区域，如背景，可能对域适配贡献不大，若是在特征空间中对整幅图像进行跨域对齐，背景等噪声特征信息会影响域适应效果。注意力机制模型是一项有效的学习技术，其在图像分类、分割及目标检测等任务中取得了极大成功，其可以在模型学习的过程中，主要关注一幅图像中对任务有帮助的重点区域，所以本章引入注意力机制重点关注跨域样本中对迁移任务有帮助的区域[15, 16]。

(2) 全连接层的特征抽取依赖于卷积层的特征输入，前人基于全连接层的域适应匹配方法都假设在卷积层上可以学习到所有的判别性特征，然而实际情况并非如此。如图 5-2 所示，图 5-2（a）使用源域图像训练的模型可以捕获到大量对分类任务有帮助的判别性区域,如键盘中间较亮的区域;图 5-2(b)由于跨域样本之间存在的分布差异性,在目标域图像上模型却不能获取这些区域,相反,得到的是一些对分类任务没有多少帮助的非判别性区域,如键盘上的边角等区域。这些判别性区域对于目标域样本的分类至关重要,一旦在卷积层中没有充分得到挖掘,在全连接层上进行域适应处理也很难得到恢复。所以本章在卷积层上添加基于注意力机制的对抗域适应处理结构,把模型学习到的源域样本上的判别性结构迁移至目标域样本上,进而加强模型的域适应处理效果。

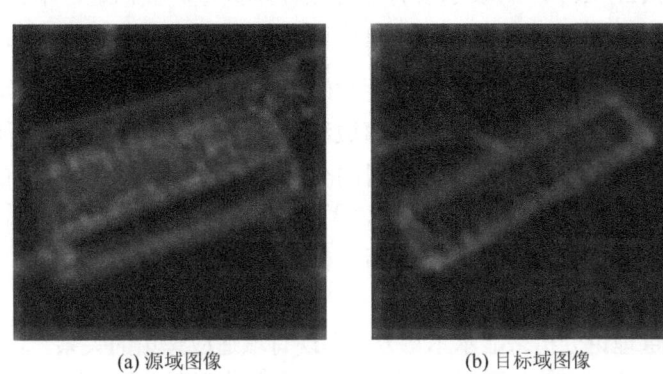

(a) 源域图像　　　　　　(b) 目标域图像

图 5-2　未适配模型在源域和目标域图像上捕获的注意力区域差异性

本章的主要贡献如下。

(1) 所提方法 ADASC 的目的是学习可靠的域不变且具有判别性的特征,具体实现是通过考虑引入可靠的目标域标签信息学习来实现联合分布域适应处理,同时挖掘跨域样本之间的类别特征关系,最终尽可能多地减少跨域样本之间的分布差异性。

(2) 所提方法中的对抗域适应结构和 MMD 的语义一致性结构具有协同促进的作用,前者可以为后者带动目标域标签的学习,从而引入更多带标签目标域样本来加强模型学习的泛化能力,后者可以进一步加强前者的域适应学习,同时增强分类器对目标域标签学习的可靠性。

(3) 在 ADASC 网络的基础上,进一步考虑在卷积层上添加基于注意力机制的对抗域适应处理结构,卷积层上的域适应处理结构捕获的判别性信息可以促进全连接层上的域适应处理结构提取语义信息,后者包含的语义信息又可以促进前者学习到更丰富的判别性信息。

(4) 在三个标准域适应数据集:Office-31 数据集、数字类数据集以及 ImageCLEF-DA 数据集中,大量实验证实了本章所提模型的有效性。

5.2 算法介绍

5.2.1 问题定义及理论分析

本章主要关注更具挑战性的非监督域适应方法。形式化描述为：将源域数据集定义为 $X_s = \{\boldsymbol{x}_s^i, \boldsymbol{y}_s^i\}_{i=0}^{n_s}$，其中 $\boldsymbol{x}_s^i$ 表示第 i 个源域样本，$\boldsymbol{y}_s^i$ 表示其对应的标签来源于标签集 $Y_s \in \{1,2,\cdots,c\}$，n_s 表示所有的源域样本数量。类似地，不带标签的目标域数据集被定义为 $X_t = \{\boldsymbol{x}_t^i\}_{j=0}^{n_t}$。在本章中问题前提背景假设是源域和目标域的特征空间相同，即源域和目标域数据属性空间一样，例如，两个域的样本数据都是图片或者文本等；标签空间一样，即源域和目标域中的样本数据集所归属的标签维度一样。但源域和目标域样本数据的分布信息不一样，即不同的边缘分布 $p_d(\boldsymbol{x}_s) \neq p_d(\boldsymbol{x}_t)$ 和不同的条件分布 $Q(Y_s|X_s) \neq Q(Y_t|X_t)$。最终目的就是在尽可能减少跨域样本之间的分布差异性信息后，使用源域样本的知识迁移，为目标域样本学习一个泛化能力强的标签分类器。

接下来提供理论分析来显示本章方法和现有域适应理论的关系。域适应理论[17]证实目标域样本的期望损失 $\mathcal{R}_T(h)$ 主要受限于三个限制项，下面对其进行一一介绍。

定理 5.1 $\mathcal{H}$ 作为假设类空间，对于给定的两个不同的源域 S 和目标域 T，目标域样本的期望损失有如下表达式：

$$\forall h \in \mathcal{H}, \quad \mathcal{R}_T(h) \leqslant \mathcal{R}_S(h) + \frac{1}{2}d_{\mathcal{H}\Delta\mathcal{H}}(S,T) + M \tag{5-1}$$

式中，$\mathcal{R}_S(h)$ 是基于源域样本的期望损失，其值的最小化主要由源域中带标签的样本信息决定；$d_{\mathcal{H}\Delta\mathcal{H}}(S,T)$ 是衡量跨域差异性项，即在假设空间 $\mathcal{H}$ 中，用差异性距离来表示源域 S 中样本和目标域 T 中样本之间的分布差异性；M 是关于跨域联合假设的共享损失，该项主要用来衡量跨域样本之间的类别匹配关系，但由于目标域样本没有类别信息，以往的那些基于边缘分布匹配的域适应工作[18,19]在实施目标域期望损失最小化时只考虑前两项，而默认该项是一个可以忽略不计的小常数值。但是即使目标域样本的期望损失达到最小化，若不考虑跨域样本的类别匹配关系，也会发生负迁移的现象[20]，即目标域中一些样本匹配到源域中其他类别分布中，最终导致看似最小化的目标域期望损失，实际上第三项共享损失却是一个非常大的值。这也说明，源域分布损失 $\mathcal{R}_S(h)$ 和跨域分布差异性损失 $d_{\mathcal{H}\Delta\mathcal{H}}(S,T)$ 最小化不能保证目标域期望损失最小化。因此，在进行域适应匹配的过程中，第三项共享损失 M 不能忽略不计。目标域样本都是没有标签的样本，这就导致直接计算共享损失 M 不现实。因此本章采用一种学习目标域硬性标签的方式来实现该项。共享损失 M 可以进一步分解为

$$M = \mathcal{R}_S(h^*, f_S) + \mathcal{R}_T(h^*, f_T) \tag{5-2}$$

式中，$h^* = \underset{h \in \mathcal{H}}{\arg\min}\, \mathcal{R}_S(h, f_S) + \mathcal{R}_T(h, f_T)$；$f_S$ 和 f_T 分别是源域和目标域的标签函数。在分类任务中，使用三角不等关系[1]，那么共享函数 M 可以进一步写成

$$M \leqslant \min_{h \in \mathcal{H}} \mathcal{R}_S(h, f_S) + \mathcal{R}_T(h, f_S) + \mathcal{R}_T(f_S, f_T)$$

$$\leqslant \min_{h \in \mathcal{H}} \mathcal{R}_S(h, f_S) + \mathcal{R}_T(h, f_S) + \mathcal{R}_T(f_S, f_{\tilde{T}}) + \mathcal{R}_T(f_T, f_{\tilde{T}}) \tag{5-3}$$

由于源域样本都带有标签信息，在假设空间 $\mathcal{H}$ 中很容易得到一个合适的 h 来近似地估计源域标签函数 f_S，其满足第一项和第二项。最后一项表示错误伪标签率，很显然本章提出的模型 ADASC 中的语义一致性限制结构中的类判别性，限制目的就是尽可能得到可靠的目标域样本的伪标签信息以使第四项 $\mathcal{R}_T(f_T, f_{\tilde{T}})$ 达到最小。现在重点关注式（5-3）中的第三项。在所提的模型中，我们可以把标签函数分解成两部分：基于 CNN 结构的特征提取器 G 以及标签分类器 C，然后第三项可以进一步写成

$$\mathcal{R}_T(f_S, f_{\tilde{T}}) = \mathbb{E}_{x \sim X_t}[\psi(C_S(G(x)) - C_{\tilde{T}}(G(x)))]$$

$$= \mathbb{E}_{x \sim X_t}[|\psi(C_S(G(x), y_1)) - \psi(C_{\tilde{T}}(G(x), y_2))|] \tag{5-4}$$

式中

$$|\psi(C_S(G(x), y_1)) - \psi(C_{\tilde{T}}(G(x), y_2))| = \begin{cases} 1, & y_1 \neq y_2 \\ 0, & \text{否则} \end{cases}$$

本章所提方法也考虑了目标域期望损失中的第三项共享损失，以便尽可能在域适应的过程中实现跨域类别匹配，从而减少负迁移带来的影响。式（5-4）中当 $y_1 = y_2$ 时，意味着源域样本的标签和目标域样本的伪标签在域适应时，类别匹配度一致，从而使第三项 $\mathcal{R}_T(f_S, f_{\tilde{T}})$ 达到最小。

通过对以上问题的分析，接下来对所提方法中约束目标域期望损失项一一进行具体介绍。如图 5-3 所示，整个网络的主干结构由双流 CNN 组成，该双流 CNN 共享权值分别作为源域和目标域数据的特征提取器，网络主体结构的参数细节如表 5-1 和表 5-2 所示。各个模块中，Dropout 操作来处理神经网络的过拟合问题，ReLU、Softmax 函数表示两种激活函数，Flatten 表示把数据平铺为一维向量，全连接瓶颈层 fcb 表示数据降维处理成和对比方法相同的维度，目的是进行公平性对比。与其他采用 CNN 作为主干架构的域适应方法不同的地方是，本章所提的 ADASC 网络主要由三个核心结构组成：①对抗域适应结构，其作用是缩小跨域样本之间的边缘分布差异；②语义一致性限制结构，其功能包括基于滑动平均的跨域中心点对齐以及跨域类判别特征学习；③动态阈值适应的目标域标签学习策略，为语义一致性限制结构引入可靠的目标域伪标签；AADASC 网络除了包括 ADASC 网络的三个主要部分外，如图 5-3 虚线框所示，还在卷积

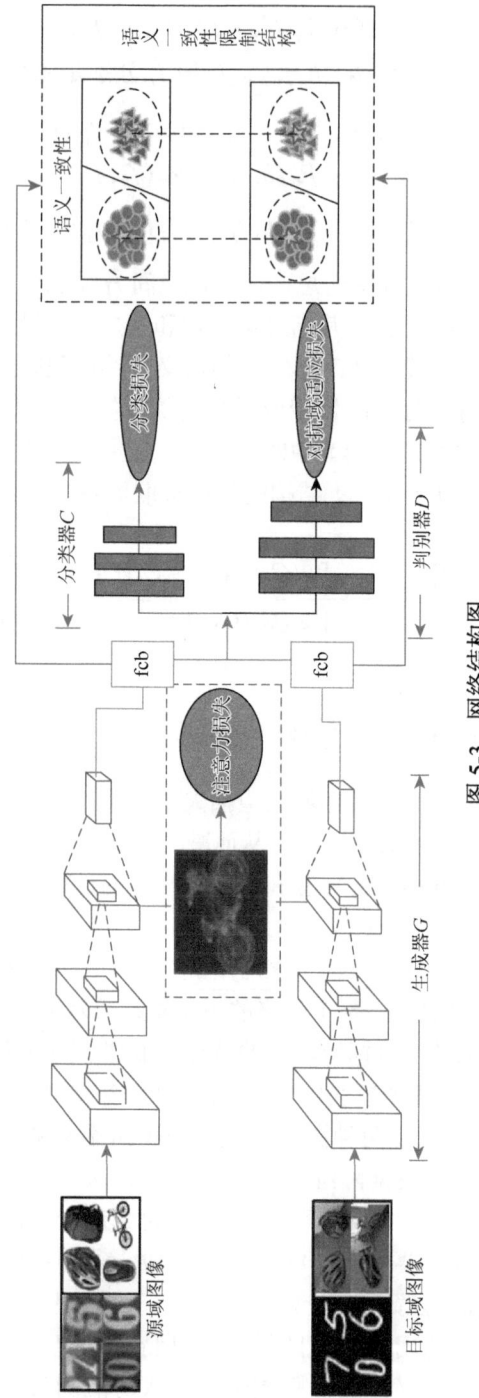

图 5-3　网络结构图

层上添加了基于注意力机制学习的对抗域适应结构；卷积层上添加跨域样本的注意力分布对抗域适应处理，进一步增强全连接层上的域适应处理[21]。下面对模型中的这几部分进行具体介绍并解释它们和目标域期望损失的关系。

表 5-1 生成器的网络结构参数

网络层	ResNet50 生成器	变种 LeNet 生成器
第1层	卷积层：卷积核 64×7×7，步长为 2，批规一化，ReLU 函数	卷积核 64×5×5，步长为 1，ReLU 函数
第2层	窗口大小 3×3 的最大池化操作，步长为 2	窗口大小 2×2 的最大池化操作，步长为 2
第3层	由 3 个卷积块组成的卷积组：64×1×1→64×3×3→256×1×1，批规一化，ReLU 函数	卷积核 128×5×5，步长为 1，ReLU 函数
第4层	由 4 个卷积块组成的卷积组：128×1×1→128×3×3→512×1×1，批规一化，ReLU 函数	窗口大小 2×2 的最大池化操作，步长为 2，Flatten 操作
第5层	由 6 个卷积块组成的卷积组：256×1×1→256×3×3→1024×1×1，批规一化，ReLU 函数	全连接层，神经元个数为 1024，ReLU 函数，Dropout 操作
第6层	由 3 个卷积块组成的卷积组：512×1×1→512×3×3→2048×1×1，批规一化，ReLU 函数	全连接层，神经元个数为 512，ReLU 函数
第7层	平均池化，Softmax 函数	无
第8层	fcb	

表 5-2 判别器和分类器的参数

网络层	判别器	分类器
输入	神经元个数为 256	神经元个数为 256
第1层	神经元个数为 1024，ReLU	神经元个数为 1024，ReLU
第2层	神经元个数为 1024，ReLU	神经元个数为 1024，ReLU
第3层	神经元个数为 1	神经元个数为 31 或者 10，Softmax

5.2.2 对抗域适应结构

域适应学习的首要目标就是减少跨域样本之间存在的域差异性分布信息，最终可以使用源域样本学习到的分类器，为未知目标域样本学习标签。对抗域适应结构的提出主要借鉴了 GAN 的思想，其本质就是生成器和判别器之间的对抗权衡关系学习。以其在图像生成中的应用为例，生成器尽可能生成一些以假乱真的图片，而判别器则是竭尽全力区分出这些假性图片，生成器和判别器之间对抗学习，最终达到纳什均衡，即生成器生成的图像判别器没法区分其真实性为止。受对抗网络在图像生成中的成功应用以及文献[8]的启发,本章认为对抗网络的学习本质还是在匹配虚假图像样本和真实图像样本之间的像素特征分布信息,所以我们认为对抗网络同样适用于跨域样本在特征空间中的分布信息匹配,从而提出对抗域适应结构来寻求一个源域和目标域样本相同的共享特征空间。

整个对抗域适应结构主要包括两部分:特征生成器 G,用来提取并生成源域和目标域样本的特征信息;域判别器 D,用来区分生成器生成的特征来自源域还是目标域。鉴于学习的最终目标是学习目标域样本的标签,所以在此处对抗适应学习中,把目标域的特征信息当作参照的真实特征信息,而生成器生成的源域特征信息作为假性特征信息[22]。整个对抗域适应结构用公式描述为

$$L_{\mathrm{GAN}}(G,D,X_s,X_t) = \mathbb{E}_{x_t \sim p_d(x_t)}[\ln D_t(G(x_t))] \\ + \mathbb{E}_{x_s \sim p_d(x_s)}[\ln(1-D_s(G(x_s)))] \quad (5\text{-}5)$$

式中, $p_d(x_s)$ 和 $p_d(x_t)$ 分别表示源域和目标域样本的特征分布信息。

然而上述对抗域适应结构仅仅从全局性域匹配角度来考虑减少跨域样本之间的分布差异性,没有考虑跨域样本之间的类别关系的影响,即正如 5.2.1 节分析目标域的期望损失中的第三项共享损失 M,从类匹配角度分析,该项不能忽略。因此即使对抗域适应结构达到了足够小,也不意味着域不变特征具有足够的跨域类别匹配一致性和判别性或者说目标域的期望损失不一定最小。然而,对于非监督域适应学习,目标域样本都是没有标签的样本,在进行域适应时,考虑跨域样本之间类与类之间的关系似乎不现实。受文献[23]的启发,本章借助为目标域分配硬性伪标签的模式,具体就是在域适应的过程中,使用学习到的分类器为目标域样本进行标签学习,并动态地引进目标域样本标签信息来实现跨域样本类匹配。

1. 语义一致性限制结构

(1)基于滑动平均算法中心点更新的条件分布对齐。为了在对抗域适应边缘分布的基础上,实现跨域类别匹配的条件分布对齐,我们在域适应过程中提出了适应中心点对齐(adaptive centroid alignment,ACA)结构,公式表达为

$$L_{\mathrm{SM}}(X_s,Y_s,X_t,Y_t) = \sum_{i,j=1,i\neq j}^{C} \Psi(c_s^j,c_t^j) - \Psi(c_s^i,c_t^j) \quad (5\text{-}6)$$

式中, Y_t 表示在域适应的过程中使用分类器学习到的目标域硬性伪标签; X_s、Y_s 分别为源域数据集样本和对应的标签集; X_t 为目标域数据样本集; Ψ 可以是任何距离函数,在此使用欧几里得距离函数 $\Psi(a,b)=\|a-b\|_2^2$ 来衡量跨域类匹配的关系; c_s^i 和 c_t^j 分别表示训练模型中每轮每批次中的源域和目标域的类中心点,其可以通过特征生成器算得的对应类别的特征计算得到,即

$$c_d^k = \frac{1}{N_d^k} \sum_{x_d \in X_d} G(x_d^t) \qquad (5\text{-}7)$$

式中，$d \in \{s,t\}$；N_d^k 表示在当前轮中类别 k 对应的数量。

很明显，在进行跨域适应中心点对齐的过程中，由于每轮训练时都是使用批量样本处理，而且每个批次都是随机得到的，所以在本批次中取得的跨域样本可能会存在缺失类的样本，即有些类的样本信息在本批次中没有出现。这就会导致在进行跨域中心点匹配时，源域或者目标域中的样本在本批次中对应的类中心找不到匹配中心点。

为了解决跨域类匹配时的类缺失问题，受滑动平均算法的启发，本章提出滑动平均中心点更新策略，首先使用第一轮取得的批次样本得到的中心点值作为初始化跨域中心值，然后通过每一轮的每个批次样本来更新跨域样本的中心值，公式表达为

$$c_d^j(q+1) = c_d^j(q) - \lambda \Delta c_d^j(q), \quad j = 1,2,\cdots,c \qquad (5\text{-}8)$$

式中，λ 表示学习率；$d \in \{s,t\}$；$c_d^j(q)$ 表示第 j 类在第 q 轮的中心点，Δc_d^j 的更新使用如下公式：

$$\Delta c_d^j = \frac{\sum_{i=1}^{m} \delta(y_i = j)(c_d^j - G(x_d^i))}{1 + \sum_{i=1}^{m} \delta(y_i = j)} \qquad (5\text{-}9)$$

式中，m 表示最小批次；δ 是指示函数；$\sum_{i=0}^{m}\delta(y_i = j)$ 计算在本批次中，所有属于类别 j 的样本数量。这种基于滑动平均算法的类中心点更新的策略可以满足域适应过程在当前轮学习时类中心点缺失的匹配问题。

（2）最大均值差异性算法的跨域类判别关系。条件分布对齐的能力在很大程度上受正确伪标签的主导，假如错误伪标签占据了比较大的比例，那么类中心的计算将会偏离真正的类中心，这会导致后续训练时的样本错误匹配。为了得到可靠的目标域伪标签，模型中的双流 CNN 提取的深度特征应该具备较好的判别性，从而提高分类器的学习能力，即充分挖掘跨域类与类之间的判别性关系，本章在域适应的过程中提出了类判别性限制项（class discriminative constraint，CDC）来实现这个目的。CDC 的公式表达启发于最大均值差异性算法，其是用来处理双样本检验问题的，第一个检验是基于检验统计量的一个大偏差项，而第二个是基于该统计量的渐近分布，可以用来衡量两个样本集之间的关联关系，是一个有效的距离测量函数。对于源域样本，CDC 公式定义如下：

$$D^{k_1k_2}(Y_s, \boldsymbol{\Phi}) = f_1 + f_2 - 2f_3 \tag{5-10}$$

式中，$\boldsymbol{\Phi}$ 为核函数中的非线性变换函数。

$$f_1 = \sum_{i=1,j=1}^{n_s} \frac{V_{k_1k_1}(y_s^i, y_s^j) \exp\left(-\frac{(\boldsymbol{\Phi}_l(x_s^i) - \boldsymbol{\Phi}_l(x_s^j))^{\mathrm{T}}(\boldsymbol{\Phi}_l(x_s^i) - \boldsymbol{\Phi}_l(x_s^j))}{2\sigma^2}\right)}{\sum_{i=1,j=1}^{n_s} V_{k_1k_1}(y_s^i, y_s^j)}$$

$$f_2 = \sum_{i=1,j=1}^{n_s} \frac{V_{k_2k_2}(y_s^i, y_s^j) \exp\left(-\frac{(\boldsymbol{\Phi}_l(x_s^i) - \boldsymbol{\Phi}_l(x_s^j))^{\mathrm{T}}(\boldsymbol{\Phi}_l(x_s^i) - \boldsymbol{\Phi}_l(x_s^j))}{2\sigma^2}\right)}{\sum_{i=1,j=1}^{n_s} V_{k_2k_2}(y_s^i, y_s^j)}$$

$$f_3 = \sum_{i=1,j=1}^{n_s} \frac{V_{k_1k_2}(y_s^i, y_s^j) \exp\left(-\frac{(\boldsymbol{\Phi}_l(x_s^i) - \boldsymbol{\Phi}_l(x_s^j))^{\mathrm{T}}(\boldsymbol{\Phi}_l(x_s^i) - \boldsymbol{\Phi}_l(x_s^j))}{2\sigma^2}\right)}{\sum_{i=1,j=1}^{n_s} V_{k_1k_2}(y_s^i, y_s^j)}$$

而 $V_{c_1c_2}(y_1, y_2) = \begin{cases} 1, y_1 = c_1, y_2 = c_2 \\ 0, \quad \text{其他} \end{cases}$，$\exp(*)$ 表示高斯核函数。使用 CDC 结构衡量所有源域样本的类别判别关系表示为

$$L_s^c(X_s, Y_s) = \sum_{l=1}^{L}\left(\sum_{k_1=1}^{c}\frac{D^{k_1k_1}(Y_s, \boldsymbol{\Phi})}{c} - \sum_{\substack{k_1=1,k_2=1 \\ k_1 \neq k_2}}^{c}\frac{D^{k_1k_2}(Y_s, \boldsymbol{\Phi})}{c(c-1)}\right) \tag{5-11}$$

对于目标域样本之间的类别判别关系 L_t^c，同样可以得到类似式（5-11）的公式表达。结合基于滑动平均中心点更新的条件分布差异域适应项以及基于最大均值差异算法的跨域类判别分析项，得到语义一致性损失项 $L_{\mathrm{SEM}} = L_{\mathrm{SM}} + L_s^c + L_t^c$。

2. 动态阈值的目标域标签学习机制

在进行域适应过程中实施语义一致性限制时，需要使用学习中的分类器对没有标签的目标域数据进行标签学习。整个分类器的学习函数可以表达为

$$L_C(X_s, Y_s, X_t, Y_t) = -\mathbb{E}_{x_d \in X_d}\sum_{k=1}^{c}\mathbb{I}_{[k=y_d]}\ln\varphi(C(G(x_d)))$$

$$-\mathbb{E}_{x_t \in X_t}\sum_{l,m=1}^{c}\mathbb{I}_{[y_t=l \text{ or } y_t=m]} |\varphi^m(C(G(x_t))) - \varphi^l(C(G(x_t)))|^2 \tag{5-12}$$

式中，C 表示分类器；$\mathbb{I}$ 是指数函数；φ 是 Softmax 函数，定义为 $\varphi(z_i) = \dfrac{\exp(z_i)}{\sum_{k=1}^{c} \exp(z_k)}$；$y_s$ 是源域样本的标签；y_t 是预测的目标域伪标签；最后一项是为了减轻预测目标域伪标签值的模糊性。在每一轮训练中预测目标域标签时，通用的做法是预设一个阈值 T，当预测标签的值超过该阈值时满足条件。然而，由于跨域样本之间的分布差异性的存在，预测的标签值往往非常小。若阈值选取不当，对于跨越同一类别存在巨大差异的样本，目标域样本很难引进来实施跨域类别匹配。因此我们提出动态阈值的方式来满足不同跨域类别之间的阈值需求，其定义为

$$T = \frac{1}{1+e^{-\xi B}} \tag{5-13}$$

式中，ξ 在本章中设置为 5；B 是当前训练样本的分类准确率，定义为

$$B = \frac{1}{N_s} \sum_{i=1}^{N_s} I(y_s^i, \arg\max(\varphi(C(G(x_s^t)))))$$

$$I(x,y) = \begin{cases} 1, & x = y \\ 0, & \text{其他} \end{cases} \tag{5-14}$$

基于以上的动态阈值学习策略，本章定义样本选择函数为

$$s(x_t^i) = \psi(\max(\varphi(C(G(x_t^i)))), T)$$

$$\psi((x,y)) = \begin{cases} 1, & x > y \\ 0, & \text{其他} \end{cases} \tag{5-15}$$

注意：在刚开始时分类器只有源域样本来训练，这是为了确保迁移能力，得到高置信度的目标域伪标签。很显然，刚开始能够被选中的带标签的目标域样本的数量较少，但是随着加入语义一致性的限制，分类器的迁移能力越来越强，符合要求的目标域样本也越来越多地被选中进入学习模型。

3. 基于注意力机制的域适应结构

上述对抗域适应结构、语义一致性结构以及基于动态阈值学习目标域标签结构是 ADASC 算法的三大主体结构，其主要考虑在深度网络全连接层进行域适应处理。然而忽略卷积层上的域适应处理，会存在丢失一些对目标域样本分类有帮助的判别信息的风险，引起欠适配问题。为了加强模型的域适应处理效果，本节在 ADASC 主体结构的基础上，在卷积层上添加基于注意力机制的对抗域适应结构，命名为 AADASC，把模型学习到的源域样本上的判别性结构迁移至目标域样本上，同时弱化那些对分类没帮助的非判别性区域，如背景等信息的影响。

然而卷积层的特征维度很高，很难得到跨域样本的分布估计信息，直接在卷积层上进行域适应处理难以实现。受已有研究的启发，我们首先在卷积层上提取

跨域样本的注意力分布的压缩表示，进而实现在卷积层上进行域适应处理。卷积层上样本的注意力分布定义为

$$(G_{\text{Att}}(F))_{i,j} = \sum_{c=1}^{C} |F_{c,i,j}|^p \qquad (5\text{-}16)$$

式中，$F \in \mathbb{R}^{C \times H \times W}$ 表示卷积层特征；$G_{\text{Att}}(F) \in \mathbb{R}^{H \times W}$ 是学习到的样本卷积注意力分布。然后把 $G_{\text{Att}}(F)$ 转化成一维向量形式 $v^* = \text{vec}(G_{\text{Att}}(F))$，计算基于注意力分布对齐的对抗域适应结构损失：

$$\begin{aligned} L_{\text{Att}}(G, D, V_s, V_t) = & \mathbb{E}_{v_s \sim p_d(v_s)}[\ln D_s(G(v_s))] \\ & + \mathbb{E}_{v_t \sim p_d(v_t)}[\ln(1 - D_t(G(v_t)))] \end{aligned} \qquad (5\text{-}17)$$

通过最小化该项损失，可以使 AADASC 网络学习到域不变且具有判别性的特征信息。

4. 目标函数

考虑上述对抗域适应结构、语义一致性限制结构以及目标域硬性伪标签学习结构，最终得到 ADASC 算法的总目标函数为

$$\begin{aligned} L(\Theta | X_s, Y_s, X_t, Y_t, G, D) = & L_C(X_s, Y_s, X_t, Y_t) \\ & + \beta L_{\text{GAN}}(G, D, X_s, X_t) + \gamma L_{\text{SEM}}(X_s, Y_s, X_t, Y_t) \end{aligned} \qquad (5\text{-}18)$$

在 ADASC 算法的基础上添加注意力机制的域适应结构得到 AADASC 算法的总目标函数为

$$\begin{aligned} L(\Theta | X_s, Y_s, X_t, Y_t, V_s, V_t, G, D) = & L_C(X_s, Y_s, X_t, Y_t) + \alpha L_{\text{Att}}(G, D, V_s, V_t) \\ & + \beta L_{\text{GAN}}(G, D, X_s, X_t) + \gamma L_{\text{SEM}}(X_s, Y_s, X_t, Y_t) \end{aligned} \qquad (5\text{-}19)$$

式中，Θ 表示模型中涉及待学习的参数集 $(\theta_G, \theta_D, \theta_C)$；超参数集 (α, β, γ) 表示控制注意力机制的域适应结构、对抗域适应结构和语义一致性限制结构的权衡参数。整个网络的实现和优化用算法 5-1 的伪代码描述。

算法 5-1　AADASC

输入：带标签源域样本 $X_s = \{x_s^i, y_s^i\}_{i=1}^{n_s}$、未带标签的目标域样本 $X_t = \{x_t^j\}_{j=1}^{n_t}$、迭代轮数 N
输出：模型参数 $\Theta = (\theta_G^N, \theta_D^N, \theta_C^N)$ 以及最终的未知目标样本的标签 y^N
1. 初始化参数 $(\theta_G^0, \theta_D^0, \theta_C^0)$，并使用 θ_C^0 预测初步目标域伪标签 $T_p^{(0)} = (x_t^0, y_t^0)$
2. **for** k **from** 1 **to** N
3. 　　从 (x_t^{k-1}, y_t^{k-1}) 中得到满足要求的样本子集 B^k
4. 　　$L = X_s \cup B^k$，使用 L 及式(5-6)和式(5-11)计算 L_{SEM} 并用式(5-8)更新跨域样本的类中心点值 $(c_s^{i(k)}, c_t^{i(k)})$

5. 更新参数 $(\theta_G^k, \theta_D^k, \theta_C^k)$ 的公式如下：

6. $\theta_D^k \leftarrow \theta_D^{k-1} - \eta \left(\beta \dfrac{\delta L_{\text{GAN}}}{\delta \theta_D^{k-1}} \right)$

7. $\theta_C^k \leftarrow \theta_C^{k-1} - \eta \dfrac{\delta L_C}{\delta \theta_C^{k-1}}$

8. $\theta_G^k \leftarrow \theta_G^{k-1} - \eta \left(\dfrac{\delta L_C}{\delta \theta_C^{k-1}} \times \dfrac{\delta \theta_C^{k-1}}{\delta \theta_G^{k-1}} + \alpha \dfrac{\delta L_{\text{Att}}}{\delta \theta_G^{k-1}} + \beta \dfrac{\delta L_{\text{GAN}}}{\delta \theta_G^{k-1}} + \gamma \dfrac{\delta L_{\text{SEM}}}{\delta \theta_G^{k-1}} \right)$

9. 使用 θ_C^k 预测 X_t 的标签 y^k

10. 从 y^k 选择满足要求的标签 $T_p^{(k)} = (x_t^k, y_t^k)$

11. **end for**

5.3 实　　验

5.3.1 实验设置

1. 数据集介绍

本节使用三类标准的域适应数据集来验证本章所提方法的有效性。

（1）Office-31 是一个很常见的域适应数据集，数据集中的样本大部分来源于常见的办公场景，如键盘、鼠标、计算机等办公用品。该数据集总共包含 4652 张图片，所有图片来源于 31 个类别和三个不同的场景领域，这三个场景分别是：①Webcam（记为 W）数据集，该数据集使用网络摄像机收集低分辨率图片数据，总共包含 795 张图片；②Amazon（记为 A）数据集是亚马逊网站收集而成的中分辨率数据集，该数据集包含 2817 张图片；③DSLR（记为 D）数据集，其是由数字单镜头反光（single lens reflect，SLR）摄像机收集而成的高分辨率数据集，该数据集总共包含 498 张图片。数据集来源于三个领域，所以在进行域适应学习任务时可以得到 6 个子任务：A→W、D→W、W→A、D→A、A→D、W→D。该数据集的部分图片样本如图 5-4 所示，从中可以看出，由于受光照、角度、背景等不同因素的影响，三个域中的图片分布信息具有一定的差异性。

(a) Amazon

(b) DSLR

(c) Webcam

图 5-4　Office-31 数据集图片样例

（2）数字类数据集。该数据集由五个领域的数据集组成，它们分别是 MNIST[23] 手写体数据集、MINST-M[19]、USPS[24]、SVHN[25]以及 Synth Signs[26]。这些数据集都是由"0"～"9"所组成的十大类图片数据集，部分数据集如图 5-5 所示，从中可以看出它们的分布差异性很大。MNIST 数据集中图片的大小为 28 像素×28 像素，包含 70 000 张数字图片，所有图片都是灰度数字黑色背景。MNIST-M 数据集是 MNIST 的一个变种，其背景信息随机由彩色图片 BSDS500 着色而成。USPS 数据集包含 9298 个图片数字样本，其为灰度图片且大小为 16 像素×16 像素。SVHN 是一种由世界街景房屋号码组成的数据集，包含 600 000 张 32 像素×32 像素的彩色图片数据。Synth Signs 数据集包含 100 000 张街景指示牌图片，来源于维基百科。

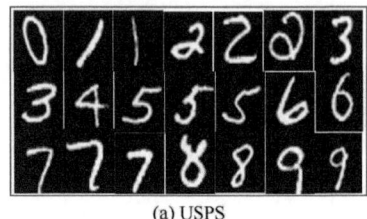
(a) USPS

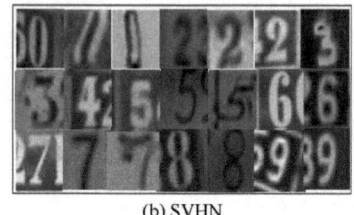
(b) SVHN

图 5-5　部分数字化数据集图片样例

（3）ImageCLEF-DA 数据集。该数据集来自 ImageCLEF2014 域适应任务挑战竞赛，数据集来源于三个领域：Caltech-256（记为 C）、Pascal VOC2012（记为 P）和 ILSVRC2012（记为 I）。三个域数据集的类别是由它们共享的 12 个类别组成的。每个类别包含 50 张图片，所以每个域包括 600 张图片。数据集的部分图例如图 5-6 所示。三个域的数据集总共可以组成六个任务：C→P、C→I、I→C、I→P、P→I、P→C。

2. 基准对比方法

本章采用一些最新的深度域适应方法作为实验的基准方法。深度 JAN 使用多核 MMD 结构于全连接层中实施联合域适应调整[12]；深度相关性对齐方法在深度全连接层上添加基于协方差的二阶子空间特征对齐项[7]；对抗域神经网络，在神经网络的最后一层嵌入对抗域适应网络结构；CMD 算法在域适应结构层中引入中心动量匹配结构[27]；生成模型，即对抗判别域适应（adversarial discriminative domain adaptation，ADDA）方法[6]和度量-对抗判别域适应（metric adversarial discriminative domain adaptation，M-ADDA）方法[28]，使用对称 GAN 结构生成带标签的目标域图像，最终转化为普通的监督学习模式；基于硬性标签的学习模式的方法：多判别域适应（multi-adversarial domain adaptation，MADA）方法[23]和增量协作对抗网络

(incremental collaborative and adversarial network，iCAN)[29]，通过探讨在深度迁移网络全连接层的域适应结构中引入目标域伪标签的学习机制来增强域适应学习。

图 5-6 ImageCLEF 2014 数据集图片样例

3. 模型实施细节

本章采用标准的深度域适应协议准则，例如，在全连接层中进行域适应匹配。为了公平对比，对于所有的基准方法，本章尽量遵循它们原文中的模型选择策略。类似于其他基准方法，本章所提方法中参数的选择采用标准的跨域交叉验证选择。使用高斯核函数作为 MMD 算法中内积计算的核函数。对于 Office-31[30]和 ImageCLEF-DA[31]数据集使用 ResNet50 作为生成器特征提取的主干网络，对于数字化数据集，本章使用 LeNet 作为主干网络；域适应判别器用于对生成器学习到的源域和目标域特征进行判别，三层全连接层最后接一个域判别二类分类器；任何全连接结构后再接一个 Softmax 的输出都可以作为本章的分类器结构。前两个数据集不是特别大，主干网络 ResNet50 预先在 ImageNet 数据集上训练好后，再用 Office-31 和 ImageCLEF-DA 两个数据集来微调所提模型，对于 ADASC 方法，固定住所有的卷积层，而特征池化层、分类器以及判别器都是重新训练，AADASC 方法进一步训练 ResNet50 最后一层卷积层。数字化数据集比较大，整个模型的架构都要重新训练。

模型都是基于开源框架 TensorFlow 来实现的。类似于其他基准方法，跨域数据集的批次大小设为 128，采用带动量的随机梯度下降算法，动量值设为 0.9，采用类似的学习率学习策略，即学习率的更新公式为 $\eta_p = \dfrac{\eta_0}{(1+\nu p)^w}$，其中 $\eta_0 = 0.01$，$\nu = 10$，$w = 0.75$，$p \in (0,1)$，为线性变换值。

5.3.2 实验结果

数据集 Office-31 的实验结果如表 5-3 所示。所提方法 ADASC、AADASC 取得的结果在所有的迁移任务中都要优于其他对比方法,且相比最好的方法 iCAN,平均准确率从 87.1%分别提高到 88.4%、89.0%。值得注意的是,在四个比较难的迁移任务中(A→W、A→D、D→A 以及 W→A),本章所提方法都取得了不错的结果,这也说明了在域适应过程中考虑跨域类别之间的匹配、判别关系以及在卷积层添加域适应结构的重要性。

表 5-3 不同方法在 Office-31 数据集上的准确率　　（单位：%）

方法	A→W	D→W	W→D	A→D	D→A	W→A	平均准确率
ResNet[8]	68.4±0.2	93.2±0.2	97.3±0.1	68.9±0.2	62.5±0.3	60.7±0.3	75.2
CORAL	79.3±0.3	94.3±0.2	99.4±0.2	74.8±0.1	56.4±0.2	63.4±0.2	78.0
DANN	73.6±0.3	94.5±0.1	99.5±0.1	74.4±0.5	57.2±0.1	60.8±0.2	76.7
CMD	76.9±0.4	94.6±0.2	99.2±0.2	75.8±0.4	56.8±0.1	61.9±0.2	77.5
JAN	85.4±0.3	97.4±0.2	99.7±0.2	84.7±0.3	68.6±0.3	70.0±0.4	84.3
MADA	90.0±0.1	97.4±0.1	99.6±0.1	87.8±0.2	70.3±0.3	66.4±0.3	85.3
iCAN	92.5±0.0	98.2±0.0	99.7±0.0	90.1±0.0	72.1±0.0	69.9±0.0	87.1
ADASC	93.5±0.3	98.8±0.2	**99.8±0.1**	91.7±0.2	73.9±0.4	72.6±0.3	88.4
AADASC	**94.2±0.2**	**99.5±0.1**	**99.9±0.2**	**92.5±0.3**	**74.5±0.2**	**73.4±0.2**	**89.0**

表 5-4 展示了数字类数据集的结果。ADASC 和 AADASC 同样在所有的任务中相比其他方法都取得了最好的结果,尤其是在跨域分布差别巨大的任务 SVHN→MNIST 中,准确率相比 M-ADDA 分别提高了 6.2 个百分点和 6.4 个百分点。相比 Office-31,该数据集具有更大的数据量,所以取得的准确率相对来说更高,这也说明了数据量变大可以提升模型的学习效果。

表 5-4 不同方法在数字类数据集上的准确率　　（单位：%）

方法	SVHN→MNIST	MNIST→MNIST-M	USPS→MNIST	Synth Signs→MNIST	平均准确率
仅源域	67.3±0.3	62.8±0.2	66.4±0.4	87.9±0.2	71.1
CORAL	89.5±0.2	81.6±0.2	96.5±0.3	96.5±0.2	91.0
DANN	70.6±0.2	76.7±0.4	76.6±0.3	90.2±0.2	78.5
CMD	86.5±0.3	85.5±0.2	86.3±0.4	96.1±0.2	88.6

续表

方法	SVHN→MNIST	MNIST→MNIST-M	USPS→MNIST	Synth Signs→MNIST	平均准确率
ADDA	76.0±0.2	80.7±0.2	90.1±0.2	96.3±0.4	85.8
M-ADDA	90.3±0.2	90.1±0.3	96.5±0.3	97.1±0.2	93.5
ADASC	96.5±0.1	90.8±0.2	97.4±0.3	98.3±0.1	95.8
AADASC	**96.7±0.3**	**91.3±0.1**	**97.9±0.2**	**98.9±0.3**	**96.2**

ImageCLEF-DA 数据集的结果在表 5-5 中展示。对比其他方法，ADASC 和 AADASC 同样在所有迁移任务中取得了最好的结果，且平均准确率相比 iCAN 分别提升 1.1 个百分点和 1.7 个百分点。相比数据集 Office-31 来说，该数据集的整体准确率有一定的提升，主要原因是该数据集各个域中各类别的数据量比较均衡，且跨域样本之间的相似度较大，这些特征易于域适应学习。

表 5-5　不同方法在 ImageCLEF-DA 数据集上的准确率　　（单位：%）

方法	I→P	P→I	I→C	C→I	C→P	P→C	平均准确率
ResNet	78.4±0.3	83.9±0.1	91.5±0.3	78.2±0.2	65.5±0.3	91.2±0.3	81.5
DANN	75.0±0.6	86.0±0.3	93.2±0.4	87.0±0.5	74.3±0.5	91.5±0.6	84.5
JAN	76.8±0.4	88.0±0.2	94.7±0.2	89.5±0.3	74.2±0.3	91.7±0.3	85.8
MADA	75.0±0.3	87.9±0.2	96.0±0.3	88.8±0.3	75.2±0.2	92.2±0.3	85.9
iCAN	79.5±0.0	89.7±0.0	94.7±0.0	89.9±0.3	78.5±0.0	92.0±0.0	87.4
ADASC	80.8±0.2	90.7±0.3	95.5±0.0	90.8±0.3	79.8±0.2	93.5±0.3	88.5
AADASC	**81.5±0.3**	**91.3±0.2**	**95.9±0.2**	**91.5±0.1**	**80.6±0.3**	**93.9±0.2**	**89.1**

进一步分析上述表格可以得出以下几个结论。

（1）所有的深度域适应方法的性能都优于不使用域适应结构的深度模型，如 ResNet，这表明源域和目标域图像由于存在分布信息的差异性，不加入域适应结构而直接用基于源域数据训练的模型学习目标域数据标签，最终得到的结果较差。

（2）相比在域适应过程中未考虑加入目标域伪标签来建立跨域样本之间的类匹配关系的方法：CORAL、DANN、CMD 和 JAN，加入目标域伪标签进一步学习跨域样本之间的条件分布信息的方法，即 MADA 和 iCAN 方法，取得的效果更好。

（3）本章方法 ADASC 考虑引入目标域样本伪标签的方式来减少域间的分布

差异性时，进一步设法加入语义一致性限制项来减轻域适应学习过程中潜在的错误目标域样本伪标签带来的影响模型学习效果的风险，实验结果也表明了本章方法的有效性，同时也证明了本章所提出的语义一致性结构和分布差异性结构两者之间存在协同促进的作用。

（4）AADASC 在 ADASC 的基础上，在卷积层中添加了基于注意力机制的域适应处理结构，其结果优于 ADASC，进一步说明除了在深度全连接层上添加域适应结构，在卷积层上添加域适应结构的重要性。

5.4 小　　结

针对通用深度迁移学习方法在全连接层上进行联合分布域适应处理过程中存在跨域类别错误匹配的问题，本章提出了一种基于可靠硬性标签学习的 ADASC 网络，该网络在深度全连接层上进行跨域样本分布匹配的过程中同时完成以下目标。

（1）最小化跨域样本之间的分布差异性：使用对抗域适应结构来缩小跨域样本之间的边缘分布差异性，并提出了语义一致性限制项挖掘跨域样本之间的类别匹配关系来进一步缩小跨域样本之间的条件分布差异性，同时保持跨域样本特征的判别性，促进分类器学习。

（2）目标域样本伪标签学习的可靠性：提出动态阈值设定的方式来满足不同任务的域适应过程中目标域标签引入，为减少跨域条件分布差异性以及训练泛化性强的分类器提供可靠的临时目标域标签。还拓展了 ADASC 模型，分析了 ADASC 仅在深度网络全连接层上添加本章所提出的一些域适应结构，而未考虑在卷积层上进行域适配存在的欠适配问题，进一步提出了 AADASC 网络，在卷积层上添加注意力域适应结构来探讨卷积层和全连接层进行协同域适应机制对迁移模型的影响。实验表明本章所提方法相比多种最新的域适应方法都取得了最好的效果，验证了本章方法的有效性。

参 考 文 献

[1] Borgwardt K M, Gretton A, Rasch M J, et al. Integrating structured biological data by kernel maximum mean discrepancy[J]. Bioinformatics, 2006, 22（14）：e49-e57.

[2] Goodfellow I J, Pouget-Abadie J, Mirza M, et al. Generative adversarial nets[C]. Proceedings of the 27th International Conference on Neural Information Processing Systems, Montréal, 2014：2672-2680.

[3] Sun B C, Feng J S, Saenko K. Correlation alignment for unsupervised domain adaptation[A]//Csurka G. Domain Adaptation in Computer Vision Applications. Cham：Springer, 2017：153-171.

[4] Tzeng E, Hoffman J, Zhang N, et al. Deep domain confusion: Maximizing for domain invariance[J]. arXiv：1412.3474, 2014.

[5] Ganin Y, Ustinova E, Ajakan H, et al. Domain-adversarial training of neural networks[J]. The Journal of Machine Learning Research, 2016, 17 (1): 2096-2030.

[6] Tzeng E, Hoffman J, Saenko K, et al. Adversarial discriminative domain adaptation[C]. Proceedings of the IEEE Conference on Computer Vision and Pattern Recognition, Honolulu, 2017: 7167-7176.

[7] Sun B C, Saenko K. Deep CORAL: Correlation alignment for deep domain adaptation[C]. Computer Vision-ECCV 2016 Workshops, Amsterdam, 2016: 443-450.

[8] Chen C Q, Xie W P, Huang W B, et al. Progressive feature alignment for unsupervised domain adaptation[C]. Proceedings of the IEEE/CVF Conference on Computer Vision and Pattern Recognition, Long Beach, 2019: 627-636.

[9] Kang G L, Jiang L, Yang Y, et al. Contrastive adaptation network for unsupervised domain adaptation[C]. Proceedings of the IEEE/CVF Conference on Computer Vision and Pattern Recognition, Long Beach, 2019: 4893-4902.

[10] Xie S A, Zheng Z B, Chen L, et al. Learning semantic representations for unsupervised domain adaptation[C]. Proceedings of the 35th International Conference on Machine Learning, Stockholm, 2018: 5419-5428.

[11] Long M S, Zhu H, Wang J M, et al. Deep transfer learning with joint adaptation networks[C]. Proceedings of the 34th International Conference on Machine Learning, Sydney, 2017: 2208-2217.

[12] Mou L C, Ghamisi P, Zhu X X. Deep recurrent neural networks for hyperspectral image classification[J]. IEEE Transactions on Geoscience and Remote Sensing, 2017, 55 (7): 3639-3655.

[13] Yosinski J, Clune J, Bengio Y, et al. How transferable are features in deep neural networks?[J]. arXiv: 1411.1792, 2014.

[14] Zagoruyko S, Komodakis N. Paying more attention to attention: Improving the performance of convolutional neural networks via attention transfer[J]. arXiv: 1612.03928, 2016.

[15] Fu J, Liu J, Tian H J, et al. Dual attention network for scene segmentation[C]. Proceedings of the IEEE/CVF Conference on Computer Vision and Pattern Recognition, Long Beach, 2019: 3146-3154.

[16] Wang W G, Zhao S Y, Shen J B, et al. Salient object detection with pyramid attention and salient edges[C]. Proceedings of the IEEE/CVF Conference on Computer Vision and Pattern Recognition, Long Beach, 2019: 1448-1457.

[17] Ben-David S, Blitzer J, Crammer K, et al. A theory of learning from different domains[J]. Machine Learning, 2010, 79 (1): 151-175.

[18] Zhang X, Yu F X, Chang S F, et al. Deep transfer network: Unsupervised domain adaptation[J]. arXiv: 1503.00591, 2015.

[19] Pan S J, Tsang I W, Kwok J T, et al. Domain adaptation via transfer component analysis[J]. IEEE Transactions on Neural Networks, 2011, 22 (2): 199-210.

[20] Pan S J, Qiang Y. A survey on transfer learning[J]. IEEE Transactions on Knowledge and Data Engineering, 2009, 22 (10): 1345-1359.

[21] Zhang J, Li W Q, Ogunbona P. Joint geometrical and statistical alignment for visual domain adaptation[C]. Proceedings of the IEEE Conference on Computer Vision and Pattern Recognition, Honolulu, 2017: 1859-1867.

[22] Pei Z Y, Cao Z J, Long M S, et al. Multi-adversarial domain adaptation[C]. Proceedings of the AAAI Conference on Artificial Intelligence, New Orleans, 2018, 32 (1): 3934-3941.

[23] LeCun Y, Bottou L, Bengio Y, et al. Gradient-based learning applied to document recognition[J]. Proceedings of the IEEE, 1998, 86 (11): 2278-2324.

[24] Netzer Y, Wang T, Coates A, et al. Reading digits in natural images with unsupervised feature learning[C]. Proceedings of 2011 NIPS Workshop on Deep Learning and Unsupervised Feature Learning, Granda, 2011: 1-9.

[25] Hull J J. A database for handwritten text recognition research[J]. IEEE Transactions on Pattern Analysis & Machine Intelligence, 1994, 16 (5): 550-554.

[26] Bousmalis K, Trigeorgis G, Silberman N, et al. Domain separation networks[C]. Proceedings of the 30th International Conference on Neural Information Processing Systems, Barcelona, 2016: 343-351.

[27] Zellinger W, Grubinger T, Lughofer E, et al. Central moment discrepancy (CMD) for domain-invariant representation learning[J]. arXiv: 1702.08811, 2017.

[28] Laradji I H, Babanezhad R. M-ADDA: Unsupervised domain adaptation with deep metric learning[A]//Singh R, Vatsa M, Patel V, et al. Domain Adaptation for Visual Understanding. Cham: Springer, 2020: 17-31.

[29] Zhang W C, Ouyang W L, Li W, et al. Collaborative and adversarial network for unsupervised domain adaptation[C]. Proceedings of the IEEE Conference on Computer Vision and Pattern Recognition, Salt Lake City, 2018: 3801-3809.

[30] Rahman M M, Fookes C, Baktashmotlagh M, et al. On minimum discrepancy estimation for deep domain adaptation[A]//Singh R, Vatsa M, Patel V, et al. Domain Adaptation for Visual Understanding. Cham: Springer, 2020: 81-94.

[31] Luo L, Chen C, Zhang Z H, et al. Robust frequent directions with application in online learning[J]. Journal of Machine Learning Research, 2019, 20 (45): 1-41.

第6章 基于柔性标签迁移学习的图像分类

6.1 引　言

常用的迁移学习主要包括基于样本权重的学习方法以及基于特征转化的学习方法。基于样本权重的学习方法直接挑选出那些和目标域样本最相似的样本，并在域迁移的过程中给予较大的权重。然而这种学习方法有个前提假设，即源域和目标域样本间的条件分布需要一致。相反，基于特征转化的学习方法放宽了该假设，更具有灵活性，它主要是在域适应的过程中嵌入一些减少域差异性的正则项。例如，Pan 等提出的 TCA 方法在学习域不变特征子空间时通过使用 MMD 算法[1]来匹配边缘分布结构；Long 等提出的 JDA 方法通过 MMD 同时匹配跨域样本中的边缘分布和条件分布来进一步减少跨域分布差异性信息[2]；文献[3]和文献[4]提出了基于协方差减少边缘分布差异性策略的域适应方法。但是已有方法往往忽视跨域样本在特征空间进行判别性特征学习的作用。

研究者发现学习跨域样本的判别性特征具有促进域适应学习的作用，例如，文献[5]使用中心损失函数[6]来增强源域样本在特征空间的判别性，目的是实现同类样本类内散度的紧密性和不同样本类间散度的分离性，从而进一步促进分类器的学习。文献[7]提出一种联合几何结构和统计对齐的域适应方法，该模型在匹配域适应分布的同时考虑了源域样本间类的判别性特征属性对域适应学习的影响。然而，由于目标域样本没有标签信息，这类方法仅仅聚焦于挖掘源域样本间类的判别性特征信息，并没有进一步尝试探索目标域样本间类的判别性特征属性的影响，当跨域样本分布差异性较大时，分类器对目标域样本的泛化性能难以保证。

一些研究工作[8-12]使用硬性标签的模式来弥补目标域样本中缺失标签信息的影响。因为对于非监督域适应学习，目标域样本没有标注信息，从而没法实现条件分布匹配，为了实现该目的，这些非监督域适应方法迭代式地通过上一轮训练学习到的分类器来学习和选择一些目标域硬性标签，然后把这些学习到的带硬性标签的目标域样本引入训练样本中进一步学习模型。虽然引入目标域硬性标签的学习方式可以在一定程度上加强域适应学习效果，但进一步分析可以发现，上述方法在基于特征转换域适应学习的过程中忽视了以下几个问题。

（1）跨域样本之间潜在的先验流行结构信息的保持。上述方法的特征子空间到标签空间的转换过程中，分类器的学习过程采用监督学习模式，忽视了跨域样本特征之间的先验几何结构信息保持的影响，最终会影响分类器性能的提升。

（2）基于特征学习的域适应方法把所有源域样本同等对待。当源域和目标域样本之间的分布差异性较大时，即使采用不同的学习策略来减少跨域样本之间的分布差异性，有些源域样本仍然和目标域样本没有关联性，若强制性地把所有源域样本引入域适应学习，负迁移的影响在所难免。

本章介绍一种基于柔性标签迁移的流行子空间对齐方法（manifold subspace alignment method based on soft labels transfer，MSLT）。在域适应学习中不仅学习跨域样本的边缘分布和条件分布信息，同时挖掘跨域样本在特征空间的判别性特征学习中的优点。对比现有基于特征转换学习的方法，本章方法一方面使源域样本和未带标签的目标域样本都同时参与了判别性特征和分类器的学习，以获得泛化性更强的分类器。另一方面，在域适应过程中弱化源域中存在的噪声样本，减轻噪声样本带来的负面影响，进一步增强域适应学习效果。

具体地，在学习跨域样本的域不变判别性子空间过程中，模型不是给予每个目标域样本唯一的硬性标签信息，而是给予目标域样本柔性标签信息，即把目标域的标签学习当作一种动态变换的标签概率分布的模式学习，把原来的非监督式域适应学习转化为一种基于标签传播算法的半监督优化处理任务。在该模式下进行基于子空间转化的跨域样本分布匹配学习的过程中，充分鼓励保持样本点之间的先验流行结构信息，同时为了弱化硬性标签唯一性带来的偏差影响，以一种柔性化标签学习模式即把标签传播学习当作一种伴随整个模型的迭代机制学习。接着，把模型训练过程中学习的柔性化目标域标签和已有的源域标签信息同时加入学习跨域样本的分布匹配和判别性特征中，进一步学习到更优的跨域样本特征分布信息并同时促进分类器学习的泛化性。此外，MSLT 还鼓励筛选出那些和目标域强关联的源域样本信息。为了弱化那些不相干的源域样本在域适应过程中带来的负面影响，本章提出 $L_{2,1}$ 范数作为约束源域样本空间转化的映射矩阵，给予不同的源域样本不同的权重。

模型中受到弱化噪声源域样本空间转换矩阵约束，柔性目标域学习（soft-target label learning，SLL）结构和判别式特征学习（discriminative feature learning，DFL）结构可以相互促进学习。DFL 结构可以促进目标域样本的标签预测学习，通过其带来可靠的柔性标签增强 SLL 结构学习的鲁棒性，同时 SLL 结构学习到的跨域特征信息引进更多的目标域样本标签信息，能够进一步促进 DFL 的学习。随着学习模型的训练进展，越来越多的可靠且确定的柔性目标域标签信息将会被引进来学习域适应结构。这种渐进式的学习方式鼓励模型 MSLT 来获得跨域样本分布足够多的统计特征。本章的贡献如下。

（1）本章方法为目标域样本分配柔性标签的域适应方法。该学习方式使跨域样本在域适应学习过程中不仅保证其先验几何结构信息不被破坏，而且所有样本同时参与到判别性特征和分类器的学习过程中，使学习更优的跨域样本特征分布和泛化性更强的分类器成为可能。

（2）本章所提出的 MSLT 是一种样本选择和特征转化的域适应方法，在跨域样本特征空间转化过程中，提出 $L_{2,1}$ 范数作为约束源域样本空间转化的映射矩阵，弱化那些不相干的源域样本的负面影响。

（3）实验结果表明，比起目前最好的对比方法，本章提出的方法在域适应标准数据集 Office-31 和 Office-Home 中都取得了具有竞争性的结果。

6.2 预备知识

6.2.1 标签传播算法

1）算法思想

标签传播算法（label propagation algorithm，LPA）[13, 14]是一种以关系图模型为基础的半监督学习算法，其主要思想是利用图上的连接关系，把已知标签的节点信息传播给未知节点，最终实现对未知节点进行标注的目的。一般来说，标签传播算法会根据训练样本和测试样本之间的相似度关系建立关系图模型，在建立的图模型中，节点之间的关联度通过边权来体现。在相邻节点之间，标签传播的信息量主要由转移概率决定，而转移概率的大小由节点间的边权大小来决定，所以节点间相似度越大，那么节点之间可以传播的标签信息越多。

在算法的实施过程中，会对每个节点的标签信息以向量概率值的形式进行初始化，且每个节点组成的向量概率值之和要求为 1。对于训练样本，由于其标签信息都是已知的，那么节点的概率值以独热（one hot）编码[15]的形式体现，即对应类别处的概率值为 1，其他类别处的概率值为 0。而测试样本由于标签都是未知的且没有先验知识的指导，一般其向量概率值都是随机初始化的。在更新各个关系图模型的节点标签信息的过程中，为了确保标签传播过程的稳定性和算法的收敛速度，会要求训练样本的标签概率值信息保持不变，而测试样本的标签概率值信息会依据和训练样本的相似性关系迭代更新。可以看出，基于关系图模型的标签信息迭代更新的标签传播算法，节点之间的边权重越大即属性越相似，越容易得到相似的概率分布。最终，通过对比已知训练样本的标签信息和测试样本的概率分布之间的关系，确定测试样本的标签类别。

类似于半监督学习，标签传播算法主要有以下假设：平滑性假设[16]，即处于同一流行结构下的数据节点标签信息是相同的，而基于图模型建立的标签传播算法可以充分保持节点之间的流行结构信息；聚类假设[17]，在同一簇下的样本的标签信息也是相同的。其优势也很明显，能够处理跨度较大的节点信息，即在空间上结构不同的节点，这在一定程度上拓宽了其应用范围，使其处理跨域分布的数据任务成为可能，只要跨域数据之间存在一定的关联度，就可以通过标签传播算法对那些未知类的数据进行标注。

2）算法公式描述

给定一个样本数据集为 $X=\{x_1,\cdots,x_l,x_{l+1},\cdots,x_n\}\in\mathbb{R}^{m\times n}$，标签空间集为 $L=\{1,2,\cdots,c\}$，数据集 X 中的前 l 个样本 $x_i(i\leqslant l)$ 都是带标签的训练样本，其对应的标签为 $y_i\in L$，剩余的 $n-l$ 个样本都是没标签的测试样本 $x_u(l+1\leqslant u\leqslant n)$。

根据带标签的训练样本和未知标签的测试样本建立一个关系图模型 $G=(V,E,W)$，边集 E 之间的关联度矩阵 W 依据节点集 V 之间的相似度来衡量，即相邻节点 x_i 和 x_j 组成边 $e_{i,j}$ 后的关联度定义为

$$W_{ij}=\exp\left(-\frac{\|x_i-x_j\|^2}{2\sigma^2}\right) \qquad (6-1)$$

式中，σ 为控制 W_{ij} 的规模参数。

相邻节点的标签信息由转移概率矩阵 P 来进行计算，且矩阵中的元素 P_{ij} 表示节点 i 到节点 j 的转移概率，其正比于节点间的关联度权重 W_{ij}，算法的转移概率矩阵 P 定义为

$$P_{ij}=P(i\to j)=\frac{W_{ij}}{\sum_{d=1}^{n}W_{id}} \qquad (6-2)$$

对于一个标签传播矩阵 $Y\in\mathbb{R}^{(l+u)\times c}$，其初始化值为前 l 行为已知标签组成的矩阵 Y_l，且每行的值是由独热编码形式组成的概率分布值，即 $Y_{ij}\in\{0,1\}$，后 u 行组成的矩阵 Y_u，其每行为未知标签组成的随机初始化的概率分布值。整个标签传播算法的计算流程总结为：①先计算各节点相似度组成的关联度矩阵 W；②由式（6-2）计算节点 i 和节点 j 之间的转移概率；③依据转移概率，加权计算近邻节点的标签值作为本节点的最新值，同时更新标签矩阵中的节点概率分布。重复计算步骤③直到算法收敛。

3）算法的收敛性证明

标签矩阵 $Y=\begin{pmatrix}Y_l\\Y_u\end{pmatrix}$ 在整个算法的迭代更新中，Y_l 的值是保持不变的，Y_u 是学习更新的。把转移概率矩阵 P 分解成 4 个子矩阵形式表示：

$$P=\begin{bmatrix}P_{LL} & P_{LU}\\P_{UL} & P_{UU}\end{bmatrix} \qquad (6-3)$$

通过联入 Y，Y_u 的更新表示为

$$Y_u\leftarrow P_{UU}Y_u+P_{UL}Y_l \qquad (6-4)$$

进一步分析可得

$$Y_u = \lim_{n \to \infty}(P_{UU})^n Y_u^0 + \left(\sum_{i=0}^{n}(P_{UU})^{(i-1)}\right)P_{UL}Y_l \quad (6\text{-}5)$$

式中，Y_u^0 是 Y_u 的初始化值，现在要证明 $(P_{UU})^n Y_u^0 \to 0$，P 为按行归一化的矩阵且 P_{UU} 是 P 的一个子矩阵，则有

$$\exists \delta < 1, \quad \sum_{j=1}^{u}(P_{UU})_{ij} \leqslant \delta, \quad \forall i = 1, 2, \cdots, u \quad (6\text{-}6)$$

根据式（6-6）得

$$\begin{aligned}\sum_{j=1}^{u}(P_{UU})^n_{ij} &= \sum_{j=1}^{u}\sum_{k=1}^{u}(P_{UU})^{(n-1)}_{ik}(P_{UU})_{kj} \\ &= \sum_{k=1}^{u}(P_{UU})^{(n-1)}_{ik}\sum_{j=1}^{u}(P_{UU})_{kj} \\ &\leqslant \sum_{k=1}^{u}(P_{UU})^{(n-1)}_{ik}\delta \leqslant \delta^n\end{aligned} \quad (6\text{-}7)$$

从而证实 $(P_{UU})^n Y_u^0 \to 0$，因此任意初始值 Y_u^0 不会影响最终的结果值。

标签传播算法常用在半监督分类任务中[18-20]。文献[21]针对小样本问题，使用标签传播方法来处理卷积特征描述子[22]提出的大规模图像数据。文献[23]～文献[26]使用标签传播算法为那些没有标注的样本信息分配标签信息，然后选择这些新学习到的可靠标签样本进一步来学习该模型。然而，这几种方法都是使用标签传播算法来处理这种基于单域的半监督学习场景，本章我们将采用标签传播算法来处理非监督跨域学习场景。

6.2.2 矩阵的 F 和 $L_{2,1}$ 范数

对于一个矩阵 $X \in \mathbb{R}^{n \times m}$，其第 i 行可以表示为向量 x^i，第 j 列表示为向量 x_j。矩阵 X 的 Frobenius 范数（简称 F 范数）[27, 28]定义为

$$\|X\|_F = \sqrt{\sum_{i=1}^{n}\sum_{j=1}^{m}x_{ij}^2} = \sqrt{\sum_{i=1}^{n}\|x^i\|_2^2} = \sqrt{\operatorname{tr}(X^T X)} \quad (6\text{-}8)$$

从式（6-8）可以看出矩阵 X 的 F 范数是先求出矩阵 X 中所有行和所有列元素的平方和后再开平方。F 范数用向量形式表示时，$\|x^i\|_2$ 表示的是向量 x^i 的 L_2 范数，又叫 Euclid 范数（欧几里得范数），常用来计算向量的长度，其定义为 $\|x^i\|_2 = \sqrt{\sum_{j=1}^{m}(x_j^i)^2}$，即先求出向量中各元素的平方和后再开平方。对 F 范数进一步推导，可以求得其用矩阵迹的形式来表示，即转置矩阵和矩阵相乘后求得的新矩

阵的迹开平方。用 F 范数来约束最小化矩阵的作用是求得矩阵中的元素都尽可能小，即达到矩阵元素的非零个数的稠密性和均匀性目的。

矩阵的 $L_{2,1}$ 范数首次在文献[29]和文献[30]中提出，关于矩阵 X，其 $L_{2,1}$ 范数定义为

$$\| X \|_{2,1} = \sum_{i=1}^{n} \sqrt{\sum_{j=1}^{m} x_{ij}^2} = \sum_{i=1}^{n} \| x^i \|_2 \qquad (6-9)$$

从式（6-9）中可以看出矩阵 X 的 $L_{2,1}$ 范数是先求出矩阵 X 的各行的 L_2 范数，再求各行的 L_2 范数之和，相当于求一个列向量的 L_1 范数之和。应用 $L_{2,1}$ 范数的目的是使矩阵变成行稀疏矩阵。受向量 L_1 范数和 L_2 范数的启发，从定义可以看出，最小化矩阵的 $L_{2,1}$ 范数，相当于对矩阵中各行组成的向量进行 L_2 范数后组成的列向量实施 L_1 范数的约束，也就是希望矩阵中某一行的值的平方和的开平方为 0，即希望该行是稀疏的，大部分为 0。而行间是用 L_2 范数进行约束，若是某一行的和不为 0，那么可以保证该行中的元素是稠密的，即非零值。所以使用 $L_{2,1}$ 范数来约束矩阵的优化问题可以达到行稀疏的目的。

在张量分解[31, 32]、多任务学习[33, 34]以及特征选择[35, 36]等领域中，$L_{2,1}$ 范数展现了巨大的优势并取得了很好的效果，例如，在特征选择任务中，使用 $L_{2,1}$ 范数来约束后，对于那些重要的属性特征可以赋予较大的权重，而那些不重要的属性特征赋予较小的权重，达到特征选择的目的。

6.3 MSLT 算法介绍

6.3.1 问题背景及定义

域 $\mathcal{D}$ 主要由特征空间 $\mathcal{X}$ 和边缘分布 $P(x)$ 组成，其中 $x \in \mathcal{X}$。对于一个特定的域，其任务由一个 C 维的标签集 $\mathcal{Y}$ 和一个分类器 $f(x)$ 组成，即 $T = \{\mathcal{Y}, f(x)\}$，其中 $y \in \mathcal{Y}$，$f(x) = Q(y|x)$ 表示条件概率分布。

在非监督域适应学习中，对于给定的带标签的源域样本，可表示为 $\mathcal{D}_s = \{x_i^s, y_i^s\}_{i=1}^{n_s} = \{X_s, Y_s\}$，其中 n_s 表示带标签的样本数量，$x_i^s \in \mathbb{R}^{d_s}$ 表示源域样本特征向量。类似地，定义一个不带标签样本的目标域为 $\mathcal{D}_t = \{x_j^t\}_{j=1}^{n_t} = \{X_t\}$，其中 n_t 表示不带标签的样本数量，$x_j^t \in \mathbb{R}^{d_t}$ 表示目标域特征向量。注意在本章中存在如下的前提假设：$\mathcal{Y}_s = \mathcal{Y}_t$，$\mathcal{X}_s \neq \mathcal{X}_t$，$Q(\mathcal{Y}_s|\mathcal{X}_s) \neq Q(\mathcal{Y}_t|\mathcal{X}_t)$。

本章所提方法 MSLT 的目的是把源域样本和目标域样本分别通过矩阵变换投影到一个维度相同的共享判别性特征空间中，其模型架构如图 6-1 所示，整个模型

第 6 章 基于柔性标签迁移学习的图像分类

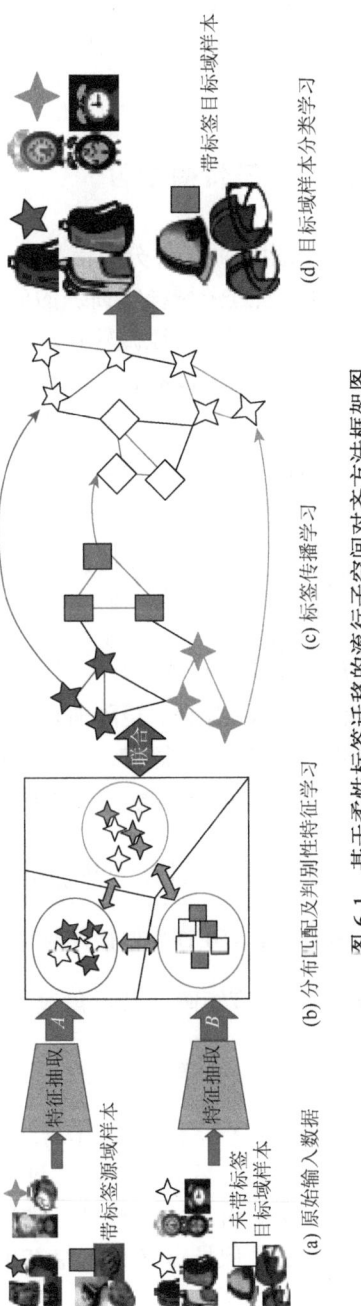

图 6-1 基于柔性标签迁移的流行子空间对齐方法框架图

主要实现和保持如下重要属性：①基于标签传播算法保持跨域样本的流行结构，同时学习目标域的柔性标签；②匹配跨域样本的特征分布信息；③弱化噪声源域样本对域适应的负面影响；④学习跨域样本的判别性特征。下面对这几部分进行一一介绍。

6.3.2 基于图模型的跨域标签传播学习

在域适应学习过程中，探索跨域条件分布信息时，为了引进目标域标签信息，一般的研究工作[37-41]都是尝试通过源域样本训练的分类器为目标域样本学习硬性标签信息。尽管该方式在一定程度上可以减轻跨域样本间的分布差异性的影响，但是源域样本学习到的分类器，由于没有目标域样本的参与，其泛化性能不强，尤其当跨域样本之间的分布差异性较大时，该分类器对目标域样本标签学习的可靠性会受影响，进而影响条件分布匹配学习。对此，引入半监督学习模型标签传播算法来为目标域样本分配动态变化的柔性标签信息。定义如下：

$$\mathcal{D}(Z) = \frac{v}{2}\sum_{i,j=1}^{n_s+n_t} W_{ij} \left\| \frac{1}{\sqrt{D_{ii}}} z_i - \frac{1}{\sqrt{D_{jj}}} z_j \right\|^2 + (1-v)\sum_{j=1}^{C}\sum_{i=1}^{n_s+n_t} \| z_{ij} - Y_{ij} \|^2$$

$$= v Z^{\mathrm{T}}\left(I - D^{-\frac{1}{2}} W D^{-\frac{1}{2}}\right) Z + (1-v)\| Z - Y \|_F^2 \tag{6-10}$$

式中，$Y \in \mathbb{R}^{(n_s+n_t)\times C}$ 是初始化的标签矩阵，矩阵前 n_s 行用独热编码表示原始带标签的源域样本标签信息，剩余 n_t 行用 0 矩阵表示未知的目标域样本标签信息；$Z \in \mathbb{R}^{(n_s+n_t)\times C}$ 是模型训练过程学习的动态变化柔性标签矩阵；$z_i \in \mathbb{R}^c$ 表示柔性标签矩阵 Z 的第 i 行，其中的每个元素 $z_{ic}\left(z_{ic} \geq 0, \sum_{c=1}^{C} z_{ic} = 1\right)$ 表示第 i 个样本属于第 c 类的概率；$\|\odot\|_F$ 表示 F 范数；$v \in [0,1)$ 为权衡两项的超参数；$W \in \mathbb{R}^{(n_s+n_t)\times(n_s+n_t)}$ 是对称非负的邻接矩阵；D 为对称度矩阵，其对角线上的元素表示为 $D_{ii} = \sum_{j}^{n_s+n_t} W_{ij}$。

式（6-10）中第一项主要是为了保持样本之间的平滑性，从而使邻近的样本获得相同的标签信息，其中 $I - D^{-\frac{1}{2}} W D^{-\frac{1}{2}}$ 表示标准化后的拉普拉斯矩阵 L，使跨域样本之间的结构信息在特征空间到标签空间的转换过程中得以保持。因此相比以往的分类器，标签传播算法模型引进了目标域样本的结构信息来学习，保证了其泛化能力。公式第二项主要是保持源域样本最初的标签信息不被破坏。邻接矩阵 W 中，每一项通过如下公式计算得到：

$$W_{ij} = \begin{cases} \exp\left(\dfrac{-(\|h_i - h_j\|^2)}{2\sigma^2}\right), & i \neq j \wedge h_i \in \text{NN}_k(h_j) \\ 0, & \text{其他} \end{cases} \quad (6\text{-}11)$$

式中，h_i、h_j 表示通过矩阵转换后的样本；$\text{NN}_k(h_j)$ 表示 h_j 的 k 个邻域集合；σ 表示长度尺度参数，在本章中都设置为 1。

6.3.3 基于最大均值差异性算法的匹配域分布

正如前面所分析的，本章的首要目的就是通过域分布匹配学习一个域不变特征子空间。MMD 是一种非参数化的距离度量准则，已被证明是度量分布差异性的有力工具，它还具有易优化等优点，可灵活地与其他优化目标结合，在域适应算法中广受欢迎[42-44]。本章同样使用 MMD 作为缩小跨域样本差异性的距离度量函数。

为了满足不同维度或不同模态的源域数据和目标域数据的转化，本章对源域数据和目标域数据分别使用矩阵 $A \in \mathbb{R}^{d_s \times d}$、$B \in \mathbb{R}^{d_t \times d}$ 进行变换，把跨域样本都转换到一个共享特征子空间，公式表达为

$$E_M(A, B) = \left\| \dfrac{1}{n_s} \sum_{i=1}^{n_s} A^\mathrm{T} x_i^s - \dfrac{1}{n_t} \sum_{j=1}^{n_t} B^\mathrm{T} x_j^t \right\|^2 \quad (6\text{-}12)$$

式（6-12）基于 MMD 准则度量跨域样本分布之间的整体差异性，只能减少边缘分布的差异性，而不能保证跨域样本条件分布的差异性最小化。对此，本章为目标域数据分配基于标签传播算法学习到的柔性标签信息来实现跨域样本条件分布匹配，形式化为

$$E_C(A, B, Z_t) = \sum_{c=1}^{C} \left\| \dfrac{1}{n_s^c} \sum_{x_i \in \mathcal{D}_s^c} A^\mathrm{T} x_i - \dfrac{1}{n_t^c} \sum_{x_j \in \mathcal{D}_t} z_{jc}^t B^\mathrm{T} x_j \right\|^2 \quad (6\text{-}13)$$

式中，$\mathcal{D}_s^c = \{x_i : x_i \in \mathcal{D}_s \wedge y(x_i) = c\}$ 表示源域样本中属于第 c 类的样本集，$y(x_i)$ 表示第 i 个样本 x_i 的真正标签，以及属于第 c 类的样本数量记为 $n_s^c = |\mathcal{D}_s^c|$；$z_{jc}^t$ 是第 j 个非标注的目标域样本属于第 c 类的概率，属于第 c 类的目标域样本数量 n_t^c 能被近似地表示为 $n_t^c = \sum_{j=1}^{n_t} z_{jc}^t$，因此，相比为目标域样本分配唯一性硬性标签信息，标签传播算法模型为目标域样本分配柔性标签信息更加灵活、鲁棒，该标签信息考虑了样本所有类的置信度对于减少条件分布差异性的贡献率，会随着域适应的学习过程越来越精确；$Z_t \in \mathbb{R}^{n_t \times C}$ 表示目标柔性标签矩阵，其由柔性标签矩

阵 Z 中属于目标域样本的 n_t 行组成。进一步把 Z_t 表示为 $Z_t = [\alpha^1, \cdots, \alpha^c, \cdots, \alpha^C]$，其中 $\alpha^c = [z_{1c}^t, \cdots, z_{n_c,c}^t] \in \mathbb{R}^{n_t}$。基于此，合并式（6-12）和式（6-13）可以得到域差异性的衡量项如下：

$$E_{\mathrm{MC}}(A, B, Z_t) = \mathrm{tr}\left((A^\mathrm{T} B^\mathrm{T}) \begin{bmatrix} M_{ss} & M_{st} \\ M_{ts} & M_{tt} \end{bmatrix} \begin{bmatrix} A \\ B \end{bmatrix}\right) \qquad (6\text{-}14)$$

式中

$$M_{ss} = X_s \left(H_{sm} + \sum_{c=1}^{C} H_{sc}\right) X_s^\mathrm{T}, \quad H_{sm} = \frac{1}{n_s^2} I_s I_s^\mathrm{T}, \quad (H_{sc})_{ij} = \begin{cases} \dfrac{1}{(n_s^c)^2}, & x_i, x_j \in \mathcal{D}_s^c \\ 0, & \text{其他} \end{cases}$$

$$M_{st} = X_s \left(H_{stm} + \sum_{c=1}^{C} H_{stc}\right) X_t^\mathrm{T}, \quad H_{stm} = -\frac{1}{n_s n_t} I_s I_t^\mathrm{T}, \quad H_{stc} = -\frac{\beta^c \alpha^{c\mathrm{T}}}{n_s^c \sum_{j=1}^{n_t} z_{jc}^t}$$

$$M_{tt} = X_t \left(H_{tm} + \sum_{c=1}^{C} H_{tc}\right) X_t^\mathrm{T}, \quad H_{tm} = \frac{1}{n_t^2} I_t I_t^\mathrm{T}, \quad H_{stc} = \frac{\alpha^c \alpha^{c\mathrm{T}}}{\sum_{i=1}^{n_t} z_{ic}^t \sum_{j=1}^{n_t} z_{jc}^t}$$

$$M_{ts} = X_t \left(H_{tsm} + \sum_{c=1}^{C} H_{tsc}\right) X_s^\mathrm{T}, \quad H_{tsm} = -\frac{1}{n_s n_t} I_t I_s^\mathrm{T}, \quad H_{tsc} = -\frac{\alpha^c \beta^{c\mathrm{T}}}{n_s^c \sum_{j=1}^{n_t} z_{jc}^t}$$

注意，$\beta^c \in \mathbb{R}^{n_s}$，$(\beta^c)_i = \begin{cases} 1, & x_i^s \in \mathcal{D}_s^c \\ 0, & \text{其他} \end{cases}$。$I_t \in \mathbb{R}^{n_t}$、$I_s \in \mathbb{R}^{n_s}$ 是所有值为 1 的列向量。

6.3.4 样本的赋权选择

基于上述柔性标签传播下 MMD 算法学习到的跨域分布特征并不意味着跨域样本分布差异性达到最小化状态，这是因为源域中可能存在一些样本的信息和目标域中的样本信息没有一点关联，若是对之置之不理，强制域适应匹配，最终会产生负迁移的现象。因为 $L_{2,1}$ 范数约束矩阵可以使矩阵变成行稀疏矩阵，受 $L_{2,1}$ 范数约束矩阵的启发，为了剔除这些噪声样本的负面影响，本章使用 $L_{2,1}$ 范数来约束源域样本特征空间变换的矩阵 A，使矩阵 A 行稀疏，达到给每一个源域样本根据其和目标域样本的关联性赋予对应权重的目的。

$$\|A\|_{2,1} = \mathrm{tr}(A^\mathrm{T} R A) \qquad (6\text{-}15)$$

式中，R 对角线上的元素值为

$$R_{ii} = \frac{1}{2\|A_{i,:}\|_2 + \varepsilon}, \quad i \in [1, n_s] \tag{6-16}$$

式中，$A_{i,:}$ 表示矩阵 A 的第 i 行；ε 是为了避免分母取值为 0 的情况。通过对矩阵 A 进行 $L_{2,1}$ 范数约束后，模型会过滤掉那些和目标域样本关联性小的源域样本，倾向于选择那些和目标域关联性大的源域样本。

6.3.5 学习判别性特征

基于样本的赋权选择以及最小化跨域样本之间的边缘分布和条件分布的目的就是得到一个域不变特征子空间。然而仅仅最小化这两项还不能达到理想的状态，因为学习到的特征可能不具备足够的判别性，例如，令 $A=0$，$B=0$，虽然跨域样本之间的分布信息完全相同，但是样本之间的特征却没有判别能力，导致分类难以进行。因此，在特征学习的过程中，除了剔除噪声源域样本和最小化跨域样本的分布差异性，还需保持跨域样本在特征空间的判别性属性。在本章中，我们提出类间分离性和类内紧密性两个约束条件来学习域不变判别性特征。

（1）类间分离性。该项限制就是期待尽可能地保持源域和目标域类间的分离性，使源域和目标域中的不同类中类与类之间在特征空间的间隔距离最大化，也就是增强不同类之间的判别性关系。具体而言，以源域数据为例，不同类中样本之间的距离关系式可以表示为

$$E_{\text{dif}}^{s}(A) = \sum_{c=1}^{C} \sum_{\substack{k=1 \\ k \neq c}}^{C} \left\| \frac{1}{n_s^c} \sum_{x_i \in D_s^c} A^{\text{T}} x_i - \frac{1}{n_s^k} \sum_{x_j \in D_s^k} A^{\text{T}} x_j \right\| = \sum_{c=1}^{C} \sum_{k=1, k \neq c}^{C} \text{tr}(A^{\text{T}} X_s H_{\text{dif}}^{ss} X_s^{\text{T}} A) \tag{6-17}$$

式中，H_{dif}^{ss} 通过下式计算：

$$(H_{\text{dif}}^{ss})_{ij} = \begin{cases} \dfrac{1}{n_s^c n_s^c}, & x_i, x_j \in D_s^c \\ \dfrac{1}{n_s^k n_s^k}, & x_i, x_j \in D_s^k \\ -\dfrac{1}{n_s^c n_s^k}, & \begin{cases} x_i \in D_s^c, x_j \in D_s^k \\ x_i \in D_s^k, x_j \in D_s^c \end{cases} \\ 0, & \text{其他} \end{cases} \tag{6-18}$$

与式（6-17）相似，对于目标域的样本中的不同类之间的关系，使用学习到的目标域样本柔性标签可表示为

$$E_{\text{dif}}^t(\boldsymbol{B}) = \sum_{c=1}^{C}\sum_{k=1,k\neq c}^{C}\left\|\frac{1}{n_t^c}\sum_{\boldsymbol{x}_i\in D_t}z_{ic}^t\boldsymbol{B}^{\text{T}}\boldsymbol{x}_i - \frac{1}{n_t^k}\sum_{\boldsymbol{x}_j\in D_t}z_{ik}^t\boldsymbol{B}^{\text{T}}\boldsymbol{x}_j\right\|^2 = \sum_{c=1}^{C}\sum_{k=1,k\neq c}^{C}\text{tr}(\boldsymbol{B}^{\text{T}}\boldsymbol{X}_t\boldsymbol{H}_{\text{dif}}^{tt}\boldsymbol{X}_t^{\text{T}}\boldsymbol{B})$$

(6-19)

式中，$\boldsymbol{H}_{\text{dif}}^{tt}$ 通过下式计算：

$$\boldsymbol{H}_{\text{dif}}^{tt} = \frac{\boldsymbol{\alpha}^c\boldsymbol{\alpha}^{c\text{T}}}{\sum_{i=1}^{n_t}z_{ic}^t\sum_{j=1}^{n_t}z_{jc}^t} - \frac{\boldsymbol{\alpha}^c\boldsymbol{\alpha}^{k\text{T}}}{\sum_{i=1}^{n_t}z_{ic}^t\sum_{j=1}^{n_t}z_{jk}^t} + \frac{\boldsymbol{\alpha}^k\boldsymbol{\alpha}^{k\text{T}}}{\sum_{i=1}^{n_t}z_{ik}^t\sum_{j=1}^{n_t}z_{jk}^t} - \frac{\boldsymbol{\alpha}^k\boldsymbol{\alpha}^{c\text{T}}}{\sum_{i=1}^{n_t}z_{ik}^t\sum_{j=1}^{n_t}z_{jc}^t} \quad (6\text{-}20)$$

为了简洁性，重新合并式（6-17）和式（6-19）成为一个整体项来表示跨域样本之间的类别关系：

$$E_{\text{dif}} = E_{\text{dif}}^s + E_{\text{dif}}^t = \text{tr}(\boldsymbol{A}^{\text{T}}\boldsymbol{H}_d^s\boldsymbol{A} + \boldsymbol{B}^{\text{T}}\boldsymbol{H}_d^t\boldsymbol{B}) \quad (6\text{-}21)$$

式中，$\boldsymbol{H}_d^s = \sum_{c=1}^{C}\sum_{k=1,k\neq c}^{C}\boldsymbol{X}_s\boldsymbol{H}_{\text{dif}}^{ss}\boldsymbol{X}_s^{\text{T}}$；$\boldsymbol{H}_d^t = \sum_{c=1}^{C}\sum_{k=1,k\neq c}^{C}\boldsymbol{X}_t\boldsymbol{H}_{\text{dif}}^{tt}\boldsymbol{X}_t^{\text{T}}$。

（2）类内紧密性。为了进一步学习到跨域样本的足够判别性特征，本章进一步要求同一类中样本特征之间的方差最小，从而增加类内样本之间的紧密性关系。以源域样本为例，使用如下公式来衡量该限制项：

$$E_{\text{same}}^s(\boldsymbol{A}) = \sum_{c=1}^{C}\sum_{\boldsymbol{x}_i,\boldsymbol{x}_j\in D_s^c}\|\boldsymbol{A}^{\text{T}}\boldsymbol{x}_i - \boldsymbol{A}^{\text{T}}\boldsymbol{x}_j\|^2 = \sum_{c=1}^{C}\text{tr}(\boldsymbol{A}^{\text{T}}\boldsymbol{X}_s\boldsymbol{H}_{\text{same}}^{ss}\boldsymbol{X}_s^{\text{T}}\boldsymbol{A}) \quad (6\text{-}22)$$

式中

$$(\boldsymbol{H}_{\text{same}}^{ss})_{ij} = \begin{cases} |\mathcal{D}_s^c|, & i = j \\ -1, & i \neq j \wedge \boldsymbol{x}_i,\boldsymbol{x}_j \in \mathcal{D}_s^c \\ 0, & \text{其他} \end{cases} \quad (6\text{-}23)$$

对于目标域同类样本之间的紧密性关系，可以使用如下项表示：

$$E_{\text{same}}^t(\boldsymbol{B}) = \sum_{c=1}^{C}\text{tr}(\boldsymbol{B}^{\text{T}}\boldsymbol{X}_t\boldsymbol{H}_{\text{same}}^{tt}\boldsymbol{X}_t^{\text{T}}\boldsymbol{B}) \quad (6\text{-}24)$$

把式（6-22）和式（6-24）合并成一个整体项表示为

$$E_{\text{same}} = E_{\text{same}}^s + E_{\text{same}}^t = \text{tr}(\boldsymbol{A}^{\text{T}}\boldsymbol{H}_{\text{sa}}^s\boldsymbol{A} + \boldsymbol{B}^{\text{T}}\boldsymbol{H}_{\text{sa}}^t\boldsymbol{B}) \quad (6\text{-}25)$$

式中，$\boldsymbol{H}_{\text{sa}}^s = \sum_{c=1}^{C}\boldsymbol{X}_s\boldsymbol{H}_{\text{same}}^{ss}\boldsymbol{X}_s^{\text{T}}$；$\boldsymbol{H}_{\text{sa}}^t = \sum_{c=1}^{C}\boldsymbol{X}_t\boldsymbol{H}_{\text{same}}^{tt}\boldsymbol{X}_t^{\text{T}}$。

6.3.6 MSLT 算法优化

（1）目标函数。合并式（6-10）、式（6-14）、式（6-15）、式（6-21）和式（6-25）形成所提算法 MSLT 的目标函数：

$$\min_{A,B} \mathrm{tr}(A^{\mathrm{T}}(M_{ss} + \mu(H_{sa}^s - H_d^s) + I_{d_s} + R)A + A^{\mathrm{T}}M_{st}B)$$
$$+\mathrm{tr}(B^{\mathrm{T}}(M_{tt} + \mu(H_{sa}^t - H_d^t) + I_{d_t})B + B^{\mathrm{T}}M_{ts}A$$
$$+\upsilon Z^{\mathrm{T}}\left(I - D^{-\frac{1}{2}}WD^{-\frac{1}{2}}\right)Z + (1-\upsilon)\|Z - Y\|_{\mathrm{F}}^2 \quad (6\text{-}26)$$
$$\text{s.t.} \quad A^{\mathrm{T}}X_sH_sX_s^{\mathrm{T}}A = I_d, B^{\mathrm{T}}X_tH_tX_t^{\mathrm{T}}B = I_d$$

式中，μ 和 υ 为正则项中的权衡参数；I 是单位矩阵；H_s 和 H_t 是中心化矩阵，各自被定义为 $H_s = I_{n_s} - \frac{1}{n_s}l_{n_s}l_{n_s}^{\mathrm{T}}$ 以及 $H_t = I_{n_t} - \frac{1}{n_t}l_{n_t}l_{n_t}^{\mathrm{T}}$，为了避免平凡解，即 $A = 0$，$B = 0$，对目标函数施加约束 $A^{\mathrm{T}}X_sH_sX_s^{\mathrm{T}}A = I_d$，$B^{\mathrm{T}}X_tH_tX_t^{\mathrm{T}}B = I_d$。

（2）算法优化。很明显直接优化式（6-26）非常难。为了解决该优化问题，我们重新把矩阵 $[A^{\mathrm{T}}, B^{\mathrm{T}}]$ 表示为 P^{T}。然后可以把目标函数分解成两个子问题来解决，第一个子问题为

$$\min_{P^{\mathrm{T}}OP = I_{2d}} \mathrm{tr}(P^{\mathrm{T}}QP) \quad (6\text{-}27)$$

式中

$$Q = \begin{bmatrix} M_{ss} + \mu(H_{sa}^s - H_d^s) + I_{d_s} + R & M_{st} \\ M_{ts} & M_{tt} + \mu(H_{sa}^t - H_d^t) + I_{d_t} \end{bmatrix}$$

$$O = \begin{bmatrix} X_sH_sX_s^{\mathrm{T}} & 0 \\ 0 & X_tH_tX_t^{\mathrm{T}} \end{bmatrix}$$

另一个子问题分解为

$$\min_{P^{\mathrm{T}}OP = I_{2d}} \upsilon Z^{\mathrm{T}}\left(I - D^{-\frac{1}{2}}WD^{-\frac{1}{2}}\right)Z + (1-\upsilon)\|Z - Y\|_{\mathrm{F}}^2 \quad (6\text{-}28)$$

这两个子问题的实施类似于 EM 算法中的迭代优化参数处理过程。对于 E 步，固定住矩阵 P^{T} 并通过如下项更新柔性标签矩阵 Z：

$$Z = (D - \upsilon W)^{-1}Y \quad (6\text{-}29)$$

式中，矩阵 Y 是初始化矩阵。对于 M 步，我们通过如下项使用学习到的 Z 更新子空间映射矩阵 P：

$$QP = OP\Phi \quad (6\text{-}30)$$

其中，$\Phi = \mathrm{diag}(\phi_1, \cdots, \phi_{2d})$ 是拉格朗日函数项，$(\phi_1, \cdots, \phi_{2d})$ 是矩阵特征分解时对应

的大小排名前 $2d$ 的特征值；$P = [p_1, \cdots, p_{2d}]$ 为特征值对应的特征向量。整个算法的实现和优化过程用算法 6-1 的伪代码描述。

算法 6-1 MSLT

输入：带标签源域样本 $X_s = \{x_s^i, y_s^i\}_{i=1}^{n_s}$、未带标签的目标域样本 $X_t = \{x_t^j\}_{j=1}^{n_t}$、迭代轮数 N

输出：子空间转换矩阵 A 和 B 以及最终的未知目标样本的标签 Y_t^N

1. **While** ~isempty (X_s, Y_s) and $t < N$ do:
2.   **Step 1**: 依据对应公式构建矩阵 $M_{ss}, M_{st}, M_{tt}, M_{ts}, H_{sa}^s, H_d^s, H_{sa}^t, H_d^t$
3.   **Step 2**: 依据式（6-26）的优化，得到矩阵 A 和 B，并得到转化特征 $E_s = A^T X_s$，$E_t = B^T X_t$
4.   **Step 3**: 柔性目标域标签学习
5.   **if** ~isempty (Z_s, Y_s) then:
6.   （i）构建标签传播矩阵 Y
7.   （ii）初始化图 G，构建邻接矩阵 W 和度矩阵 D
8.   （iii）通过式（6-29）得到柔性标签矩阵 Z
9.   **else**:
10.   break
11. **Step 4**: 通过 $Z_t^N = Z^N[:, (n_s+1):(n_s+n_t)]$ 更新目标域柔性标签
12. **Step 5**: 返回 **Step 1**；$t = t + 1$
13. 得到最终的转换矩阵 A 和 B 以及目标域标签 $Y_t^N = \mathrm{argmax}(Z_t^N)$

上述讨论的空间转换情况都是基于线性变换展开的，可以进一步采用核技巧来探索空间变换存在非线性映射的情况。具体为给定一个非线性映射 $\phi: x \to \phi(x)$，将原始样本特征映射到高维希尔伯特空间 $\mathcal{H}$ 中。根据表示定理[45, 46]，希尔伯特空间中样本的线性表示可以用来表示子空间特征转化矩阵 A、B 中的列向量，即 $a_i = \sum_{j=1}^{n_s} \phi(x_j) \alpha_{ij} = \Phi(X_s) \alpha_i$，$b_i = \sum_{j=1}^{n_t} \phi(x_j) \beta_{ij} = \Phi(X_t) \beta_i$，其中 $\Phi(X_s) = [\phi(x_1), \cdots, \phi(x_{n_s})]$ 和 $\Phi(X_t) = [\phi(x_1), \cdots, \phi(x_{n_t})]$ 表示希尔伯特空间中的样本矩阵，$\alpha_i = [\alpha_{i1}; \cdots; \alpha_{in_s}]$ 和 $\beta_i = [\beta_{i1}; \cdots; \beta_{in_t}]$ 表示系数向量。因此，得到转换矩阵 $A = [\Phi(X_s)\alpha_1, \cdots, \Phi(X_s)\alpha_d] = \Phi(X_s)E$，$B = [\Phi(X_t)\beta_1, \cdots, \Phi(X_t)\beta_d] = \Phi(X_s)F$，其中 $E = [\alpha_1, \cdots, \alpha_d] \in \mathbb{R}^{n_s \times d}$，$F = [\beta_1, \cdots, \beta_d] \in \mathbb{R}^{n_t \times d}$ 表示矩阵。把 $A = \Phi(X_s)E$，$B = \Phi(X_s)F$，$\Phi(X_s)$，$\Phi(X_t)$ 代入式（6-10）、式（6-14）、式（6-15）、式（6-21）和式（6-25）形成所提算法 MSLT 的非线性目标函数：

$$\begin{aligned}
\min_{E,F} & \mathrm{tr}(E^T(M_{ss} + \mu(H_{sa}^s - H_d^s) + I_{d_s} + R)E + E^T M_{st} F) \\
& + \mathrm{tr}(F^T(M_{tt} + \mu(H_{sa}^t - H_d^t) + I_{d_t})F + F^T M_{ts} E) \\
& + \upsilon Z^T \left(I - D^{-\frac{1}{2}} W D^{-\frac{1}{2}}\right) Z + (1-\upsilon) \|Z - Y\|_F^2 \\
\mathrm{s.t.} \quad & E^T K_s H_s K_s^T A = I_d, \quad F^T K_t H_s K_t^T F = I_d
\end{aligned} \quad (6\text{-}31)$$

式（6-30）在高维特征空间中直接计算类似 $\boldsymbol{\Phi}^{\mathrm{T}}(*)\boldsymbol{\Phi}(*)$ 的项，如 $\boldsymbol{\Phi}^{\mathrm{T}}(X_s)\boldsymbol{\Phi}(X_s)$ 会非常困难，由 Mercer 条件可知高维空间中的向量内积计算可以转化为低维空间的核函数来计算，即 $K_{i,j}=k(a^i,a^j)=\langle\phi(a^i),\phi(a^j)\rangle$，进一步可得 $K=\boldsymbol{\Phi}^{\mathrm{T}}(*)\boldsymbol{\Phi}(*)$。因此 $\boldsymbol{K}_s=\boldsymbol{\Phi}^{\mathrm{T}}(X_s)\boldsymbol{\Phi}(X_s)$，$\boldsymbol{K}_t=\boldsymbol{\Phi}^{\mathrm{T}}(X_t)\boldsymbol{\Phi}(X_t)$，$\boldsymbol{K}_{st}=\boldsymbol{\Phi}^{\mathrm{T}}(X_s)\boldsymbol{\Phi}(X_t)$。后续优化过程和上述基于线性变换的目标函数类似。

6.4 实　　验

6.4.1 实验设置

本章使用三类域适应标准数据集来验证所提算法的有效性。第一类数据集为办公类数据集 Office-31，5.3.1 节已介绍，此处不再赘述。第二类数据集为 Office-Home 数据集，此数据集对于域适应任务更加具有挑战性，因为该数据集总共包含来自常见的办公类和居家类的 15 500 幅图像和 65 个类别。数据集中的图像主要来源于四个领域，分别是艺术图像（artistic images，Ar）、美工图（clip art，Cl）、产品图像（product images，Pr）和实景图像（real-world images，Rw）。图 6-2 展示了该数据集的部分图像样例。第三类数据集为 ImageCLEF-DA 数据集。5.3.1 节已介绍，此处不再赘述。上述三个数据集共享 12 个类别标签，每个类别包含 50 张图片。

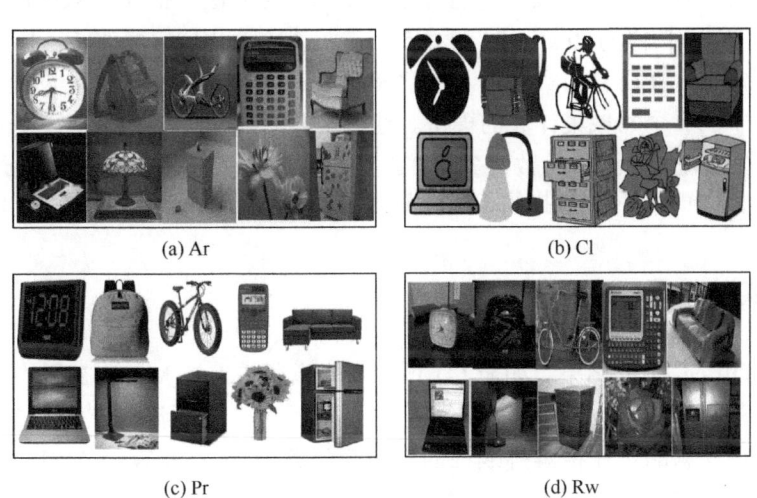

图 6-2　Office-Home 数据集图像样例

本章使用了一些最新的域适应方法作为实验的基准对比方法，如下。

(1) 浅层非监督域适应方法：JDA 和 JGSA，该类方法使用基于硬性目标域样本标签学习的方法来匹配跨域样本之间的边缘和条件分布信息；图适应知识迁移（graph adaptive knowledge transfer，GAKT）[47]使用单一标签反向传播算法估计目标域样本标签的类中心。

(2) 最新的深度域适应方法：ResNet50 作为全部深度域适应方法的主干网络，也作为非域适应处理时的基准方法；DDC 在深度网络的倒数第二层后加入 MMD 域适应结构来缩小跨域样本的边缘分布差异性；DAN 在 DDC 的基础上把单核 MMD 改为多核 MMD，增强其自适应学习效果；JAN 使用多核 MMD 方法在深度网络的所有全连接层中实施联合分布匹配；MADA 借助硬性标签目标域样本学习的方式来挖掘跨域样本的多模态结构信息，从而实现细粒度分布对齐；联合判别性域适应（joint discriminative domain adaptation，JDDA）方法在源域样本中引入判别性属性信息来表征源域样本之间的类别关系；渐进特征对齐网络（progressive feature alignment network，PFAN）在训练类中心跨域模式时，迭代式地引入目标域硬性标签信息；迁移对抗训练（transferable adversarial training，TAT）方法用生成式模式生成可迁移的样本来减少跨域样本之间的域差异性；解耦语义表示（disentangled semantic representation，DSR）方法采用变分自编码方法重建语义潜在变量和域潜在变量信息的关系，进而加强域适应学习。

为了对比的公平性，本章使用类似于 PFAN 的处理协议。鉴于深度特征强大的表征能力，本章使用类似于上述对比深度域适应方法，把 ResNet50 作为本章的特征提取器，具体为 ResNet50 的第 5 个卷积块中池化层提取的特征作为跨域样本的特征信息。在所有的实验中，本章使用 k 近邻图（本次实验 k 设置为 5）作为图模型中的 k 个邻域集计算的模型。通过实验后面的分析，本章设置子空间维度为 $K=200$，以及迭代轮数为 $T=10$。对于数据集 Office-31，正则项最优参数 $\mu=1.0$，$\nu=0.9$，对于数据集 Office-Home，正则项最优参数 $\mu=0.5$，$\nu=0.9$。

6.4.2 实验结果

(1) Office-31 的结果。如表 6-1 所示，本章所提方法 MSLT 在平均准确率上优于所有的深度方法。6 个任务中的 4 个任务优于两个最新深度方法 TAT 和 DSR。同时，值得注意的是在极具挑战性的域适应任务 D→A 和 W→A 中，源域样本的数据量远远少于目标域样本的数据量，MSLT 也展示出具有竞争性的结果。在这种比较困难的迁移学习任务中取得的竞争性结果，证实了条件分布匹配学习中引入柔性目标域标签信息以及考虑源域样本和目标域样本之间的权重关系的重要性，同时表明本章所提方法可以学习到更多的迁移信息。

表 6-1　不同方法在 Office-31 数据集上的分类准确率　　（单位：%）

方法	A→W	D→W	W→D	A→D	D→A	W→A	平均准确率
ResNet50	68.4	96.7	99.3	68.9	62.5	60.7	76.1
DDC	75.6	96.0	98.2	76.5	62.2	61.5	78.3
DAN	80.5	97.1	99.6	78.6	63.6	62.8	80.4
JAN	85.4	97.4	99.7	84.7	68.6	70.0	84.3
MADA	90.0	97.4	99.6	87.8	70.3	66.4	85.3
JDDA	82.6	95.1	99.7	79.8	57.4	66.7	80.2
PFAN	83.0	99.1	99.9	76.3	66.3	60.8	80.9
TAT	92.5	99.3	100.0	93.2	73.1	72.1	88.4
DSR	93.1	98.7	99.8	92.4	73.5	73.9	88.6
MSLT	93.3	99.3	99.2	92.4	73.7	74.1	88.7
JAN + MSLT	93.5	99.5	100.0	93.4	73.9	74.5	89.1
MADA + MSLT	94.2	99.8	100.0	93.8	74.1	74.8	89.5

本章也想进一步验证所提方法加入深度域适应方法中是否有效。对此，本章对两种比较具有代表性的方法 JAN 和 MADA 进行实验验证。表 6-1 显示，加入了 MSLT 方法结构后，两种方法的平均准确率都得到了极大的提升，分别从 84.3% 提高到 89.1%、85.3% 提高到 89.5%。MADA + MSLT 甚至击败了 DSR。

（2）Office-Home 的实验结果。正如表 6-2 所示，很显然，本章所提方法 MSLT 在所有的迁移任务中都超过了那些浅层域适应方法。相对于那些最好的深度域适应方法，如 TAT 和 DSR，MSLT 也取得了极具竞争性的结果，在 11 个任务中，有 10 个任务取得了最好的结果。

表 6-2　不同方法在数据集 Office-Home 上的分类准确率　　（单位：%）

方法	Ar↓Cl	Ar↓Pr	Ar↓Rw	Cl↓Ar	Cl↓Pr	Cl↓Rw	Pr↓Ar	Pr↓Rw	Rw↓Ar	Rw↓Cl	Rw↓Pr
JGSA	28.8	37.6	48.9	31.7	46.3	46.8	28.7	54.5	40.6	40.8	59.2
GAKT	34.5	43.3	55.3	36.1	52.7	53.2	31.6	61.4	45.6	44.6	64.9
ResNet	34.9	50.0	58.0	37.4	41.9	46.2	38.5	60.4	53.9	41.2	59.9
DAN	30.7	42.2	54.1	32.8	47.6	49.8	29.1	60.7	44.9	45.1	62.5
JAN	45.9	61.2	68.9	50.4	59.7	61.0	45.8	70.3	63.9	52.4	76.8
TAT	51.6	69.5	75.4	59.4	69.5	68.6	59.5	76.8	70.9	56.6	81.6
DSR	53.4	71.6	77.4	57.1	66.8	69.3	56.7	75.7	68.0	54.0	79.5
MSLT	54.2	73.9	77.8	58.9	70.1	71.9	59.5	78.4	72.4	56.9	83.9

上述实验结果揭示了如下几个现象。

在域适应学习过程中，迭代式地引入目标域样本的标签信息可以促进最终的域适应结果。从表 6-1 和表 6-2 中可以看出，相比那些不引入目标域标签信息的方法如 DDC、DAN、JDDA 等，MADA 和本章所提方法都取得了更好的结果；但 JDDA 和 PFAN 的平均准确率相当，主要原因是 JDDA 模型引入了源域样本的判别性特征学习结构，增强了域适应学习效果。

基于硬性目标域标签学习的算法 JGSA、PFAN 和 MADA 在域适应的过程中，给予目标域样本唯一的标签信息，这种情况由于跨域样本分布差异性的存在以及分类器存在过拟合风险等缺点，临时学习到的目标域伪标签存在错误的可能，若一开始就引入了错误的目标域标签信息，那么接下来的域适应效果受到影响在所难免，而且它们也没有考虑跨域样本在域适应学习过程中先验结构信息的保持，弱化了域适应和分类器的学习能力。相反，本章所提方法 MSLT 巧妙地为目标域样本给予柔性标签信息，使用标签传播算法学习目标域动态变化的标签概率分布信息，充分挖掘并保持了跨域样本之间在映射变化后的结构信息，提高了分类器的泛化性能，学习到的样本属于所有类的置信值都参与了条件分布匹配，在一定程度上提高了最终的学习效果。

相比目前最好的浅层域适应算法 GAKT 以及最新的深度域适应方法 TAT 和 DSR，MSLT 取得了极具竞争性的结果。这主要是因为只有 MSLT 在学习域不变信息的过程中，使用基于图模型的标签学习机制来保持跨域样本之间的流行结构信息并使所学习到的域不变特征具有较好的判别性。使用 $L_{2,1}$ 范数来约束源域样本的子空间转化矩阵，在一定程度上过滤掉那些和目标域无关的噪声源域样本，这些因素共同促进了 MSLT 的学习。

6.4.3　实验分析

本节从消融学习、错分类样本分析角度来进一步验证本章所提方法的有效性。

（1）消融学习。MSLT 由三个重要的成分组成：标签传播（label propagation，LP）结构、样本的赋权选择（sample weight selection，SWS）结构以及判别性属性（discriminative property，DP）结构。我们使用消融学习来探讨不同成分在 MSLT 中的作用。方法 MSLT-LP 表示模型在学习判别性域不变信息时使用硬性目标域样本信息；方法 MSLT-SWS 表示模型默认源域中的样本不存在噪声样本；方法 MSLT-DP 表示使用柔性目标域标签和样本选择策略，但是不保持跨域样本之间的判别性特征属性来学习域不变的特征。从表 6-3 中可以发现，在考虑过滤掉源域样本中的噪声样本后，MSLT-DP 取得了比 MSLT-LP 更好的效果，进一步证实了目标域样本使用柔性标签的策略可以在一定程度上减轻潜在的错误硬性目标域标签引进的错误信息带来的负面影响。MSLT-DP 效果优于 MSLT-SWS，说明在域适应过程中剔除噪声源域样本的重要性。MSLT 得到了最好的结果，证实了方法中所有成分都设计合理且具有相互促进的作用。

表 6-3 消融学习的分析结果（准确率） （单位：%）

方法	A→W	D→W	Ar→Pr	Ar→Rw
MSLT-LP	91.5	98.0	73.1	75.9
MSLT-SWS	91.8	98.2	73.2	76.3
MSLT-DP	92.4	98.8	73.5	76.8
MSLT	93.3	99.3	73.9	77.8

（2）错分类样本分析。图 6-3 显示了 MADA 和 MSLT 在任务 D→A 中关于类"移动电话"和"活页夹"之间的一些错分类样本信息。对于 MADA，它很容易把一些目标域样本错误地分到和它很相似的其他类源域样本中，进一步说明，不考虑剔除噪声源域样本、引进判别性特征学习结构以及减缓硬性目标域标签学习策略带来的错误信息的影响，MADA 很容易产生负迁移的现象。相反，MSLT 却可以在一定程度上区分出那些相似但不同类的跨域样本。

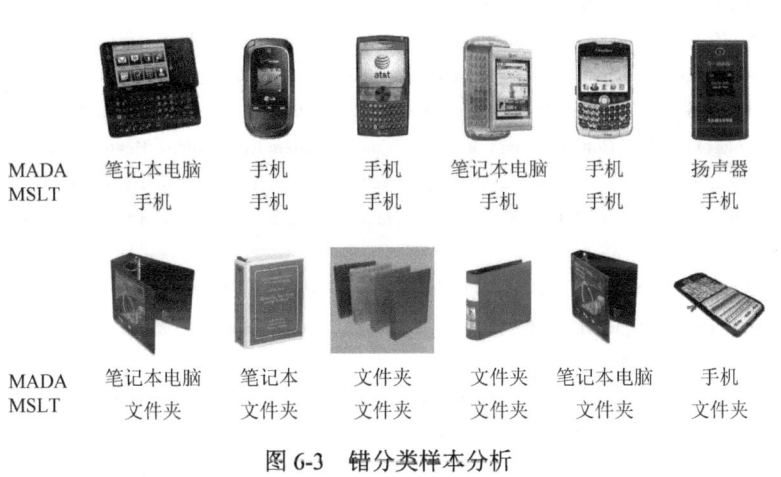

图 6-3 错分类样本分析

6.5 小　　结

本章提出了一种柔性伪标签域适应迁移学习方法，其主要动机是使用赋权法弱化源域样本中那些和目标域关联度小的样本的影响，在迭代式地优化目标域样本的标签信息的同时保持跨域样本特征之间的判别性属性和先验几何结构信息的重要性对学习域不变信息的影响。具体实现就是使用 $L_{2,1}$ 范数约束源域样本的子空间转化矩阵，根据其和目标域样本的关联度重新赋予源域样本权重。引入标签传播算法来学习目标域样本的柔性标签信息，保持了跨域样本之间的先验几何结构信息。使用学习到的柔性目标域标签信息和已有的带标签的源域样本信息来优化最大均值差异算法，同时使用判别性结构来约束跨域样本之间的类别关系。实验证实了本章所提方法 MSLT 的有效性，对比一些最新的域适应方法都取得了具有竞争性的结果。

参 考 文 献

[1] Pan S J, Tsang I W, Kwok J T, et al. Domain adaptation via transfer component analysis[J]. IEEE Transactions on Neural Networks, 2011, 22（2）: 199-210.

[2] Long M S, Ding G G, Wang J M, et al.Transfer sparse coding for robust image representation[C]. Proceedings of the IEEE Conference on Computer Vision and Pattern Recognition, Portland, 2013: 407-414.

[3] Sun B C, Feng J S, Saenko K. Correlation alignment for unsupervised domain adaptation[A]// Csurka G. Domain Adaptation in Computer Vision Applications. Cham: Springer, 2017: 153-171.

[4] Sun B C, Saenko K. Deep CORAL: Correlation alignment for deep domain adaptation[C]. Computer Vision-ECCV 2016 Workshops, Amsterdam, 2016: 443-450.

[5] Zellinger W, Grubinger T, Lughofer E, et al. Central moment discrepancy（CMD） for domain-invariant representation learning[J]. arXiv: 1702.08811, 2017.

[6] He X W, Zhou Y, Zhou Z C, et al. Triplet-center loss for multi-view 3D object retrieval[C].Proceedings of the IEEE Conference on Computer Vision and Pattern Recognition, Salt Lake City, 2018: 1945-1954.

[7] Zhang J, Li W Q, Ogunbona P. Joint geometrical and statistical alignment for visual domain adaptation[C]. Proceedings of the IEEE Conference on Computer Vision and Pattern Recognition, Honolulu, 2017: 5150-5158.

[8] Chen C Q, Xie W P, Huang W B, et al. Progressive feature alignment for unsupervised domain adaptation[C]. Proceedings of the IEEE/CVF Conference on Computer Vision and Pattern Recognition, Long Beach, 2019: 627-636.

[9] Luo Y W, Zheng L, Guan T, et al. Taking a closer look at domain shift: Category-level adversaries for semantics consistent domain adaptation[C]. Proceedings of the IEEE/CVF Conference on Computer Vision and Pattern Recognition, Long Beach, 2019: 2507-2516.

[10] Pei Z Y, Cao Z J, Long M S, et al. Multi-adversarial domain adaptation[C]. Proceedings of the AAAI Conference on Artificial Intelligence, New Orleans, 2018, 32（1）: 3934-3941.

[11] Xie S A, Zheng Z B, Chen L, et al. Learning semantic representations for unsupervised domain adaptation[C]. International Conference on Machine Learning, Stockholm, 2018: 5419-5428.

[12] Zhang L, Wang P, Liu L Q, et al. Towards effective deep embedding for zero-shot learning[J]. IEEE Transactions on Circuits and Systems for Video Technology, 2020, 30（9）: 2843-2852.

[13] Zhang Y B, Deng B, Jia K, et al. Label propagation with augmented anchors: A simple semi-supervised learning baseline for unsupervised domain adaptation[C]. Computer Vision-ECCV 2020: 16th European Conference, Glasgow, 2020: 781-797.

[14] Zhou D Y, Bousquet O, Lal T N, et al. Learning with local and global consistency[C]. Advances in Neural Information Processing Systems, Vancouver, 2004: 321-328.

[15] Buckman J, Roy A, Raffel C, et al. Thermometer encoding: One hot way to resist adversarial examples[C].International Conference on Learning Representations, Vancouver, 2018.

[16] Balasubramanian S, Melendez-Calderon A, Roby-Brami A, et al. On the analysis of movement smoothness[J]. Journal of NeuroEngineering and Rehabilitation, 2015, 12: 1-112.

[17] Ruspini E H. A new approach to clustering[J]. Information and Control, 1969, 15 (1): 22-32.

[18] Fan M Y, Zhang X Q, Du L, et al. Semi-supervised learning through label propagation on geodesics[J]. IEEE Transactions on Cybernetics, 2018, 48 (5): 1486-1499.

[19] Iscen A, Tolias G, Avrithis Y, et al. Label propagation for deep semi-supervised learning[C]. Proceedings of the IEEE/CVF Conference on Computer Vision and Pattern Recognition, Long Beach, 2019: 5070-5079.

[20] Liu B, Wu Z R, Hu H, et al. Deep metric transfer for label propagation with limited annotated data[C]. Proceedings of the IEEE/CVF International Conference on Computer Vision Workshops, Seoul, 2019: 1317-1326.

[21] Ravi S, Larochelle H. Optimization as a model for few-shot learning[C]. International Conference on Learning Representations, Toulon, 2017.

[22] He K M, Zhang X Y, Ren S Q, et al. Deep residual learning for image recognition[C]. Proceedings of the IEEE Conference on Computer Vision and Pattern Recognition, Las Vegas, 2016: 770-778.

[23] Zhu X, Ghahramani Z. Learning from labeled and unlabeled data with label propagation[R]. Pittsburgh: Carnegie Mellon University, 2002.

[24] Wang F, Zhang C. Label propagation through linear neighborhoods[J]. IEEE Transactions on Knowledge and Data Engineering, 2008, 20 (1): 55-67.

[25] Gregory S. Finding overlapping communities in networks by label propagation[J]. New Journal of Physics, 2010, 12 (10): 103018.

[26] Fujiwara Y, Irie G. Efficient label propagation[C].International Conference on Machine Learning, Beijing, 2014: 784-792.

[27] Böttcher A, Wenzel D. The Frobenius norm and the commutator[J]. Linear Algebra and its Applications, 2008, 429 (8/9): 1864-1885.

[28] Custódio A L, Rocha H, Vicente L N. Incorporating minimum Frobenius norm models in direct search[J]. Computational Optimization and Applications, 2010, 46 (2): 265-278.

[29] Liu Y, Gao Q X, Gao X B, et al. L2, 1-Norm discriminant manifold learning[J]. IEEE Access, 2018, 6: 40723-40734.

[30] Zhao L, Zhang Y, Yin B C, et al. Fisher discrimination-based L2, 1-norm sparse representation for face recognition[J]. The Visual Computer, 2016, 32 (9): 1165-1178.

[31] Wu B L, Wang E Y, Zhu Z, et al. Manifold NMF with L21 norm for clustering[J]. Neurocomputing, 2018, 273: 78-88.

[32] Bear J. On the tensor form of dispersion in porous media[J]. Journal of Geophysical Research, 1961, 66 (4): 1185-1197.

[33] Ruder S. An overview of multi-task learning in deep neural networks[J]. arXiv: 1706.05098, 2017.

[34] Evgeniou T, Pontil M. Regularized multi-task learning[C].Proceedings of the 10th ACM SIGKDD International Conference on Knowledge Discovery and Data Mining, Seattle, 2004: 109-117.

[35] Liu H, Motoda H. Computational Methods of Feature Selection[M]. Boca Raton: CRC Press, 2007.

[36] Kira K, Rendell L A. A practical approach to feature selection[A]//Machine Learning Proceedings 1992. Amsterdam: Elsevier, 1992: 249-256.

[37] Xu M H, Zhang J A, Ni B B, et al. Adversarial domain adaptation with domain mixup[J].Proceedings of the AAAI Conference on Artificial Intelligence, 2020, 34 (4): 6502-6509.

[38] Ge Y X, Chen D P, Li H S. Mutual mean-teaching: Pseudo label refinery for unsupervised domain adaptation on person re-identification[J]. arXiv: 2001.01526, 2020.

[39] Yao Y, Zhang Y, Li X T, et al. Heterogeneous domain adaptation via soft transfer network[C]. Proceedings of the 27th ACM International Conference on Multimedia, Nice, 2019: 1578-1586.

[40] Li J Y, Seltzer M L, Wang X, et al. Large-scale domain adaptation via teacher-student learning[J]. arXiv: 1708.05466, 2017.

[41] Kumar A, Ma T Y, Liang P. Understanding self-training for gradual domain adaptation[C]. Proceedings of the 37th International Conference on Machine Learning, New York, 2020: 5468-5479.

[42] Dziugaite G K, Roy D M, Ghahramani Z. Training generative neural networks via maximum mean discrepancy optimization[J]. arXiv: 1505.03906, 2015.

[43] Arbel M, Korba A, Salim A, et al. Maximum mean discrepancy gradient flow[J]. arXiv: 1906.04370, 2019.

[44] Sutherland D J, Tung H Y, Strathmann H, et al. Generative models and model criticism via optimized maximum mean discrepancy[J]. arXiv: 1611.04488, 2016.

[45] Belkin M, Niyogi P, Sindhwani V. Manifold regularization: A geometric framework for learning from labeled and unlabeled examples[J]. Journal of Machine Learning Research, 2006, 7: 2399-2434.

[46] Williams E. Representation Theory[M]. Cambridge: MIT Press, 2002.

[47] Ding Z M, Li S, Shao M, et al. Graph adaptive knowledge transfer for unsupervised domain adaptation[C]. Proceedings of the European Conference on Computer Vision, Munich, 2018: 36-52.

第7章 科技大数据中的学者研究兴趣预测

7.1 引　　言

在科技大数据中通常采用科技知识网络来实现科技知识的预测。科技知识网络是基于科技大数据构造的异质知识网络。在科技知识网络中，用节点的形式表示实体，用边的形式表示实体间的关系，这些关系可能是有向的，也可能是无向的。具体地，在如图 7-1 所示的科技知识网络中，节点的类型包括学者（A）、论文（P）、会议（C）、机构（I）和研究领域（D），边的类型包括学者间的合著（coauthor）关系等[1]。在图 7-1 的网络中，若节点 b 和节点 c 之间存在"合著"关系，则表示为三元组形式，即（b, 合著, c）。整个网络使用三元组集合的形式表示，即 $G=\{(h,r,t)\}$，其中 h 表示头实体，r 表示关系，t 表示尾实体。需要注意的是，科技知识网络是一个异质的网络结构，网络中存在多种类型的实体和关系。其中，科技知识网络中的实体包含科研主体（学者、机构等）、科研活动（会议等）、科研产出（论文等）和科研条件[2]。研究科研主体间的关系预测具有非常重要的理论与应用价值。我们根据网络中实体的特征，将科技知识网络中的实体分为个体性实体和群体性实体两类。其中，个体性实体是知识网络中不可再分的节点，该类节点在语义上不会由其他节点构成，例如，学者（A），从语义上无法将学者划分为其他更小概念的实体；而群体性实体是指知识网络中在语义上由其他节点构成的节点，如机构（I），其在语义上是由学者（A）构成的集合，并与构成它本身的学者间存在"从属"的层次关系。如图 7-1 所示的科技知识网络中，个体性实体包括学者（A）、论文（P）、会议（C）和研究领域（D），群体性实体包括机构（I）。另外，我们根据边的方向性把网络中的关系分为两类：有向关系和无向关系。其中有向关系指的是实体间的关系存在一定的方向性，如果将关系两端的实体调换位置，则该三元组不成立，如 Tim Cook 和 Apple 之间存在"从属"关系，这个关系由 Tim Cook 指向 Apple，表示为 Tim Cook 从属于 Apple，这类关系头、尾节点不可互换；无向关系，如 Apple 和 Google 之间存在"合作"关系，这类关系可以交换头、尾节点，而关系仍然正确。具体地，科技知识网络中的有向关系包括论文间的引用（cite）关系、学者与机构间的从属（affiliate）关系、学者与论文间的写作（write）关系、会议与论文间的发表（publish）关系、学者与研究领域之间的从事（engage）关系；而无向关系包括学者间的合著（coauthor）关系、机构间的合作（collaboration）关系。

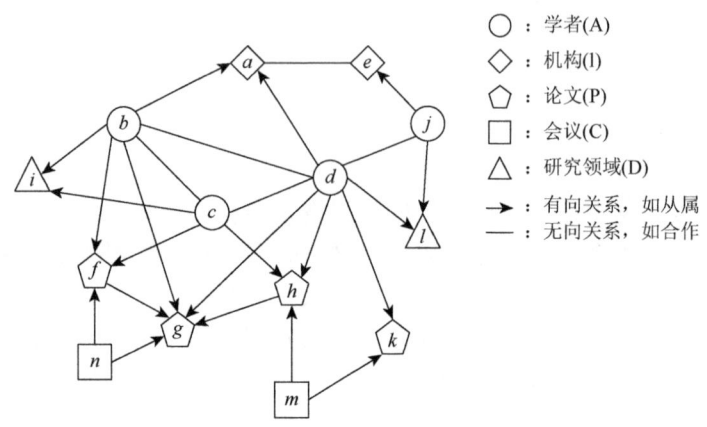

图 7-1 科技知识网络示例

科研主体间关系预测，旨在利用现有科技知识网络中的结构和语义信息，发掘出网络中科研主体间缺失的关系或未来可能产生的关系。其中，结构信息包括科技知识网络中不同类型节点间的层次结构、节点具有的共同邻居和属性等结构特征。同时，知识网络中实体间的关系赋予了实体一定的语义，如一些关系类型可以表示实体的组成信息，一些关系的有向性可以表示头、尾实体的主、被动信息等。这里需要注意的是，尽管本章主要针对科研主体间的关系进行预测，但网络中其他类型的实体信息，如科研活动、科研产出和科研条件，在计算过程中依然要考虑在内。

当前科技知识网络的不同实体之间往往存在着广泛的、错综复杂的关系，可以体现为学者与学者、学者与机构、机构与机构、学者与研究领域等实体之间的多重互联。而这些关系会随着时间的演化而不断发生变化。因此，如何把握科技知识的发展规律，先一步预测科技资源的发展方向，并提前做出准备，是当前政府、企业和个人所关注的重要问题。由于科技知识网络中的数据具有规模巨大、来源广泛、学科交叉、增长量大等特征，往往无法使用人力对科技知识网络中的数据进行有效的预测，而关系预测是处理大规模数据的重要手段之一，在对数据进行深度分析和预测的过程中发挥着重要作用，具有重要的研究意义。同时，当前现有的科技服务平台（如 AceMap、AMiner）提供的服务大都是基于已有的科技资源做出的汇总与统计，很少有对未来科技信息的预测和对不同用户的精准化推荐服务。而对科技知识网络中科研主体间关系的预测分析是提供准确、有效的精准化、个性化服务的重要手段。具体地，面向科技知识网络的关系预测可以为企业提供科技发展的风向标，如为企业提供未来合适的发展和投资方向；为个人提供科技资源的精准推荐，如为个人推荐合适的合作者、导师、学校；为政府提供科技产业的决策支持，如帮助政府寻找合适的合作、投资企业。因此，面向科技知识网络的科研主体间的关系预测是提供精准化科技服务的一个重要方法和手段，吸引了大量的研究目光。

学者研究兴趣预测旨在预测学者未来会从事哪个领域的研究，从而预测未来的科技研究热点，为企业提供科技发展的风向标。对学者研究兴趣的预测可以看作发现学者与研究领域间潜在的"从事"关系的过程。随着信息时代的到来，科研人员关注的研究热点往往不会一成不变，而是随着时间推移、国际形势变化和社会需求等在不断变化。除此之外，随着每年可获得的科技资源规模的不断增加，已经无法使用人工识别出那些可能产生长期科学影响的研究热点[3]。因此，如何有效识别当前科技领域的研究热点，并对未来科技热点的变化情况进行预测是一个至关重要的问题。学者研究兴趣预测技术可以根据网络的历史和现实数据信息，推测未来的研究热点和发展动态，为科研人员提供学术帮助，为企业的未来技术发展路线提供参考。

不同学者对同一领域的研究催生了学者间的合作。在科技知识网络中，学者间的合作主要表现为学者间合著关系的形式。学者间合著关系预测旨在发掘出科技知识网络中学者实体间潜在的"合著"关系，并将其推荐给用户，从而促进科研人员间的合作交流。利用关系预测技术，根据已有的网络信息，主动发掘与特定科研人员存在潜在合作关系的其他科研人员，为科研人员提供科研合作者候选名单。同时，可以根据科研人员的属性等结构信息进一步筛选出最合适的科研合作者，并主动推荐给科研人员。对学者间潜在的合作关系进行预测对于组建学术交流平台、促进科研人员间的学术交流合作、推动学者职业发展具有重要意义。

然而，只对学者层面的合作进行预测是远远不够的，机构合作是学者合作行为的延伸。对于机构层面合作关系的预测可以促进机构间的合作交流，实现不同学科的知识融合交叉，进一步激励科技产出和创新。机构间合作关系预测旨在发现科技知识网络中科技机构（如科研院所、科技公司、政府部门）间未来可能产生的"合作"关系，从而为政府和管理者提供科技管理的决策支持。随着科学技术的迅速发展，各领域的研究人员、科学出版物和科技机构的数量逐年增加，在大量的统计数据中寻找一个合适的合作机构是一项十分耗费人力与时间的任务。因此，如何快速、有效地选择合适的合作机构对政府部门来说是一个亟待解决的问题。关系预测技术可以帮助政府准确、高效地识别出特定领域内潜在的合作机构，并且预测未来可能会产生的合作关系。机构间合作关系预测可以为政府制定决策提供建议和参考，同时也是发现潜在科技合作的重要途径。因此，对科技知识网络中学者研究兴趣、学者间合著关系和机构间合作关系预测的研究都具有重要意义。

学者研究兴趣预测主要针对学者与研究领域这两类实体，对它们之间未来可能产生的有向关系——"从事"关系进行预测，从而达到预测学者的研究兴趣的目的。学者间合著关系预测主要针对学者这一类实体，预测学者实体间未来可能产生的"合著"这一无向关系。机构间合作关系预测主要针对机构类型实体，对机构间可能产生的"合作"关系进行预测。

上述三者间的关系是层层递进的。具体地，研究兴趣预测是学者合著关系预测的基础，这是因为，如果两个学者有相同或相近的研究兴趣，那么他们之间更可能产生合著关系；类似地，学者合著关系预测是机构合作关系预测的基础，这是因为学者间的合作交流会催生机构间的合作交流，机构合作关系预测比学者合著关系预测更为复杂，需要对个体和群体两个层面的信息进行考虑。

7.2 研究兴趣预测

学者研究兴趣预测是对科技领域内给定学者未来可能从事的研究领域进行预测，从而把握未来的科技热点与方向。在解决该类问题时，现有的方法有基于引文网络的方法[4-6]，主要在引文层面进行聚类分析，进一步预测研究兴趣。但该类方法存在一定的时间滞后性，即一篇文献从发表到被第一次引用通常存在一个时间差。使用基于关键词的研究兴趣预测方法[7,8]可以解决时间滞后的问题，该类方法通过分析词频、词共现性等特征对未来的研究兴趣进行预测。基于复合关系的方法[9,10]融合了上述两种方法的特征，对预测进行了优化，但仍然存在依赖人工、领域迁移性较差等问题。

上述方法都比较依赖网络的结构属性信息，通过网络的结构和属性相似度，进行研究兴趣的预测。由于不同类别的属性对预测任务的重要性不同，需要设计不同的属性相似度计算函数，对人的先验知识有很大的依赖性。然而，数据集和属性类别不同，属性相似度计算函数也需要相应变化。对于不同领域和不同类型的知识网络，相同属性的重要程度可能不同，例如，时间属性对于引文网络来说是一个重要属性信息，但对于关键词网络来说并不重要。这就需要针对不同网络的属性类型和重要程度设计不同的属性相似度计算函数。因此上述三类方法都需要人工构造特征，会耗费大量人力。与此同时，知识网络中还包含大量的语义信息，现有的方法忽略了这些语义信息。因此，如何将知识网络中广泛存在的语义信息利用到预测任务中，并提升模型的自动化程度、减少人工参与,是本章面临的第一个问题。

知识网络中利用语义信息进行预测的最典型的建模方式是基于表示学习的关系预测方法,该方法将知识网络中的实体和关系都映射到低维空间中,并表示为低维向量的形式,在训练与测试过程中直接用数学表达式来计算各个实体之间的语义关系。这类方法可以处理大量数据,而且不需要人工参与,直接获取到数据的深层特征。现有的学者研究兴趣预测工作显示结构信息对于提高预测准确性具有重要意义。然而,基于表示学习的方法虽然对语义信息进行了建模,却完全没有考虑到知识网络中的结构信息,限制了预测的效果。因此,如何同时利用网络中的属性和语义信息进行预测,也是本章主要面临的问题。

综上所述,我们需要解决的问题是如何融合知识网络中的结构和语义信息进行关系预测,同时提升模型的通用性和自动化程度,提高预测的准确率。

7.3 自适应属性选择的学者研究兴趣预测方法

本节首先描述自适应属性选择的学者研究兴趣预测方法的整体架构,说明其由预处理模块、自适应属性选择模块、关系预测模型训练模块和属性强约束候选实体对预测模块组成,然后从这几个模块分别进行阐述。

7.3.1 方法总体框架

自适应属性选择的学者研究兴趣预测方法,基本思想是将科技知识网络中的三元组划分为关系三元组和属性三元组集合,其中属性三元组应用于自适应属性选择模块,关系三元组应用于关系预测模型训练模块,最后根据训练得到的关系预测模型,将待预测学者实体和研究领域实体视为具有从事(engage)关系的三元组,从而使用属性强约束对知识网络中的预测结果进行约束。算法具体流程如图 7-2 所示,一共包括四个模块。

(1)预处理模块,根据输入的三元组形式的知识网络,生成训练数据集,并将训练数据集划分为关系三元组集合和属性三元组集合两部分。具体地,知识网络中显性存在的关系,如从事、写作、引用等,为关系三元组,而网络中隐性存在的特征,如共被引指数、词共现数等,为属性三元组。

(2)自适应属性选择模块,根据数据属性特征和学者研究兴趣预测任务的特殊性,生成针对该预测任务的最优属性划分序列。具体包括三个子模块:①属性三元组训练集生成模块,已有的属性三元组集合无法直接用于训练,根据属性类型的不同,将属性分为单值属性和多值属性,分别计算其属性特征值,

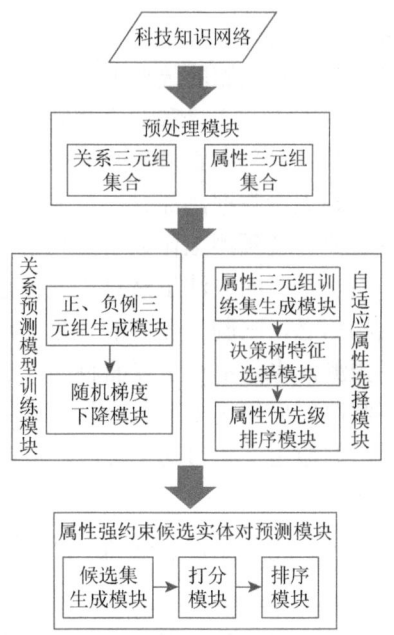

图 7-2　自适应属性选择的学者研究兴趣预测算法流程图

生成训练集；②决策树特征选择模块，选取具有分类能力的属性，使选择出来的属性特征能够将正例和负例三元组准确地区分开，如果某个属性对本次分类不会产生影响或者产生的影响很低，这个属性就是没有分类能力的无用特征，可以将其抛弃；③属性优先级排序模块，使用信息增益（information gain）来计算属性的纯度，即根据数据集特点，自适应地得到预测任务的最优划分属性。

（3）关系预测模型训练模块，学习并生成关系预测模型，即实体、关系的向量表示。包括两个子模块：①正、负例三元组生成模块，具体地，将知识网络中的实体和实体间的关系都变成三元组的形式，这些知识网络中实际存在的三元组就是正例三元组；同时，对每个正例三元组，随机替换头实体、尾实体或关系，生成知识网络内不存在的三元组，就是负例三元组；②随机梯度下降模块，通过随机梯度下降函数，对基于间隔的损失函数进行优化，最终学习得到实体和关系的向量表示。

（4）属性强约束候选实体对预测模块，根据训练得到的预测模型，生成候选实体对。该模块包括 3 个子模块：①候选集生成模块，对每个给定学者实体，生成类型约束的候选实体集；②打分模块，根据预测模型学习得到的向量表示，结合自适应属性选择模型得到的最优划分属性序列，进行属性约束，对候选实体进行打分;③排序模块,根据打分对候选实体集进行排序,选出分数最高的实体作为给定学者实体的预测结果。

7.3.2 基于决策树的自适应属性选择

自适应属性选择模块的关键在于如何选取最优划分属性。本章使用决策树模型,选取最能划分出学者与研究领域间是否存在"从事"关系的属性类型作为最优划分特征,即根据数据集特点,自适应地得到学者研究兴趣预测任务的最优划分属性。

具体地,首先将训练数据集 T 划分为属性三元组集合 $T_a = (h,a,v)$ 和关系三元组集合 $T_r = (h,r,t)$ 两部分。使用已标注的从事关系实体对构建正例三元组集合 $T_p = (h, \text{engage}, t)$,随机替换这些正例三元组的头实体或尾实体,得到负例三元组集合 $T_n = (h', \text{engage}, t')$。然后构建从事三元组集合 $T_{\text{engage}} = T_p \bigcup T_n$。其中,正例三元组的类别标签值为1,负例三元组的类别标签值为-1,即

$$C = (C_i), \quad 1 \leqslant i \leqslant |T_{\text{engage}}|$$

$$C_i = \begin{cases} 1, & (h_i, \text{engage}, t_i) \in T_p \\ -1, & (h_i, \text{engage}, t_i) \in T_n \end{cases} \quad (7\text{-}1)$$

式中,C_i 表示 T_{engage} 中第 i 个三元组的类别标签;C 是由 C_i 构成的列矩阵。

由于现有的研究兴趣预测方法已经证明了属性等结构信息在预测中的有效性,因此我们使用属性相似度作为特征,构造特征值矩阵,实现自适应属性选择。需要注意的是,在科技知识网络中,属性往往存在两种情况。一种为单值属性,即网络中的某种属性有且只有一个值,如学者实体的姓名、年龄,研究领域实体的共现次数等。另一种为多值属性,即实体的某种属性可以同时存在多个值,如学者实体的关键词、职业等,直接使用它们会导致属性信息的离散度较大,降低自适应属性选择的准确度。因此,对于多值属性,我们计算从事三元组集合 T_{engage} 中三元组头、尾实体对应属性值的雅卡尔指数作为特征值,而对于单值属性,直接使用头、尾实体数字化属性值差值的绝对值作为特征值,得到自适应属性选择模型的训练集。具体如下:

$$D = (D_{i,j}), \quad 1 \leqslant i \leqslant |T_{\text{engage}}|, 1 \leqslant i \leqslant |A|$$

$$D_{i,j} = \begin{cases} \dfrac{|V_{(h_i,a_j)} \bigcap V_{(t_i,a_j)}|}{|V_{(h_i,a_j)} \bigcup V_{(t_i,a_j)}|}, & a_j \text{为多值属性} \\ |v_{(h_i,a_j)} - v_{(t_i,a_j)}|, & a_j \text{为单值属性} \end{cases} \quad (7\text{-}2)$$

式中,$D_{i,j}$ 表示特征矩阵 D 中第 i 行、第 j 列的值;A 是由候选属性类型构成的集

合；$V_{(h_i,a_j)}$ 和 $V_{(t_i,a_j)}$ 分别表示 T_{engage} 中第 i 个三元组中头、尾实体的第 j 个属性类型的属性值集合；$v_{(h_i,a_j)}$ 和 $v_{(t_i,a_j)}$ 分别表示 T_{engage} 中第 i 个三元组中头、尾实体的第 j 个属性类型的属性值。

基于决策树的自适应属性选择模型的关键在于如何选取最具有分类能力的属性，使选择出来的属性能够尽量准确地将正例和负例三元组区分开。如果某个属性对本次分类产生的影响很低或甚至不会产生影响，那么就可认为该属性对数据集分类能力有限，属于无用特征，可以将其抛弃。这个过程就是决策树的特征选择过程。在关系预测任务中，由于训练数据的类别标签只有两类（±1），因此可以将其转化为一个二分类问题，最优划分属性就是尽量使划分的样本属于同一类别，也就是纯度最高的属性。本章使用信息增益来计算属性的纯度。信息增益越大，表示使用该属性对数据集划分所获得的纯度提升越大，也就是说该属性的划分优先级越高。具体地，计算候选属性集合中每一个属性的信息增益，并按照升序输出。基于决策树的最优划分属性选择算法具体如算法 7-1 所示。

算法 7-1　基于决策树的最优划分属性选择算法

输入：训练数据特征值矩阵 $\boldsymbol{D}$
对应类别标注矩阵 $\boldsymbol{C}$
候选属性集合 $A = \{a\}$
输出：最优划分属性序列

1. **for** $a_i \in A$ **do**
2. 对 a_i 在 $\boldsymbol{D}$ 中的值进行升序排序，得到序列 $v_i^1, v_i^2, \cdots, v_i^n, \cdots, v_i^N$
3. $T_{a_i} = \left\{ \dfrac{v_i^n + v_i^{n+1}}{2} \right\},\quad 0 < n < N$
4. 基于划分点 $t \in T_{a_i}$ 将 $\boldsymbol{D}$ 划分为 $\boldsymbol{D}_t^-$ 和 $\boldsymbol{D}_t^+$
   $D_t^- = \{v_i^n \mid v_i^n \leqslant t\},\quad D_t^+ = \{v_i^n \mid v_i^n > t\}$
5. $\text{Gain}(\boldsymbol{D}, a_i) = \max\limits_{t \in T_{a_i}} \text{Gain}(\boldsymbol{D}, a_i, t) = \max\limits_{t \in T_{a_i}} \left(\text{Ent}(\boldsymbol{D}) - \sum\limits_{\lambda \in \{-,+\}} \dfrac{|\boldsymbol{D}_t^\lambda|}{|\boldsymbol{D}|} \text{Ent}(\boldsymbol{D}_t^\lambda) \right)$
6. **end for**

在算法 7-1 中，$\text{Gain}(\boldsymbol{D}, a_i)$ 表示 $\boldsymbol{D}$ 中属性类型 a_i 的信息增益值，该值越大，则属性 a_i 对当前数据集的分类效果越好。$\text{Ent}(\boldsymbol{D}) = -\sum\limits_{k=1}^{K} p_k \log_2 p_k$ 表示信息熵（information entropy），p_k 表示样本集 $\boldsymbol{D}$ 中第 k 类样本所占的比例，本章是一个二分类问题，因此 $k = 2$。将属性按照对应信息增益 $\text{Gain}(\boldsymbol{D}, a_i)$ 的升序进行排列，并输出划分属性序列 $a_1, a_2, \cdots, a_{|A|}$。选择信息增益最大的前 n 个属性作为研究兴趣预测任务的最优划分属性，用于后续的属性强约束模型中。

采用基于表示学习的方式，学习网络中的实体、关系表示和属性约束，从而预测科技知识网络中学者未来的研究兴趣。具体地，将学者研究兴趣预测任务看作知识网络中学者与研究领域实体间的"从事"关系的预测，可以表示为三元组 (e_1, engage, e_2) 的形式，与知识网络的其他三元组共同学习。首先，利用均匀分布初始化知识网络中实体和关系的向量表示，同时，基于关系三元组在向量空间中满足 $h+r \approx t$ 的假设，构造如下损失函数，使正例三元组尽量满足此假设，负例三元组尽量不满足此假设：

$$L = \sum_{(h,r,t) \in \Delta} \sum_{(h',r',t') \in \Delta'} [f_r(h,t) + M_{opt} - f_{r'}(h',t')]_+ \qquad (7\text{-}3)$$

式中，L 为损失函数；$(h,r,t) \in \Delta$ 为正例三元组集合，注意这里的正例三元组集合与 7.3.1 节所述的正例三元组集合不同，前面所述的正例三元组集合只包含 $r^* =$ engage 的三元组，而这里的三元组集合包含知识网络中所有的三元组；M_{opt} 为最优间隔。具体地，将知识网络中的实体、关系以三元组形式输入，这些知识网络中实际存在的三元组即正例三元组。$(h',r',t') \in \Delta'$ 为负例三元组集合，构造负例三元组的方式与 7.3.1 节中类似，随机替换每个正例三元组的头、尾实体或关系，生成知识网络内不存在的三元组，也就是负例三元组。特别地，对于 $r^* =$ engage 的三元组，为了使生成的负例更有针对性，替换实体与原实体应该属于同一个实体类型。

$f_r(h,t)$ 是三元组 (h,r,t) 的打分函数，用来衡量三元组的损失：

$$f_r(h,t) = \| h+r-t \| \qquad (7\text{-}4)$$

接下来，优化损失函数，对实体对的头实体向量、关系向量和尾实体向量迭代进行更新，当损失函数满足预设条件时，更新得到的头实体、关系和尾实体向量作为训练模型。损失函数满足预设条件包括损失函数计算达到最大迭代次数，或损失函数的结果值在各次迭代中保持不变。采用随机梯度下降方法更新损失函数，采用 L_2 范式时，向量更新方式如下：

$$\forall i \in \{0, 1, 2, \cdots, \dim\}$$
$$h_i = h_i - \mu \times 2 \times |t_i - h_i - r_i|$$
$$r_i = r_i - \mu \times 2 \times |t_i - h_i - r_i|$$
$$t_i = t_i + \mu \times 2 \times |t_i - h_i - r_i|$$
$$h'_i = h'_i - \mu \times 2 \times |t'_i - h'_i - r'_i|$$
$$r'_i = r'_i - \mu \times 2 \times |t'_i - h'_i - r'_i|$$
$$t'_i = t'_i - \mu \times 2 \times |t'_i - h'_i - r'_i| \qquad (7\text{-}5)$$

式中，dim 是向量空间的维度；h_i 代表 h 的第 i 维向量；r_i 代表 r 的第 i 维向量；t_i 代表 t 的第 i 维向量；μ 为学习率。基于表示学习的关系预测模型训练算法具体如算法 7-2 所示。

算法 7-2　基于表示学习的关系预测模型训练算法

输入：训练三元组 $T = \{(h,r,t)\}$，实体集合 E 和关系集合 R
算法参数：嵌入维度 d，间隔 M，学习率 μ，迭代轮数 ep，并行线程数 p
输出：训练后的实体和关系的嵌入向量
1. 初始化：通过均一分布初始化 $r \in R, e \in E$
2. loop:
3. 　　$e \leftarrow e/\|e\|$
4. 　　$S_{batch} \leftarrow$ 大小为 b 的样本 (S, b)
5. 　　$T_{batch} \leftarrow$ 初始化三元组
6. 　　for $(h,r,t) \in S_{batch}$ do
7. 　　　　$(h',r,t') \leftarrow$ 对负例三元组采样 $S_{(h',r,t')}$
8. 　　　　$T_{batch} \leftarrow T_{batch} \cup \{(h,r,t),(h',r,t')\}$
9. 　　end for
10. 　最小化损失函数，$\sum[M + d(h+r,t) - d(h'+r,t')]$
更新实体和关系的表示向量
11. end loop

7.3.3　基于属性强约束的学者研究兴趣预测

在预测过程中，若给定学者类型头实体 h，推断与 h 存在"从事"关系的研究领域类型尾实体 t，则根据打分函数对所有实体关系对 (h,r,t') 打分，取打分值最高的 t' 作为预测结果。打分函数定义如下：

$$f_{predict}(h,r,t') = (1 + \text{Dist}(h,t'))\|h + r - t'\| \tag{7-6}$$

式中，$\text{Dist}(h,t')$ 为属性相似度距离；$\|h+r-t'\|$ 描述实体对语义关系的相似度。这里对于属性类型的选择和权重的设定依赖于属性自适应选择的结果。具体地，取信息增益最大的前 n（$n=2$）个属性作为预测任务的最优划分属性，表示为 $a_i (0 < i \leqslant n)$，则两实体属性相似度距离为

$$\text{Dist}(h,t') = \sum_{i=1}^{n} w_i \times \text{sim}(h,a_i,t') \tag{7-7}$$

式中，w_i 表示属性 a_i 的约束权重，取值范围为 0~1，优先级高的属性权重大，即 $w_1 > w_2$；$\text{sim}(h,a_i,t')$ 表示候选实体对在属性 a_i 上的相似度，属性相似度计算方式如下：

$$\text{sim}(h,a_i,t') = \begin{cases} \dfrac{|V_{(h,a_i)} \cap V_{(t',a_i)}|}{|V_{(h,a_i)} \cup V_{(t',a_i)}|}, & a_i \text{为多值属性} \\ |v_{(h,a_i)} - v_{(t',a_i)}|, & a_i \text{为单值属性} \end{cases} \tag{7-8}$$

依据打分函数 $f_{predict}(h,r,t')$ 将尾实体数据源中的实体由小到大排序 $t^{(1)}, t^{(2)}, \cdots, t^{(n)}$，取打分值最高的实体 $t^{(1)}$ 作为 h 的预测结果。

除此之外，为了提高预测的准确率，我们要求排名第一的尾实体 $t^{(1)}$ 的打分函数 $f_{predict}(h,r,t^{(1)})$ 与排名第二的尾实体 $t^{(2)}$ 的打分函数 $f_{predict}(h,r,t^{(2)})$ 的差值大于阈值 T 才判定 $t^{(1)}$ 和 h 未来可能产生从事关系，即

$$\text{Dist}(h,t^{(1)}) < \text{Dist}(h,t^{(2)})$$
$$f_{predict}(h,r,t^{(1)}) - f_{predict}(h,r,t^{(2)}) > T \tag{7-9}$$
$$T = 1.3 \times (1 + w_1 + w_2)$$

需要注意的是，这里的"从事"关系属于有向关系，只能从学者指向研究领域。因此，我们在进行预测时，固定头实体 h 类型为学者，遍历所有类型为研究领域的尾实体 t，预测得到的最优结果 $t^{(1)}$ 即为该学者未来从事的研究领域，无须进行反向验证。

7.4 实　　验

我们在本节中进行学者研究兴趣预测实验，以验证所提出方法的有效性。

7.4.1 数据集与评价指标

实验数据集来自公开科技数据集 DBLP 和科技服务网站 AMiner。表 7-1 列出了数据集的统计数据的数量。其中，训练集中的关系类型包括"写作""从事""发表""合著""同事""雇佣"6 种，而在验证集和测试集中，为了对学者研究兴趣预测进行测试，我们只选取关系为"从事"的三元组构成验证集与测试集。同时，为了体现出预测任务的特点，本节将时间属性为 2010～2017 年的三元组随机划分为训练集和验证集，选取时间属性为 2018～2019 年的数据作为测试集。

表 7-1　面向科技知识网络的学者研究兴趣预测实验数据数量

类型	训练集	验证集	测试集
实体/个	320 807	68 067	10 574
关系/个	6	1	1
三元组/个	1 837 631	8 630	10 668

实验旨在预测三元组（h, engage, t）的尾实体，即给定 (h, engage, ·) 预测 t。根据打分函数 $f_r(h,t)$ 返回候选实体列表。

评价指标采用常用的准确率（precision, P）、召回率（recall, R）和 F_1 值。准确率表示预测结果的准确程度，准确率的定义如下：

$$P = N_{success} / N_{total} \tag{7-10}$$

式中，N_{total} 表示待预测的三元组总数；$N_{success}$ 表示算法得到的正确预测结果数目。

召回率的定义如下：

$$R = R_{success} / R_{total} \quad (7\text{-}11)$$

式中，R_{total} 表示所有真实存在的三元组数目；$R_{success}$ 表示预测得到的正确的三元组数目。F_1 值则是综合准确率和召回率的评估指标，是用于反映整体的指标，其定义如下：

$$F_1 = 2 \times R \times P / (R + P) \quad (7\text{-}12)$$

7.4.2 对比方法与参数设置

对比方法包括一些传统的学者研究兴趣预测方法及经典的基于表示学习的关系预测方法，包括：①基于引文网络的文献耦合方法；②基于关键词的主题模型方法；③基于复合关系的混合相似度方法；④基于表示学习的关系预测方法 TransE、TransH 和 TransR。

本实验中采用的参数为 $d = 100$；$M = 2.0$；$\mu = 0.01$；$ep = 1000$；$p = 10$。自适应属性选择模型得到的最优属性类型 $a_1 = <\text{co\_occure}>$，$a_2 = <\text{keywords}>$，即研究领域共现次数和学者关键词，对应的权重参数为 $w_1 = 1.0$，$w_2 = 0.75$。

7.4.3 实验结果分析

学者研究兴趣预测实验结果如表 7-2 所示，可以看出以下几点。

表 7-2 学者研究兴趣预测实验结果

方法	P/%	R/%	F_1/%
文献耦合方法	27.88	62.38	39.48
主题模型方法	32.58	54.83	40.88
混合相似度方法	37.05	52.47	43.43
TransE	42.42	41.97	42.19
TransH	47.04	46.30	46.66
TransR	35.04	31.12	32.96
本章方法	**61.34**	**60.38**	**60.86**

（1）基于表示学习的关系预测方法 TransE、TransH，与其他对比方法相比，准确率有明显提升。这是由于基于表示学习的方法对知识网络中的语义信息进行了建模，证明了语义信息对于研究兴趣预测的重要性。

（2）传统的学者研究兴趣预测方法获得了较高的召回率，这是因为这些方法在预测中只使用了结构信息，对输出的预测结果限制力较弱，将可信度不高的预测结果一起输出，因此出现了召回率较高而准确率较低的问题。

（3）在准确率和 F_1 值方面，本章方法的准确率与对比方法相比均有较大提升，这是由于本章方法同时使用了属性自适应选择模型和表示学习预测模型，融合了知识网络中的语义关系和结构化属性信息，提高了模型的信息丰富程度，因此提升了模型的准确率和 F_1 值。

7.5 小 结

本章针对基于引文、关键词和复合关系的传统预测方法多利用网络结构、缺乏对语义信息的有效利用；利用人工先验知识、难以在领域间迁移的问题，利用基于表示学习的关系预测模型，将语义信息利用到学者研究兴趣预测中，提升预测效果。同时，由于基于表示学习的模型缺乏对结构信息的使用，首先对知识网络中的结构信息进行自适应选择，得到最优划分属性序列，用于后续模型中；然后，将学者研究兴趣预测问题转化为学者实体与研究领域实体间的"从事"关系预测问题，训练基于表示学习的关系预测模型，为网络中的语义关系建模；基于关系预测模型和自适应属性选择的结果能够自动预测给定学者的研究兴趣。在真实科技数据集上的实验证明，本章提出的方法能够提升学者研究兴趣预测的效果。

参 考 文 献

[1] Jia Y T, Wang Y Z, Cheng X Q, et al. OpenKN: An open knowledge computational engine for network big data[C]. 2014 IEEE/ACM International Conference on Advances in Social Networks Analysis and Mining（ASONAM），Beijing, 2014: 657-664.

[2] 曾建勋. 基于海量数字资源的科研关系网络构建探究[J]. 情报学报, 2013, 32（9）: 929-935.

[3] Eger S, Li C, Netzer F, et al. Predicting research trends from arxiv[J]. arXiv: 1903.02831, 2019.

[4] Persson O. The intellectual base and research fronts of JASIS 1986-1990[J]. Journal of the American Society for Information Science, 1994, 45（1）: 31-38.

[5] Mukherjee S, Romero D M, Jones B, et al. The nearly universal link between the age of past knowledge and tomorrow's breakthroughs in science and technology: The hotspot[J]. Science Advances, 2017, 3（4）: e1601315.

[6] Small H. Tracking and predicting growth areas in science[J]. Scientometrics, 2006, 68（3）: 595-610.

[7] He Q, Chen B, Pei J, et al. Detecting topic evolution in scientific literature: How can citations help? [C]. Proceedings of the 18th ACM Conference on Information and Knowledge Management, Hong Kong, 2009: 957-966.

[8] Duvvuru A, Kamarthi S, Sultornsanee S. Undercovering research trends: Network analysis of keywords in scholarly articles[C]. 2012 Ninth International Conference on Computer Science and Software Engineering

（JCSSE），Bangkok，2012：265-270.

[9] Boyack K W, Klavans R. Co-citation analysis, bibliographic coupling, and direct citation: Which citation approach represents the research front most accurately? [J]. Journal of the American Society for Information Science and Technology, 2010, 61 (12): 2389-2404.

[10] 葛菲, 谭宗颖. 学科领域主题新兴趋势探测方法研究——基于关键词生命周期和引文分析[J]. 情报理论与实践, 2013, 36 (9): 78-82.

第8章　科技大数据中的学者间合著关系预测方法

学者间合著关系预测是在科技知识网络中，对两个学者实体间未来可能产生的"合著"关系进行预测。最常见的关系预测方法就是基于表示学习的方法。使用基于表示学习的方法虽然可以利用网络的语义进行预测，却忽略了网络的结构信息。对于学者合著关系预测任务，传统的方法是基于结构特征的关系预测方法，这类方法主要利用网络的结构属性，而完全没有使用网络的语义关系。这说明结构信息对于学者间合著关系预测是十分重要的。因此，本章首先提出融合语义与结构信息的学者间合著关系预测框架，其次介绍协同训练框架，再次阐述基于表示学习的关系预测模型训练过程和基于属性强约束的预测过程。最后在两个真实的科技数据集构成的实验数据集上进行实验，证明所提出的融合语义与结构信息的学者间合著关系预测方法的有效性。

8.1　引　　言

使用自适应属性选择模型和表示学习模型可以实现对学者研究兴趣的预测，从而预测科技发展趋势，帮助企业把握未来科技发展动态。但是在科技知识网络的应用中，学者与研究领域的关系只是一部分。事实上，不同学者对同一研究领域的研究可以促使学者间的合作关系的涌现。在科技知识网络中，学者间的合作主要表现为合著关系。科技大数据的学者间合著关系预测是对科技网络内不同学者间未来可能产生的合著关系进行预测，从而为学者推荐合适的论文合作人。

目前，传统的合著关系预测方法主要使用基于结构特征的方法。该类方法主要依据科技数据构造简单的关系网络，如引文关系网络、合著关系网络等。并通过计算网络结构特征的相似性[1]来预测潜在的合著关系，具体特征包括雅卡尔指数[2]、共同邻居数[3]、节点相似度[4]等。这些方法对于网络整体的鲁棒性较差，限制关系预测的效果。除此之外，这些方法大多使用网络结构相似性或实体属性相似性，没有应用实体间的语义信息，限制了关系预测的效果。因此，如何建模科技知识网络中的语义信息、提升关系预测的效果是本章需要解决的首要问题。

学者间合著关系预测问题的本质是一个关系预测任务。因此在解决该类问题时，可以参考关系预测方法。目前最常见的关系预测方法是基于表示学习的关系预测方法[5]。该类方法主要利用知识网络中的语义信息，将知识网络表示为由头、尾实体和关系构成的三元组集合，并将这些实体和实体间的关系表示为低维空间中的向量形式。在训练过程中，利用三元组中向量的空间特性来建模实体间的语义信息。然而，该类方法忽略了网络中的结构信息和实体丰富的属性信息。传统的基于结构特征的方法已经证明，这些结构信息对于学者间合著关系预测是十分有效的，因此，如何应用这些结构信息辅助合著关系预测任务，是本章需要解决的问题。同时，基于表示学习的关系预测模型往往需要较多的标注数据，而在现实生活中，我们可能无法得到大量的已标注数据，这会影响模型训练的效果，从而影响预测准确率。因此，如何在少量标注数据的情况下保证模型的准确率，也是本章需要解决的问题。

综上所述，需要解决的问题是如何将知识网络中的结构和语义信息融合起来，同时在标注数据有限的情况下，保证模型的准确率。

8.2 融合语义与结构信息的学者间合著关系预测方法

本节首先介绍融合语义与结构信息的学者间合著关系预测的总体框架，说明其基于协同训练框架，由预处理模块、关系预测模型训练模块和属性强约束候选实体对生成模块组成，然后从这几个模块分别进行阐述。

8.2.1 总体框架

本章中学者间合著关系预测方法基于协同训练框架，使用基于表示学习的关系预测模型。其基本思想是将知识网络中的三元组分为两个视角，并对这两个视角分别训练关系预测模型，通过两个视角相互补充，使用无标记数据辅助模型训练，提升预测效果，最后通过属性强约束对候选实体对进行约束，从而提升模型的准确率。如图 8-1 所示，融合语义与结构信息的学者间合著关系预测算法一共包括三个模块。

（1）预处理模块，根据输入的三元组形式的知识网络，生成训练数据集，包括两个子模块：①正例三元组生成模块，将科技知识网络中的实体和实体间的关系、实体的属性都变成三元组的形式，这些在知识网络中实际存在的三元组就是正例三元组；②负例三元组生成模块，对每个正例三元组，随机替换头实体、尾实体或关系，生成知识网络中不存在的三元组，就是负例三元组。

（2）关系预测模型训练模块。该模块根据知识网络中的实体及其相互关系的向量表达式计算基于间隔的损失函数，同时通过随机梯度下降函数，对基于间隔的损失函数进行优化，最终学习得到实体和关系的向量表示。

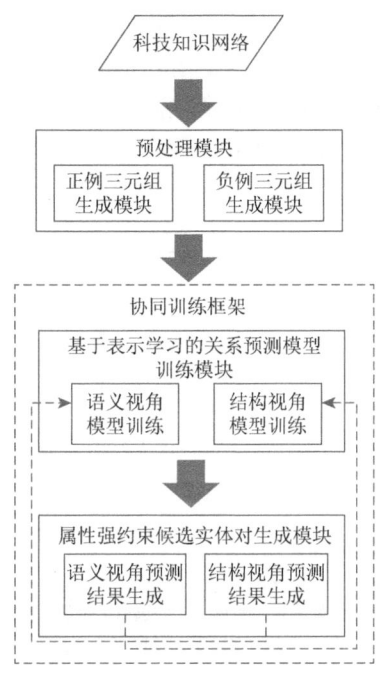

图 8-1　融合语义与结构信息的学者间合著关系预测算法流程图

（3）属性强约束候选实体对生成模块，根据生成的模型，生成合著关系预测结果。

8.2.2　协同训练框架

学者间合著关系预测方法基于协同训练框架，将训练数据集 T 从两个不同的视角进行分类，分别是语义视角 T_{Se} 和结构视角 T_{St}。语义视角主要通过自然语言信息对实体进行形容，结构视角则是网络中的结构化特征。例如，对于科技知识网络，语义视角的特征有学者研究领域、论文摘要、学者简介等；结构视角的特征有合作时间、合作次数、共同邻居等。然后，对这两个视角分别进行训练，并针对待预测的测试数据进行预测。选出某一视角得到的可信度较高的合著关系预测结果,加入另一个视角的训练数据中作为已标注数据,并使用更新后的训练数据循环训练关系预测模型。

首先将知识网络中的三元组划分为两个相互独立的视角:语义特征视角和结构特征视角,并基于这两个视角得到两个关系预测模型,即基于语义的关系预测模型和基于结构的关系预测模型。然后,根据少量已标注的合著数据,训练这两个关系预测模型,并对待预测数据中潜在的合著关系进行预测。在训练的过程中,将每一次模型预测得到的可信度较高的结果放入已有的合著数据中,并不断地迭代训练两个不同视角的模型,使它们相互补充,直至收敛。具体算法如算法 8-1 所示。

算法 8-1 协同训练框架

输入:知识网络三元组 $T = \{(h, r, t)\}$
已标注合著数据实体集合 E
待预测数据实体集合 U
已标注合著关系实体对 $L = \{(e_1, \text{coauthor}, e_2)\}$,$e_1, e_2 \in E$
迭代次数 k
输出:实体和关系的嵌入向量
1. 将训练三元组分成两个角度 $X_1 = T_1 \cup L$,$X_2 = T_2 \cup L$
2. loop for k iterations:
3.   根据 X_1 训练第一视角关系预测模型 m_1
4.   根据 X_2 训练第二视角关系预测模型 m_2
5.   用 m_1 预测得到未来可能产生合著关系的实体对,并选出可信的预测结果 L_1'
6.   用 m_2 预测得到未来可能产生合著关系的实体对,并选出可信的预测结果 L_2'
7. $X_1 \leftarrow X_1 \cup L_2'$
8. $X_2 \leftarrow X_2 \cup L_1'$
9. end loop

在本章中,协同训练模型将训练数据划分为两个相互独立的视角:语义特征视角 T_{Se} 和结构特征视角 T_{St}。根据少量已标注合著数据 L,生成语义特征视角的训练数据 $X_{Se} = T_{Se} \cup L$,并训练得到语义特征视角的表示学习关系预测模型 m_{Se},即实体和关系的向量表示,使用 m_{Se} 对无标注的待预测数据集进行合著关系预测,并将得到的最优结果 L_{Se}' 放入结构特征视角的训练数据集中,得到新的合著数据集 X_{St}。同样地,根据少量已标注合著数据 L,生成结构特征视角的训练数据 $X_{St} = T_{St} \cup L$,训练得到结构特征视角的关系预测模型 m_{St},使用 m_{St} 对待预测数据集进行预测,并将最优结果 L_{St}' 放入语义特征视角的训练数据中,得到新的合著数据集 X_{Se}。对上述两个关系预测模型不断迭代训练,直至模型收敛。

8.2.3 基于表示学习的关系预测模型训练

在单个视角下,本章采用基于表示学习的方式,学习网络中的实体、关系表示和属性约束,从而预测网络中未来可能产生的合著关系。

具体地,均匀分布初始化知识网络中实体和关系向量表示,在训练过程中,构造损失函数使正例三元组尽量满足假设 $h+r \approx t$,负例三元组尽量不满足此假设,即

$$L = \sum_{(h,r,t)\in\Delta}\sum_{(h',r',t')\in\Delta'}[f_r(h,t)+M_{opt}-f_{r'}(h',t')]_+ \quad (8\text{-}1)$$

式中,L 为表示学习模型的损失函数;$(h,r,t)\in\Delta$ 表示由正例三元组构成的集合。具体地,将科技知识网络中的实体和实体间关系、属性都变成三元组的形式,这些在知识网络中真实存在的三元组就是正例三元组。例如,Tim Cook 从属于 Apple,因此,(Tim Cook,affiliate,Apple)是正例三元组。$(h',r',t')\in\Delta'$ 表示由负例三元组构成的集合。具体地,对于每个正例三元组,随机替换它的头、尾实体或关系,生成知识网络内不存在的三元组,也就是负例三元组。特别地,对于合著关系的三元组,为了使生成的负例更具有针对性,在构造负例三元组时,替换的实体应该是同类型的实体,即随机替换头实体或尾实体为其他学者实体。

在式(8-1)中,$f_r(h,t)$ 为三元组 (h,r,t) 的打分函数,用来衡量该三元组的损失。具体地:

$$f_r(h,t) = \|h+r-t\| \quad (8\text{-}2)$$

接下来,优化损失函数,对关系三元组的头、尾实体和关系的表示向量迭代进行更新,当迭代达到一定次数或损失函数的结果值不再变化时,得到的头、尾实体和关系的向量为关系预测训练模型。在训练过程中采用随机梯度下降方法和 L_2 范式进行更新。

8.2.4 基于属性强约束的学者间合著关系预测

在预测过程中,若给定学者实体 t^*,预测与 t^* 存在合著关系的学者实体 h,则需要根据打分函数对所有合著关系实体对 $(h',\text{coauthor},t^*)$ 进行打分,取打分值最高的 h' 作为预测结果。基于语义相似度和属性相似度定义打分函数为

$$f_{\text{predict}}(h',r,t^*) = (1+w\times\text{Dist}(h',t^*))\|h'+r-t^*\| \quad (8\text{-}3)$$

式中，$\|h'+r-t^*\|$ 衡量基于向量表示学习的语义相似度；$\text{Dist}(h',t^*)$ 为实体对结构化的属性相似度距离，$\text{Dist}(h',t^*)$ 值越大，表示头、尾实体的属性相似度越小，头实体与候选尾实体存在合作关系的可能性就越小。具体地，本章中采用共同邻居属性和时间属性对预测结果进行约束，则实体对的属性相似度距离表示为

$$\text{Dist}(h',t^*) = \frac{|t_{\text{now}} - t_{t^*,h'}|}{\Delta_{\max}} - \frac{\text{CN}(t^*,h')}{N(t^*) + N(h')} \quad (8\text{-}4)$$

式中，t_{now} 和 $t_{t^*,h'}$ 分别表示当前时间和 t^* 与 h' 最近一次合作的时间；$\Delta_{\max}$ 是一个人为设定的时间差值；$|t_{\text{now}} - t_{t^*,h'}|$ 越大，表示时间属性相似度越小；$\text{CN}(t^*,h')$ 表示 t^* 与 h' 的共同邻居数；$N(t^*)$、$N(h')$ 分别表示 t^* 和 h' 各自的邻居节点数，$\frac{\text{CN}(t^*,h')}{N(t^*)+N(h')}$ 越小，表示共同邻居属性相似度越小。因此，为了保证属性相似度小的实体对取得的 $\text{Dist}(h',t^*)$ 值大，$\frac{\text{CN}(t^*,h')}{N(t^*)+N(h')}$ 项前需要使用减号形式。特殊地，如果没有相应属性，则该类属性对应的属性值取 0。

依据计算得到的打分值由小到大对候选学者实体进行排序：$h^{(1)}$，$h^{(2)}$，$h^{(3)},\cdots,h^{(N)}$。我们认为排名第一的实体 $h^{(1)}$ 和 t^* 未来可能产生合著关系。

为了提高关系预测结果的准确率，我们还要求排名第一的 $h^{(1)}$ 和 t 的相似度要明显大于排名第二的 $h^{(2)}$ 和 t^* 的相似度，即需要满足下列条件：

$$\text{Dist}(h^{(1)},t^*) < \text{Dist}(h^{(2)},t^*) \quad (8\text{-}5)$$

$$f_{\text{predict}}(h^{(2)},r,t^*) - f_{\text{predict}}(h^{(1)},r,t^*) > T \quad (8\text{-}6)$$

式中，T 是人为设定的一个阈值。如果 $h^{(1)}$ 满足上述要求，则认为 $h^{(1)}$ 与 t^* 会产生合著关系，否则认为不能产生合著关系。

需要注意的是，学者间的合著关系是一种无向关系，因此只有被预测双方彼此都与对方产生这种关系时，我们才认为这个预测结果成立，即需要进行反向验证。具体地，在预测过程中，若给定学者尾实体 t^*，预测得到与 t^* 存在合著关系的头实体 $h^{(1)}$，此时需要再固定头实体为 $h^{(1)}$，再次预测，若得到的尾实体为 t^*，则认为 $h^{(1)}$ 与 t^* 未来会产生合著关系，否则认为预测结果不成立。

8.3 实　　验

我们在本节中进行学者间合著关系预测的实验，以验证本章提出方法的有效性。

8.3.1 数据集和评价指标

实验数据集由来自公开科技数据集 DBLP 和开放科技服务网站 AMiner 的数据构成，具体情况如表 8-1 所示。训练集中的关系类型包括"写作""发表""合著""同事""雇佣"5 种，而只选取"合著"关系三元组构成验证集和测试集。同时，训练集、验证集和测试集的划分规则与第 7 章相似，同样按照时间进行划分。

表 8-1 面向科技知识网络的学者间合著关系预测实验数据数量

类型	训练集	验证集	测试集
实体/个	31 852	5 425	23 434
关系/个	5	1	1
三元组/个	181 608	17 485	63 106

实验旨在预测三元组 (h,r,t) 的实体 h 或 t，即给定 $(h,r,\cdot)$ 预测 t，或给定 $(\cdot,r,t)$ 预测 h。根据打分函数 $f_r(h,t)$ 返回候选实体列表。

实验评价指标采用常用的准确率、召回率和 F_1 值。

8.3.2 对比方法与参数设置

实验对比方法包括传统的基于结构特征的关系预测方法，如共同邻居法、多关系链接预测（multi-relational link prediction，MRLP）和经典的基于表示学习的关系预测方法，包括 TransE、TransH、TransR。

本实验中采用的参数为 $d=100$；$M=2.0$；$\mu=0.01$；$ep=1000$；$p-10$；$\varDelta_{max}=7$；$w=1$；$T=1.3(1+w)$。

8.3.3 实验结果分析

学者间合著关系预测实验结果如表 8-2 所示。

表 8-2 学者间合著关系预测实验结果

方法	P/%	R/%	F_1/%
共同邻居法	10.18	38.17	16.07
MRLP	12.52	37.76	18.80

续表

方法	P/%	R/%	F_1/%
TransE	30.45	15.18	20.26
TransH	32.06	16.56	21.84
TransR	34.00	17.58	23.18
本章方法	**37.79**	**19.68**	**25.88**

根据实验结果可以看出以下几点。

（1）与基于结构特征的方法相比，TransE、TransH 和 TransR 等基于表示学习的关系预测方法准确率有明显提升。这是因为，在使用基于表示学习的方法进行关系预测时，应用了知识网络中的语义信息，能够更加准确地描述网络关系的特征，同时也证明了语义信息在关系预测中的有效性。

（2）传统的基于结构特征的方法如共同邻居法和 MRLP 获得了较低的准确率和较高的召回率。这是因为这些方法只使用网络结构信息来进行预测，对待预测关系的描述不够全面，因此准确率较低。同时，基于结构特征的方法对于预测结果限制力较弱，会将可信度不高的预测结果一起输出，因此召回率较高。

（3）本章方法的准确率与经典的表示学习方法相比有较高的提升。这是由于本章方法同时融合了知识网络中的语义和结构信息，提升了模型的信息丰富程度，同时本章方法使用了协同训练机制，在较少标注数据的情况下也能得到较高的准确率。

8.4 小　　结

本章首先针对标注数据有限的问题，引入协同训练框架，提升模型自学习能力，实现在较少标注数据的情况下保证预测准确率的目的；其次，针对基于结构特征的传统关系预测方法只利用结构信息而忽视语义信息的问题，应用基于表示学习的关系预测模型来表示科技知识网络中的语义信息，达到提升预测结果准确率的目的；再次，针对基于表示学习的关系预测方法忽视对网络中结构信息的应用的问题，在进行预测时基于属性强约束，将结构信息引入预测模型中，对预测结果进行筛选，提升预测的准确率。最后，在真实科技数据集上的实验证明，本章提出的方法能够提升学者间合著关系预测的效果。

参 考 文 献

[1] Boyack K W, Klavans R. Co-citation analysis, bibliographic coupling, and direct citation: Which citation approach represents the research front most accurately? [J]. Journal of the American Society for Information Science and Technology, 2010, 61 (12): 2389-2404.

[2] Salton G, McGill M J. Introduction to Modern Information Retrieval[M]. New York: McGraw-Hill, 1983.

[3] Huang L, Zhu Y, Zhang Y, et al. A link prediction-based method for identifying potential cooperation partners: A case study on four journals of informetrics[C]. 2018 Portland International Conference on Management of Engineering and Technology (PICMET), Honolulu, 2018: 1-6.

[4] Chen H H, Gou L, Zhang X L, et al. CollabSeer: A search engine for collaboration discovery[C]. Proceedings of the 2011 Joint International Conference on Digital Libraries, Ottawa, 2011: 231-240.

[5] Bordes A, Usunier N, Garcia-Durán A, et al. Translating embeddings for modeling multi-relational data[C]. Proceedings of the 26th International Conference on Neural Information Processing Systems, Lake Tahoe, 2013: 2787-2795.

第 9 章 科技大数据中的机构间合作关系预测方法

传统的基于网络相似性的机构间合作关系预测方法存在特征稀疏、对网络中语义信息利用不足的问题。本章首先分析知识网络中的个体性实体与群体性实体,并分析二者对机构间合作关系预测问题的有效性;其次分析个体层次和群体层次合作关系的联系,针对其带来的向量表示空间中合作关系的特殊约束提出权重函数,并引入自适应最优边距损失函数,提出基于表示学习的机构间合作关系预测方法;最后在科技数据集上进行实验和结果分析。

9.1 问题介绍

在现实生活中,学者层次的合作并不是科技领域的全部,学者间的合作与机构间的合作往往是同时存在且相互促进的。机构间合作关系预测的目标是对未来机构实体间潜在的合作关系进行预测,可以帮助管理者准确、高效地识别出特定领域内潜在的合作伙伴,并且预测未来可能会产生的合作关系。因此,对科技知识网络中机构间合作关系的预测有着重要意义。

目前常见的机构间合作关系预测方法是基于网络相似性的方法,该类方法主要利用网络的拓扑结构和属性信息描述网络中节点的相似程度,认为相似程度越大的节点未来存在关系的可能性就越大。然而,这类方法利用的信息往往是离散的,这就导致了特征稀疏性问题,会限制关系预测的效果。同时,该类方法需要人工选择相似性度量指标。而不同的度量指标在不同网络中的重要性不同,因此基于网络相似性的方法在不同网络中的预测效果难以得到保证。除此之外,上述方法忽略了网络中实体间的语义信息,导致关系预测的性能不佳。因此,如何利用网络中的语义信息提升关系预测效果,并减少人工参与是本章需要面对的第一个问题。

另外,机构间合作关系预测可以看作一个关系预测问题。近年来,基于表示学习的关系预测方法受到了广泛关注,该类方法将知识网络中的节点和边表示为低维向量,实现对语义信息的建模,从而大大提高了关系预测的性能。因此,将该类方法应用于机构间合作关系的预测任务中可以有效提升关系预测的准确率。同时,该方法在训练过程中不需要人工参与,可以很好地弥补基于网络相似性方法的缺陷。然而,该类方法也有缺点。目前,传统的基于表示学习的关系预测方法大多着眼于学者实体间的关系预测,而没有考虑到知识网络中机构实体间的关系预测。从网络层次结构的角度出发,学者与机构本身并不属于同一层次的实体。机构是由学者构成的群体性实体,因此,二者之间的关系预测存在一定的差别,用同样的方法处理可能导致预测效果较差。因此,如何改进传统的基于表示学习的关系预测方法,使其更适用于群体性实体是本章要考虑的主要问题。

9.2 个体性实体与群体性实体

在真实数据网络中,存在两种类型的实体:个体性实体和群体性实体。首先对知识网络中的个体性实体与群体性实体进行定义与区分;其次对二者间的层次结构进行描述,并观察分析层次结构特征;最后分析该层次结构对关系预测的有效性。

9.2.1 个体性实体定义及发现

在真实的知识网络中,我们将个体性实体定义为不能再由网络中其他实体构成的实体,人物类型实体就是个体性实体的典型代表。具体地,个体性实体定义如下。

定义 9.1 在知识网络 $G = \{(h, r, t)\}$ 中,$E = \{E^{(i)}\}$ 表示实体集合,$E^{(i)}$ 表示所有类型为 i 的实体构成的集合,R 表示关系类型集合。如果对于 $\forall t^* \in E^{(i)}$,满足 $\nexists (h, r, t^*) \in G, h \in E^{(j)}, r = \text{constitute}, i \neq j$,则 $\forall t^* \in E^{(i)}$ 为个体性实体。即对于任意类型为 i 的实体,在知识网络中不存在由其他非 i 类型实体指向该类实体的三元组,则认为该类实体为个体性实体,特别地,这里指向类型 i 实体的关系在语义上应为构成(constitute)含义。具体地,在不同网络中,"构成"这一语义可以表示为不同的关系类型,如从属、组成等,因此在不同的知识网络中需要做出区分。

下面我们以科技知识网络为例,对个体性实体进行描述。

如图 7-1 所示的科技知识网络中,包含 5 类实体,根据定义 9.1 可知,学者(A)、论文(P)、会议(C)和研究领域(D)均为个体性实体。由图 7-1 可知,对于研究领域类实体,存在着由学者(A)指向研究领域(D)这样的三元组组合。这看似与个体性实体的定义相悖,但在这里由学者(A)指向研究领域(D)的关系类型为从事(engage),其在语义上不属于构成含义。因此,研究领域类实体属于个体性实体。

9.2.2 群体性实体定义及发现

群体性实体是指可以由网络中其他实体构成,并与构成其的实体存在一定层次关系的实体,典型的群体性实体是组织机构类实体。具体地,群体性实体定义如下。

定义 9.2 在知识网络 $G = \{(h, r, t)\}$ 中, $E = \{E^{(i)}\}$ 表示实体集合,$E^{(i)}$ 表示所有类型为 i 的实体构成的集合,R 表示关系类型集合。如果对于 $\exists t^* \in E^{(i)}$,满足 $\exists (h, r, t^*) \in G, h \in E^{(j)}, r = \text{constitute}, i \neq j$,则 $\forall t^* \in E^{(i)}$ 为群体性实体。即,若存在类型为 i 的实体,在知识网络中存在由某一非 i 类型实体指向该类实体的三元组,则认为该类实体为群体性实体,特别地,这里指向类型 i 实体的关系在语义上应为构成含义。与个体性实体的定义类似,在不同网络中,构成含义所代表的关系类型也需要分开考虑。

同样地,我们以科技知识网络为例,对群体性实体进行描述。

根据定义 9.2 可知,在图 7-1 所示的科技知识网络中,机构(I)类实体为群体性实体。因为其与学者(A)类实体间存在由学者(A)指向机构(I)的从属关系。在语义上,我们可以认为机构由学者构成,因此,机构是群体性实体。

9.2.3 个体性实体与群体性实体对机构间合作关系预测的有效性

个体性实体和群体性实体在真实世界的网络中广泛存在。例如,在社交网络中,人就是个体性实体,而由人构成的兴趣小组就是群体性实体。由于群体性实体是由个体性实体构成的,因此我们可以将群体性实体表示为由个体性实体组成的集合的形式。由于本章研究面向科技知识网络的机构间合作关系预测问题,我们以科技知识网络为例,分析个体性实体与群体性实体对该问题的有效性。

图 9-1 的个体性实体与群体性实体层次结构示例,为科技知识网络中典型的个体性实体与群体性实体间的层次结构示意图。在这里,我们使用学者类实体来代表个体性实体,使用机构类实体代表群体性实体。学者通过"从属"这一层次关系与机构相连,机构与学者间同时存在"合作"这一无向关系类型。由个体性实体和群体性实体的定义可知,在图 9-1 的个体性实体与群体性实体层次结构示例中,机构是由多个学者所构成的一种实体,因此,我们在关系预测的过程中,可以将机构表示成其所属学者集合的形式。即机构 U 和 V 可以分别表示为

{a, b, c}和{d, e, f, g}的格式。相应地,机构之间的合作关系就可以用机构对应学者之间的合作关系来表示。需要注意的是,由于机构是由若干个学者构成的,单独两个学者之间的合作并不能完全表示对应机构间的合作,我们需要将所有学者的合作关系都考虑在内。也就是说,三元组{U, collaboration, V}可以表示为{(a, collaboration,e),(b, collaboration,d),…}的形式。

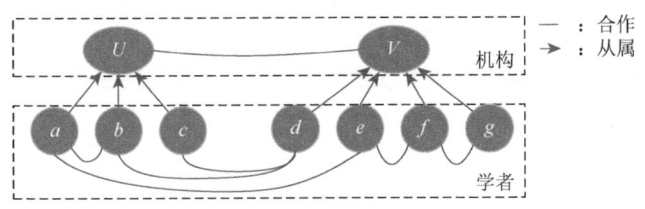

图 9-1　个体性实体与群体性实体层次结构示例

由于我们预测的是机构,也就是群体性实体间的合作关系,因此,我们在使用学者间合作关系表示机构间合作关系时很容易想到的是学者间的跨机构合作,也就是类似 a 与 e 之间的合作。很明显,如果两个机构之间学者的跨机构合作比例越大,次数越多,这两个机构间未来产生合作的可能性也就越大。因此,使用学者层次的跨机构合作关系,可以辅助机构层次合作关系的预测。

但需要注意的是,构成群体性实体的个体性实体集合内部也存在着一定的关系结构。具体来讲,在科技知识网络中,学者间除了具有跨机构合作,也具有机构内合作,这些学者层次的内部合作关系对机构间合作关系的预测也很有帮助。如图 9-1 的个体性实体与群体性实体层次结构示例,学者 a 与 b 存在内部合作,a 与 e 存在跨机构合作,这样的情况就很容易催生出 b 与 e 的跨机构合作。因此,在进行机构间合作关系预测时,我们需要把个体性实体集合内部的关系结构也考虑在内。

也就是说,个体性实体与群体性实体的层次结构、个体性实体层面的关系信息对于机构合作关系的预测有着重要作用,可以辅助模型训练,降低预测结果的错误率。

9.3　基于表示学习的机构间合作关系预测算法

本节首先描述基于表示学习的机构间合作关系预测算法的整体框架,说明其由预处理模块、群体性实体间关系预测模型训练模块和机构间合作关系预测结果生成模块组成,然后从这几个模块分别进行阐述。

9.3.1 方法总体框架

机构间合作关系预测方法使用基于表示学习的方法。与经典的基于表示学习的方法，如 TransE[1]、TransH[2]、TransA[3]等不同，本章方法在建模时区分网络中的个体性实体与群体性实体，并设置权重函数，使用个体层次的信息辅助群体性实体间的关系预测。如图 9-2 的基于表示学习的机构间合作关系预测算法流程图所示，基于表示学习的机构间合作关系预测算法一共包括 3 个模块。

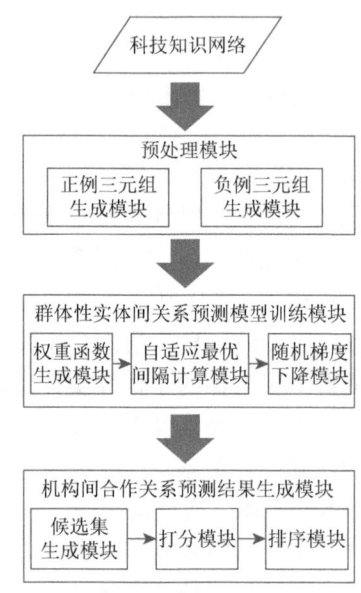

图 9-2　基于表示学习的机构间合作关系预测算法流程图

（1）预处理模块，根据输入的三元组形式的科技知识网络，生成训练数据集，包括正例三元组生成模块和负例三元组生成模块。

（2）群体性实体间关系预测模型训练模块，学习并生成机构间合作关系预测模型，包括三个子模块：①权重函数生成模块，根据个体性实体与群体性实体间的层次关系，生成权重函数，将个体性实体层次的合作关系信息聚合映射到群体性实体层次，从而降低关系预测的错误率；②自适应最优间隔计算模块，本章方法引入 TransA 中自适应发现最优间隔的计算方式，提升表示学习和关系预测的效果；③随机梯度下降模块，与经典的基于表示学习的关系预测方法相同，采用基于边距的 Hinge Loss 损失函数，并通过随机梯度下降方法最小化损失函数，学习实体和关系的表示向量。

（3）机构间合作关系预测结果生成模块，根据训练得到的关系预测模型生成合作机构实体对。该模块包括 3 个子模块：①候选集生成模块，对每个给定的机构类型实体，生成类型约束的候选实体；②打分模块，根据关系预测模型学习的向量表示，依据向量相似度对候选实体进行打分；③排序模块，根据打分对候选实体集进行排序，选出分数最高的实体作为预测结果。

9.3.2 群体性实体间关系预测模型训练

本章提出一种基于表示学习的群体性实体间关系预测方法 GTransA[4]，来解决机构间合作关系预测的问题。该方法将异质科技网络中的实体和关系表示为低维空间中向量的形式，并利用网络中个体性实体与群体性实体的层次结构，将个体性实体层面的信息映射到群体性实体层面，优化群体性实体及关系的表示学习，从而降低机构间合作关系预测的错误率。

考虑到学者和机构两种实体及其实体间合作关系的不同，GTransA 首先定义一个权重函数 $w(r)$，该权重函数可以将学者层次的合作关系集成映射到机构层次中，并使用学者层次的合作关系表示机构层次的合作关系。在 GTransA 中，定义 E 为实体集合，R 为关系集合，将整个科技知识网络表示成三元组的集合，即 $S = (h, r, t)$ 的形式，其中头尾实体 $h, t \in E$，关系 $r \in R$。GTransA 方法将网络 S 中的实体集合 E 划分为两部分：个体性实体集合 E_I 和群体性实体集合 E_G。在科技知识网络中，个体性实体集合中包含的实体为学者实体，群体性实体集合中包含的实体为机构实体。具体地，对于一对给定的机构类型实体 U 和 V，$U, V \in E_G$，GTransA 定义权重函数 $w(r)$ 如下：

$$w(r) = \begin{cases} (\delta \alpha_{U,V} + (1-\delta)\beta_{U,V})r, & r = 合作, |T_{U,V}| > 0 \\ 0, & r = 合作, |T_{U,V}| = 0 \\ r, & r \neq 合作 \end{cases}$$

$$\alpha_{U,V} = \frac{\ln|T_{U,V}|}{\ln|E_U| + \ln|E_V|} \tag{9-1}$$

$$\beta_{U,V} = \frac{\ln|T_U| + \ln|T_V|}{\ln|E_U| + \ln|E_V|} \tag{9-2}$$

式中，$\alpha_{U,V}$ 描述跨机构合作情况；$\beta_{U,V}$ 描述机构内合作情况；δ 是一个人工设定的参数，取值范围为 0~1，取决于跨机构和机构内合作关系对于机构间关系预测的重要程度；$|\cdot|$ 表示集合中元素的个数；r 为知识网络中"合作"关系的向量表示；$E_U = \{h | (h, r, U) \in S, h \in E_I, r = 从属\}$，表示构成机构 U 的所有学者的集合；$E_V = \{t | (t, r, V) \in S, t \in E_I, r = 从属\}$，表示构成机构 V 的所有学者的集合；

$T_{U,V} = \{(h,r,t) | (h,r,t) \in S, h \in E_U, t \in E_V, r = 合作\}$，表示以构成机构 U 的学者为头实体 h，构成机构 V 的学者为尾实体 t，头、尾实体间存在合作关系的所有三元组集合，也就是说，$T_{U,V}$ 表示机构 U 和机构 V 之间在学者层次上的所有跨机构合作关系三元组集合；$T_U = \{(e,r,h) | (e,r,h) \in S, h,e \in E_U, \exists (h,r,t) \in T_{U,V}, r = 合作\}$，表示以组成机构 U 的学者为头、尾实体的合作关系三元组集合，即机构 U 中学者层次的机构内合作三元组集合；$T_V = \{(e,r,t) | (e,r,t) \in S, t,e \in E_V, \exists (h,r,t) \in T_{U,V}, r = 合作\}$，表示以组成机构 V 的学者为头、尾实体的合作关系三元组集合，即机构 V 中学者层次的机构内合作三元组集合。需要注意的是，当机构 U 和机构 V 之间不存在学者层次的跨机构合作关系，即 $|T_{U,V}| = 0$ 时，$w(r)$ 的值设为 0。

GTransA 假设知识网络中的正例三元组满足 $h + r \approx t$，在训练过程中，构造打分函数使知识网络中的三元组尽量满足此假设，则打分函数定义为

$$f_r(h,t) = \| h + w(r) - t \|$$

式中，$\| \cdot \|$ 表示 L_1 或 L_2 范式。在进行表示学习的过程中，使用随机分布对实体和关系向量进行初始化，并构造损失函数，使知识网络中的正例三元组可以获得较高的打分值，而负例三元组获得较低的打分值，即

$$L = \sum_{(h,r,t) \in \Delta} \sum_{(h',r',t') \in \Delta'} [f_r(h,t) + M_{opt} - f_{r'}(h',t')]_+$$

式中，L 为损失函数；$(h,r,t) \in \Delta$ 为正例三元组集合，表示知识网络中真实存在的三元组；$(h',r',t') \in \Delta'$ 为负例三元组集合，通过随机替换正例三元组的头、尾实体得到知识网络中不存在的三元组。M_{opt} 为最优间隔，定义如下：

$$M_{opt} = \tau M_{ent} + (1-\tau) M_{rel}$$

式中，$0 \leqslant \tau \leqslant 1$；$M_{ent}$ 表示最优实体间隔；M_{rel} 表示最优关系间隔。

对于给定的实体 h 和与其相连的一个关系 r，与 r 相关的正例实体集合 P_r 和负例实体集合 N_r 可以分别表示为 $P_r = \{t | (h,r,t) \in \Delta\}$ 和 $N_r = \{t | (h,r,t) \notin \Delta, (h,r',t) \in \Delta, \exists r' \in R\}$，其中 Δ 为正例三元组集合，R 为关系类型集合。也就是说，负例实体集合 N_r 包含了所有与 h 存在关系相连，但关系类型不为 r 的尾实体。构造最优实体间隔函数，使负例实体集合 N_r 中的实体尽量远离 h，而正例实体集合 P_r 中的实体尽量在相近的空间。因此，对于给定的实体 h，$t \in P_r$，$t' \in N_r$，最优实体间隔定义为

$$M_{ent} = \frac{\sum_{r \in R_h} \min_{t,t'} \sigma(\| h - t' \| + \| h - t \|)}{nr_h}$$

式中，nr_h 表示以 h 为一端的三元组所包含的关系类型数；R_h 为与 h 相连的关系类型集合；$\sigma(x)$ 返回 x 的绝对值。特殊地，当 $N_r = \emptyset$ 时，设 $M_{ent} = 0$。

类似地，对于给定的实体 h 和与其相连的一个关系 r，当 $N_r \neq \emptyset$ 时，定义 $R_{h,r}$ 为与实体 h 相连的非 r 的关系集合，表示为 $R_{h,r} = \{r_1, r_2, \cdots, r_{nr_h-1}\}$。对于任意

$r_i \in R_{h,r}$,认为 r_i 与 r 的向量值越接近,即差值越小,则 r_i 与 r 相似度越高。因此,定义最优关系间隔函数如下:

$$M_{\text{rel}} = \min_{r_i \in R_{h,r}} \| r_i - r \|$$

特殊地,当 $R_{h,r} = \varnothing$ 时,设 $M_{\text{rel}} = 0$。

9.3.3 机构间合作关系预测

在预测过程中,若给定机构实体 t^*,预测与 t^* 存在合作关系的机构实体 h,则根据打分函数对所有实体关系对 (h', r, t^*) 打分,取打分值最高的候选实体关系对中的候选实体 h' 作为预测的结果。打分函数基于向量表示相似度定义:

$$f_{\text{predict}}(h', r, t^*) = \| h' + r - t^* \|$$

然后,依据打分值由小到大将候选机构实体排成一列 $h^{(1)}$,$h^{(2)}$,$h^{(3)}$,…,$h^{(N)}$。我们将排在最前面的实体 $h^{(1)}$ 确定为和 t^* 未来可能产生合作关系的机构实体。

需要注意的是,与学者间合著关系预测类似,机构间的合作关系也是一种无向关系,因此在预测过程中,也需要进行反向验证。具体地,若给定机构尾实体 t^*,预测得到与 t^* 存在合作关系的头实体 $h^{(1)}$。此时需要再固定头实体为 $h^{(1)}$,再次进行预测,若得到的尾实体为 t^*,则认为 $h^{(1)}$ 与 t^* 未来会产生合作关系,否则认为预测结果不成立。

9.4 实 验

本节给出机构间合作关系预测的实验,以验证本章所提方法的有效性。

9.4.1 数据集和评价指标

本章使用的实验数据来自 DBLP 和 AMiner 的科技数据集,具体如表 9-1 所示。训练集中的关系类型新增加了"合作"关系,在构建验证集和测试集时,只选取"合作"关系三元组,从而实现对机构间合作关系效果的验证。

表 9-1 面向科技知识网络的机构间合作关系预测实验数据数量

类型	训练集	验证集	测试集
实体/个	483 142	8 691	30 798
关系/个	7	1	1
三元组/个	1 212 525	10 773	204 826

实验采用平均序值（mean rank）和击中率（Hits@k）作为评价指标。平均序值是三元组中待预测实体的正确位置的平均序号，很明显，平均序值越低越好。而击中率表示正确预测的结果在候选集中排名前 k 的比例，击中率值越高，说明模型效果越好。在本章的实验中，$k=10$。在实际预测过程中，可能出现存在多个正确预测结果的情况，考虑到这种情况，我们只保留一个正确结果，而将其他正确的合作关系三元组从结果中删除，使其不再影响预测结果，称为"过滤"（filtered）设置。也就是说，在将候选实体按照打分函数排序时，只将待预测实体和错误的预测实体对比，正确的三元组被过滤出来，能够更加真实地反映模型预测效果。因此，"过滤"设置更受欢迎。

9.4.2 对比方法与参数设置

对比方法采用传统的基于网络相似性的方法，包括共同邻居法、资源分配法；同时还有一些常见的基于表示学习的关系预测方法，包括 TransE、TransH、TransA。

本实验中采用的参数包括：嵌入向量维度 $d=100$，学习率 $\mu=0.01$，迭代次数 $ep=1000$，权重 $\tau=0.5$，在训练过程中采用 L_2 范式优化。

9.4.3 实验结果分析

基于表示学习的机构间合作关系预测算法实验结果如表 9-2 所示，可以得出以下结论。

表 9-2　机构间合作关系预测实验结果

方法	平均序值		击中率	
	原始	过滤	原始	过滤
共同邻居法	6230.57	6012.76	0.104	0.193
资源分配法	6368.07	6012.76	0.104	0.193
TransE	4467.69	4417.43	0.153	0.203
TransH	4332.97	4283.95	0.175	0.244
TransA	4400.63	4340.75	0.213	0.234
GTransA	**4162.65**	**4103.78**	**0.222**	**0.245**

（1）在所有评价指标中，GTransA 在所有对比方法中均取得了最好的效果，证明了本章方法的有效性。

（2）基于表示学习的关系预测方法与基于网络相似性的传统方法相比，平均序值有明显下降。这是不难理解的，因为传统方法主要利用网络中局部的结构信息，而基于表示学习的方法利用了网络中连续的语义信息，克服了传统方法的特征稀疏性。这证明了基于表示学习方法在关系预测方面能够取得更好的结果，因为该类方法可以更好地利用网络中的语义信息。

（3）与 TransA 方法相比，GTransA 的平均序值降低了 5.4%。这是由于 GTransA 方法在使用语义信息的同时，将网络中个体性实体与群体性实体分别进行处理，并设置权重函数将个体层次的信息聚合映射到群体层次，利用个体层次的信息约束优化群体性实体及关系的表示学习。因此，在对群体层次的关系进行建模时就将个体层次的关系信息包含在内，从而实现了对群体间关系预测任务错误率的降低。

9.5 小　　结

本章针对基于网络相似性的方法缺乏对科技知识网络中语义信息的有效利用问题、基于表示学习的方法难以直接对机构间合作关系进行预测的问题，利用知识网络中的个体性实体与群体性实体间的层次联系，提升合作关系预测效果。首先对科技知识网络中的个体性实体和群体性实体进行数学定义，方便二者的发现与区分，并分析二者对机构合作关系预测能够带来的效果，说明了对二者进行区分处理的有效性。其次，观察个体性实体与群体性实体间的层次结构特点，针对个体与群体层次的联系和带来的约束定义权重函数，同时引入自适应最优边距损失函数，提出了基于表示学习的机构间合作关系预测方法。在科技数据集上的实验证明，本章提出的方法能够提升机构间合作关系预测的效果。

参 考 文 献

[1] Bordes A, Usunier N, Garcia-Durán A, et al. Translating embeddings for modeling multi-relational data[C]. Proceedings of the 26th International Conference on Neural Information Processing Systems，Lake Tahoe，2013：2787-2795.

[2] Wang Z, Zhang J W, Feng J L, et al. Knowledge graph embedding by translating on hyperplanes[C]. Proceedings of the 28th AAAI Conference on Artificial Intelligence，Québec City，2014：1112-1119.

[3] Jia Y T, Wang Y Z, Lin H L, et al. Locally adaptive translation for knowledge graph embedding[C]. Proceedings of the 30th AAAI Conference on Artificial Intelligence，New York，2016：992-998.

[4] Su J L, Wang Y Z, Jin X L, et al. Link prediction between group entities in knowledge graphs（student abstract）[J]. Proceedings of the AAAI Conference on Artificial Intelligence，New York，2020，34（10）：13925-13926.